Verfahrensrechtliche Aspekte grenzüberschreitender Gewinnzusagen nach § 661a BGB

Europäische Hochschulschriften

Publications Universitaires Européennes
European University Studies

Reihe II
Rechtswissenschaft

Série II Series II
Droit
Law

Bd./Vol. 4625

PETER LANG
Frankfurt am Main · Berlin · Bern · Bruxelles · New York · Oxford · Wien

Kathrin Hofmann

Verfahrensrechtliche Aspekte grenzüberschreitender Gewinnzusagen nach § 661a BGB

PETER LANG
Internationaler Verlag der Wissenschaften

Bibliografische Information der Deutschen Nationalbibliothek
Die Deutsche Nationalbibliothek verzeichnet diese Publikation in der Deutschen Nationalbibliografie; detaillierte bibliografische Daten sind im Internet über <http://www.d-nb.de> abrufbar.

Zugl.: Köln, Univ., Diss., 2007

D 38
ISSN 0531-7312
ISBN 978-3-631-57448-5

www.peterlang.de

Vorwort

Die vorliegende Arbeit wurde im Frühjahr 2007 als Dissertation von der Rechtswissenschaftlichen Fakultät der Universität zu Köln angenommen. Rechtsprechung und Literatur sind auf dem Stand von Mai 2007.

Mein herzlicher Dank gilt zunächst meinem Doktorvater Professor Dr. Hanns Prütting für die vorzügliche Betreuung dieser Arbeit. Besonders danken möchte ich auch Professor Dr. Heinz-Peter Mansel für die zügige Erstellung des Zweitgutachtens.

Professor Dr. Thomas Weigend und meinen Kollegen am Institut für ausländisches und internationales Strafrecht danke ich für die wissenschaftlich wie menschlich bereichernde Atmosphäre, in der die vorliegende Arbeit entstanden ist.

Mein größter Dank gilt meiner Familie für die vielfältige Unterstützung während des Studiums und der Promotion.

Köln, im Juli 2007 *Kathrin Hofmann*

Inhaltsverzeichnis

Abkürzungsverzeichnis

a.A.	anderer Ansicht
ABl. EG	Amtsblatt der Europäischen Gemeinschaften
Abs.	Absatz
AcP	Archiv für die civilistische Praxis
a.F.	alte Fassung
AnwBl	Anwaltsblatt
ARB	Allgemeine Bedingungen für die Rechtsschutzversicherung
BB	Der Betriebs-Berater
BGBl	Bundesgesetzblatt
BGH	Bundesgerichtshof
BGH-Report	Schnelldienst zur Zivilrechtssprechung des Bundesgerichtshofs
BGHZ	Entscheidungen des Bundesgerichtshofes in Zivilsachen
BT-Drucksache	Drucksache des Deutschen Bundestages
BuW	Betrieb und Wirtschaft
BVerfGE	Entscheidungen des Bundesverfassungsgerichts
CI	Computerrecht Intern
ecolex	Fachzeitschrift für Wirtschaftsrecht
EGV	Vertrag zur Gründung der Europäischen Gemeinschaft in der Fassung des Vertrags von Amsterdam vom 2.10.1997
EuGVO	Verordnung (EG) Nr. 44/2001 des Rates vom 22. Dezember 2000 über die gerichtliche Zuständigkeit und die Anerkennung und Vollstreckung von Entscheidungen in Zivil- und Handelssachen
EuGVÜ	Übereinkommen über die gerichtliche Zuständigkeit und die Vollstreckung gerichtlicher Entscheidungen in Zivil- und Handelssachen vom 27. September 1968 in der Fassung des 4. Beitrittsübereinkommens
EuLF	The European Legal Forum
EuZW	Europäische Zeitschrift für Wirtschaftsrecht

EWiR	Entscheidungen zum Wirtschaftsrecht
EWS	Europäisches Wirtschafts- und Steuerrecht
f.	folgende
ff.	fortfolgende
FS	Festschrift
IPRax	Praxis des Internationalen Privat- und Verfahrensrechts
IPRspr	Die deutsche Rechtsprechung auf dem Gebiete des Internationalen Privatrechts
i.S.d.	im Sinne des
i.V.m.	in Verbindung mit
JR	Juristische Rundschau
Jura	Juristische Ausbildung
JurBüro	Das juristische Büro
JurisPR-BGHZivilR	Juris PraxisReport BGH Zivilrecht
JuS	Juristische Schulung
JZ	Juristenzeitung
K&R	Kommunikation & Recht
LMK	Lindenmaier-Möhring; kommentierte BGH-Rechtsprechung
lit.	litera
MDR	Monatsschrift für Deutsches Recht
NJ	Neue Justiz
NJW	Neue Juristische Wochenschrift
NJW-RR	Neue Juristische Wochenschrift Rechtsprechungs-Report
NJOZ	Neue Juristische Online-Zeitschrift
Nr.	Nummer
öBGBl	Bundesgesetzblatt für die Republik Österreich
OLG-NL	OLG-Rechtsprechung Neue Länder
OLGR	OLG-Report: Zivilrechtsprechung der Oberlandesgerichte
PKH	Prozesskostenhilfe
PECL	Principles of European Contract Law

RGZ	Entscheidungen des Reichsgerichts in Zivilsachen
RIW	Recht der internationalen Wirtschaft
Rn.	Randnummer
r+s	Recht und Schaden
RSV	Rechtsschutzversicherung
S.	Satz, Seite
Slg.	Sammlung der Rechtsprechung des EuGH
StGB	Strafgesetzbuch
StraFo	Strafverteidiger Forum
VersR	Versicherungsrecht
Vgl	Vergleiche
VuR	Verbraucher und Recht
wistra	Zeitschrift für Wirtschafts- und Steuerstrafrecht
wrp	Wettbewerb in Recht und Praxis
WuB	Entscheidungssammlung zum Wirtschafts- und Bankrecht
ZAP	Zeitschrift für die Anwaltspraxis
ZBB	Zeitschrift für Bankrecht und Bankwirtschaft
ZEuP	Zeitschrift für Europäisches Privatrecht
ZfS	Zeitschrift für Schadensrecht
ZGS	Zeitschrift für das gesamte Schuldrecht
ZIP	Zeitschrift für Wirtschaftsrecht
Zit.	Zitiert
ZVglRWiss	Zeitschrift für vergleichende Rechtswissenschaften
ZZP	Zeitschrift für Zivilprozess
ZZPInt	Zeitschrift für Zivilprozess international

Einleitung

„Und stellen Sie sich vor, Frau M., Ihr Name wurde nicht nur nominiert, sondern sogar als Gewinner gezogen. Das heißt für Sie, der Bargeld-Betrag gehört jetzt schon Ihnen!“[1]

Schreiben dieser Art werden tagtäglich tausendfach versandt[2]. Ohne jemals an einem Gewinnspiel oder dergleichen teilgenommen zu haben, erhält der Adressat gleichsam aus dem Nichts die Mitteilung, er habe gewonnen[3]. Von A wie Autos bis Z wie Zweiräder gibt es kaum etwas, was nicht im Rahmen von angeblichen Gewinnspielen als Preis ausgesetzt wird[4]. In aller Regel werden Gewinnzusagen zu Werbezwecken eingesetzt[5]. Bei sog. *verkaufsakzessorischen* Gewinnzusagen[6] wird die Auszahlung des Gewinns von einer Warenbestellung aus einem beiliegenden Versandkatalog abhängig gemacht, bei sog. *isolierten* Gewinnzusagen[7] wird der Gewinn zwar nach der Formulierung des Schreibens ohne eine solche Warenanforderung gewährt, jedoch muss zur angeblichen Realisierung des Gewinns oft eine kostenpflichtige „0190“-Nummer[8] angerufen werden.

Dass sich Unternehmer solche Gewinnzusagen überhaupt noch leisten können, erscheint mit Blick auf § 661a BGB überraschend. Danach hat ein Unternehmer, der Gewinnzusagen oder vergleichbare Mitteilungen an Verbraucher sendet und durch die Gestaltung dieser Zusendungen den Eindruck erweckt, dass der Verbraucher einen Preis gewonnen habe, dem Verbraucher diesen Preis zu leisten.

---

1 Zitat nach dem Sachverhalt der Entscheidung BGH, Urteil vom 28.11.2002 (Az. III ZR 102/02), NJW 2003, 426 ff.

2 Vgl. OLG Jena, Urteil vom 18.2.2004 (Az. 2 U 798/03), NJOZ 2004, 2117/2118: „Bei einer Auflage von 405001 haben von den Angeschriebenen 25752 reagiert“.

3 Lorenz, IPRax 2002, 192.

4 Braun, BuW 2003, 727.

5 Wagner/Potsch, Jura 2006, 401/402.

6 Beispielhaft EuGH, Urteil vom 11.7.2002 (Rs. C-96/00), NJW 2002, 2697 ff. – *Gabriel.*

7 Beispielhaft EuGH, Urteil vom 20.1.2005 (Rs. C 27/02), NJW 2005, 811 ff. – *Engler.*

8 Seit dem Gesetz zur Bekämpfung des Missbrauchs von 0190er-/0900er-Mehrwertdiensterufnummern vom 9.8.2003, BGBl I, 1590 nunmehr meist „0900“-Nummern.

Die Vorschrift des § 661a BGB ist ohne eigenen Richtlinienhintergrund[9] als Teil des Artikelgesetzes über Fernabsatzverträge und andere Fragen des Verbraucherrechts sowie zur Umstellung von Vorschriften auf Euro vom 27.6.2000[10] zum 1.7.2000 in das BGB eingefügt worden. Ein Vorbild enthält das österreichische Recht mit § 5j öKSchG[11], der bereits mit Wirkung zum 1.10.1999 eingeführt wurde[12]. Durch die Einführung von § 661a BGB wollte der Gesetzgeber der verbreiteten und wettbewerbsrechtlich zweifellos unzulässigen Praxis entgegenwirken, Verbraucher durch die Mitteilung von angeblich gemachten Gewinnen zu Warenbestellungen zu veranlassen[13].

Vor In-Kraft-Treten des § 661a BGB war die von diesem nun geregelte Problematik nur schwer zu fassen[14]. Trotz ihrer wettbewerbsrechtlichen Unzulässigkeit[15] begründeten solche Gewinnmitteilungen keinen Anspruch auf den angeblichen Gewinn[16]. Ein Anspruch aus Auslobung nach § 657 BGB lag in der Regel nicht vor, da es an einer öffentlichen Bekanntmachung und der Herbeiführung ei-

---

9 Schäfer, JZ 2005, 981/982; Leipold, FS-Musielak, 317/318; Staudinger-*Bergmann*, § 661a, Rn. 19.

10 Als Art. 2 Abs. 1 Nr. 7 des Gesetzes über Fernabsatzverträge und andere Fragen des Verbraucherrechts sowie zur Umstellung von Vorschriften auf Euro vom 27.6.2000, BGBl I, 897, berichtigt in BGBl I, 1139.

11 MünchKomm-*Seiler*, § 661a, Rn. 4; JurisPK-*Laukemann*, § 661a, Rn. 1.

12 § 5j Konsumentenschutzgesetz erlassen durch Art. I Nr. 2 Fernabsatz-Gesetz vom 19.8.1999, öBGBl I Nr. 185/1999, der am 1.10.1999 in Kraft getreten ist (Volltext: http://ris1.bka.gv.at/bgblpdf/RequestDoc.aspx?path=bgblpdf/1999/1999a185.pdf&docid=1999a185.pdfn): „Unternehmer, die Gewinnzusagen oder andere vergleichbare Mitteilungen an bestimmte Verbraucher senden und durch die Gestaltung dieser Zusendungen den Eindruck erwecken, dass der Verbraucher einen bestimmten Preis gewonnen habe, haben dem Verbraucher diesen Preis zu leisten; er kann auch gerichtlich eingefordert werden." Eingehend zum österreichischen Schrifttum: Koziol/Bydlinski/Bollenberger-*Kathrein*, § 5j KSchG, Rn. 1 f.; Feil, § 5j KSchG, Rn.1.

13 Lorenz, NJW 2000, 3305/3306; MünchKomm-*Seiler*, § 661a, Rn. 1; Jauernig-*Mansel*, § 661a, Rn.1; Bamberger/Roth-*Kotzian-Marggraf*, § 661a, Rn. 1; Tonner, BB 2000, 1413/1420; Wegner, NJ 2000, 407/410; Günther, CI 2000, 97/101; Riehm, Jura 2000, 505/513; vgl. BT-Drucksache 14/2920, S. 15: „Dass irreführende Gewinnzusagen einen Verstoß gegen das UWG darstellen, ist bereits geklärt. Dies hat allerdings die bei dieser Werbeform auftretenden Missstände nicht beseitigen können. Eine wirksame Bekämpfung solcher Verkaufspraktiken kann nur dann erfolgen, wenn der Unternehmer dem Verbraucher gegenüber die Haftung für sein täuschendes Versprechen übernehmen muss."

14 Braun, BuW 2003, 727.

15 Speziell zu Gewinnzusagen unter lauterkeitsrechtlichen Gesichtspunkten: Nassall, NJW 2006, 127 ff.; Nassall, jurisPR-BGHZivilR 43/2005, Anm. 2.; Alexander, wrp 2004, 407/421; Fezer, wrp 2003, 127/133 ff.

16 Lorenz, NJW 2000, 3305/3306; Braun, BuW 2003, 727; Schmidt-Räntsch, ZBB 2000, 344/349.

nes Erfolges fehlte[17]. Für einen Anspruch aus Preisausschreiben nach § 661 BGB fehlte es an einer wirklichen Leistung des Beworbenen[18].

Somit handelte es sich, je nach Ausgestaltung, um unverbindliche Ausspielungen nach § 762 BGB[19] mangels fehlender staatlicher Genehmigung gemäß § 763 BGB oder um formnichtige Schenkungsversprechen nach § 516 BGB mangels notarieller Beurkundung gemäß § 518 Abs. 1 S.1 BGB[20].

Flankierend zum nur reflexartigen und als unzureichend empfundenen Schutz des Verbrauchers durch das Wettbewerbsrecht sollte dieser Praxis durch die Einführung eines Erfüllungsanspruchs des Verbrauchers auf Auskehr des angekündigten Gewinns generalpräventiv entgegengewirkt werden[21]. § 661a BGB versieht folglich einen Wettbewerbsverstoß mit allgemein-zivilrechtlichen Folgen[22]: Der Verbraucher erhält einen eigenen Anspruch und ist nicht mehr auf den meist ineffektiven Schutz durch Interessen- und Verbraucherverbände angewiesen[23].

Schon bald nach seiner Einführung stand § 661a BGB jedoch im Verdacht, verfassungswidrige Strafelemente in das Zivilrecht einzuführen[24] und damit gegen das Schuldprinzip sowie gegen das Verbot der Doppelbestrafung zu verstoßen und nicht dem Bestimmtheitsgrundsatz zu genügen[25].

---

17 Vgl. Jauernig-*Mansel*, § 661a, Rn. 2; OLG Düsseldorf, Beschluss vom 14.1.1997 (Az. 22 W 77/96), NJW 1997, 2122 zur alten Rechtslage.

18 Lorenz, NJW 2000, 3305/3306; OLG Düsseldorf, Beschluss vom 14.1.1997 (Az. 22 W 77/96), NJW 1997, 2122 zur alten Rechtslage.

19 AnwKomm-*Ring*, § 661a, Rn. 1; JurisPK-*Laukemann*, § 661a, Rn. 4; Lorenz, NJW 2000, 3305/3306.

20 AnwKomm-*Ring*, § 661a, Rn. 1; JurisPK-*Laukemann*, § 661a, Rn. 4; Lorenz, NJW 2000, 3305/3306; Jauernig-*Mansel*, § 661a, Rn. 2; Erman-*Ehmann*, § 661a, Rn. 1; Staudinger-*Bergmann*, § 661a, Rn. 1; OLG Hamm, Urteil vom 5.11.1999 (Az. 29 U 26/99), OLGR Hamm 2000, 238; OLG Düsseldorf, Beschluss vom 14.1.1997 (Az. 22 W 77/96), NJW 1997, 2122/2123 zur alten Rechtslage.

21 Lorenz, LMK 2003, 217.

22 Schröder/Thiessen, NJW 2004, 719/721.

23 Schröder/Thiessen, NJW 2004, 719/721.

24 Grundlegend: Schneider, BB 2002, 1653 ff; vgl. auch: Schneider, BB 2003, 2534 f.; Schneider, VuR 2003, 476/477 f.; ebenfalls von einer Art Strafschadensersatz ausgehend: Staudinger, JZ 2003, 852/857.

25 Davon zu unterscheiden ist die Frage, ob Verhaltensweisen der Versender von Gewinnzusagen Tatbestände des Strafrechts oder des Ordnungswidrigkeitenrechts erfüllen. Eingehend dazu: Braun, StraFo 2005, 102 ff.; Rose, wistra 2002, 370 ff., wonach das Strafrecht als Mittel gegen Gewinnzusagen ein recht „stumpfes Schwert" sei, da nur in einigen Fallgruppen der Gewinnzusagen eine Strafbarkeit nach § 263 StGB oder § 4 UWG gegeben sei und ansonsten allenfalls datenschutzrechtliche Ordnungswidrigkeiten in Betracht kämen.

Der BGH hat sich dieser Kritik mit Recht[26] nicht angeschlossen und mit eingehender Begründung die Vorschrift für nicht verfassungswidrig erklärt[27].

Nach Ansicht des BGH ordne § 661a BGB keine „Strafe" im Rechtssinne, d.h. eine missbilligende hoheitliche Reaktion auf ein schuldhaftes Verhalten an, sondern begründe Erfüllungsansprüche zwischen Privatrechtssubjekten. Es handele sich auch nicht um eine dem Strafschadensersatz des US-amerikanischen Rechts (sog. „punitive damages") ähnliche Sanktion mit Strafcharakter. § 661a BGB knüpfe vielmehr an die als einseitiges Rechtsgeschäft oder geschäftsähnliche Handlung zu beurteilende Gewinnzusage des Unternehmers an, nehme diesen also „beim Wort". Es gehe damit nicht um einen Schadensersatzanspruch, sondern um einen in Art und Höhe durch die Gewinnzusage des Unternehmers selbst bestimmten Erfüllungsanspruch. Somit komme eine Anwendung des verfassungsrechtlich für Strafen verankerten Schuldprinzips von vornherein nicht in Betracht, gleiches gelte für den strafrechtlichen Bestimmtheitsgrundsatz sowie das Verbot der Doppelbestrafung, das sich nur auf allgemeine Strafgesetze beziehe.

Im Hinblick auf eine denkbare Unverhältnismäßigkeit der Regelung für den Fall der gleichzeitigen Inanspruchnahme des Unternehmers durch mehrere Verbraucher, deutet der BGH eine im Streitfall nicht in Betracht kommende Möglichkeit an, Einwände aus §§ 242, 826 BGB geltend zu machen, freilich ohne sich insoweit festzulegen[28]. Warum es jedoch unangemessen sein soll, wenn jemand genau das leisten muss, was er vorher versprochen hat, ist nicht erkennbar[29]. Auch kann es nicht unverhältnismäßig sein, dass § 661a BGB einen Anspruch an alle Empfänger gewährt, selbst wenn dies unter Umständen einen Unternehmer insolvenzreif machen könnte[30]. Diese Folge kann der Unternehmer einfach vermeiden, indem er es unterlässt, entsprechende Mitteilungen zu versenden[31].

---

26 Ebenfalls zutreffend die Verfassungswidrigkeit des § 661a BGB ablehnend: Prütting/Wegen/Weinreich-*Mörsdorf-Schulte*, § 661a, Rn. 1; MünchKomm-*Seiler*, § 661a, Rn. 17; Erman-*Ehmann*, § 661a, Rn. 5; Staudinger-*Bergmann*, § 661a, Rn. 8; juris-*Laukemann*, Rn. 1; Mankowski, EWiR 2004, 275; Geisler, jurisPR-BGHZivilR 1/2004, Anm. 1; Lorenz, LMK 2003, 217.

27 BGH, Urteil vom 16.10.2003 (Az. III ZR 106/03), NJW 2003, 3620. Eine Verfassungsbeschwerde gegen dieses Urteil hat das BVerfG nicht zur Entscheidung angenommen: BVerfG, Beschluss vom 5.1.2004 (Az. 1 BvR 2518/03), NJW 2004, 762.

28 Kritisch deshalb: Schneider, BB 2003, 2534 f.

29 Braun, BuW 2003, 727/732.

30 Vgl. Braun, BuW 2003, 727/732.

31 Braun, BuW 2003, 727/732.

Warum führte die durch § 661a BGB eingeführte Möglichkeit des Verbrauchers, den Unternehmer „beim Wort zu nehmen", nicht zur Einstellung derartiger Praktiken wie es sich der Gesetzgeber[32] erhofft hatte?

Da es ähnliche Vorschriften nur in Österreich[33] und Luxemburg[34] gibt, sind unseriöse Versandhandelsunternehmen dazu übergegangen, ihren Sitz ins Ausland zu verlegen und die Gewinnzusagen von dort zu versenden[35]. Mit der Ansiedlung zumeist in den Niederlanden und Belgien hoffen die Versandhäuser dem Zugriff der deutschen Gerichtsbarkeit und des § 661a BGB zu entgehen[36] und vertrauen auf die Abschreckungswirkung der mit einem grenzüberschreitenden Rechtsstreit verbundenen Hürden und Ungewissheiten[37].

---

32 Vgl. BT-Drucksache 14/2658, 48 f.: „Diese Praxis soll unterbunden werden [...]. Dies lässt sich am effektivsten dadurch erreichen, dass man den Verbraucher in die Lage versetzt, den Unternehmer beim Wort zu nehmen [...]" und BT-Drucksache 14/3195, 34: „Es ist erforderlich, den Unternehmer beim Wort zu nehmen, um diesen Missbrauch abzustellen."

33 § 5j Konsumentenschutzgesetz erlassen durch Art. I Nr. 2 Fernabsatz-Gesetz vom 19.8.1999, öBGBl I Nr. 185/1999, der am 1.10.1999 in Kraft getreten ist (Volltext: http://ris1.bka.gv.at/bgblpdf/RequestDoc.aspx?path=bgblpdf/1999/1999a185.pdf&docid=1999a185.pdfn): „Unternehmer, die Gewinnzusagen oder andere vergleichbare Mitteilungen an bestimmte Verbraucher senden und durch die Gestaltung dieser Zusendungen den Eindruck erwecken, dass der Verbraucher einen bestimmten Preis gewonnen habe, haben dem Verbraucher diesen Preis zu leisten; er kann auch gerichtlich eingefordert werden."

34 Art. 21e de la loi du 30.7.2002 réglementant certaines pratiques commerciales, sanctionnant la concurrence déloyale et transposant la directive 97/55/CE du Parlement Européen et du Conseil modifiant la directive 84/450/CEE sur la publicité trompeuse afin d'y inclure la publicité comparative (Volltext abrufbar unter: www.legilux.public.lu/leg/a/archives/2002/0901208/0901208.pdf?SID=4a0f261a3d830f871b5e98cb3861123b#page=2) : „L'annonceur qui fait naître par la conception ou la présentation de la communication, l'impression que le consommateur a gagné un lot, doit fournir ce lot au consommateur."

35 Diese Einschätzung teilen: Dörr, MDR 2006, 1141; Tamm/Gaedtke, IPRax 2006, 584; Kerwer, JR 2004, 29; Häcker, ZVglRWiss 103(2004), 464/465; Mörsdorf-Schulte, JZ 2005, 770; Mörsdorf-Schulte, ZZPInt 8 (2003), 407/408;Lorenz, IPRax 2002, 192 f.; Leible, IPRax 2003, 28/29.

36 Vgl. Lorenz, IPRax 2002, 192/193; Lorenz, NJW 2000, 3305/3307; MünchKomm-*Seiler*, § 661a, Rn. 16; Mörsdorf-Schulte, ZZPInt 8 (2003), 407/409, weist jedoch in Fn. 5 auf Rechtsbank Alkmaar, Urteil vom 19.11.2003 (Az. 61496/HA ZA 02-730) hin, wo in Anwendung niederländischen Rechts trotz Fehlens einer ausdrücklichen Parallelvorschrift zu § 661a BGB mit ausführlicher Begründung einer deutschen Empfängerin einer Gewinnmitteilung die Auszahlung der versprochenen 20.000 DM = 10.225,85 € nebst Zinsen zugesprochen wurde (Volltext abrufbar unter http://www.jur-abc.de/cms/index.php?id=720).

37 Häcker, ZVglRWiss 103 (2004), 464/465.

Während es zunächst umstritten war, ob die Zuständigkeit deutscher Gerichte im Falle gerichtlichen Vorgehens auf Grund einer Gewinnzusage aus EU-Ausland überhaupt gegeben ist[38], ist mittlerweile allein streitig, aus welcher Norm sich die internationale Zuständigkeit im Falle grenzüberschreitender Gewinnzusagen herleitet.

Das Bemühen der Rechtsprechung, die rechtspolitische Zielsetzung des § 661a BGB zu verwirklichen, darf jedoch nicht darüber hinwegtäuschen, dass die tatsächlichen Vollstreckungsmöglichkeiten vor allem im Ausland oft nur gering sind[39]. Eine Vollstreckung wird häufig nicht möglich sein, weil das entsprechende Unternehmen insolvent ist oder seine „Briefkästen" schließt[40], denn die Unternehmen sind regelmäßig solche mit beschränkter Haftung, die „wie Pilze aus dem Boden schießen und ebenso schnell wieder verschwinden"[41]. Die Aussichten, trotz eines obsiegenden Urteils tatsächlich an Geld oder auch nur an den Ersatz der Prozesskosten zu kommen, sind mehr als gering[42]. Jeder Verbraucher sollte daher vor Klageerhebung gut abwägen, ob eine Klage Aussicht auf Erfolg hat, und vor allem, ob für den Fall eines obsiegenden Urteils eine ausreichende Wahrscheinlichkeit besteht, den Gewinn auch tatsächlich im Rahmen eines Vollstreckungsverfahrens eintreiben zu können[43].

Dies ist einer der Gründe, warum § 661a BGB eine vieldiskutierte, praktisch und rechtsdogmatisch gleichermaßen umstrittene Vorschrift ist[44].

Von der praktischen Relevanz des § 661a BGB zeugt die große Anzahl der bereits veröffentlichten Entscheidungen zu dieser erst sieben Jahre alten Norm: § 661a BGB hat unmittelbar nach seinem In-Kraft-Treten im Jahr 2000 eine wahre Prozesslawine ausgelöst[45]. Neben einer Fülle obergerichtlicher Entscheidun-

---

38 Die internationale Zuständigkeit beispielsweise verneinend: OLG Brandenburg, Urteil vom 17.4.2002 (Az. 7 U 199/01), IPRspr 2002, Nr. 138, 354 ff.; OLG Bamberg, Urteil vom 7.5.2002 (Az. 5 U 7/02), IPRspr 2002, Nr. 132b, 340 ff. Die internationale Zuständigkeit hingegen beispielsweise bejahend: OLG Dresden, Urteil vom 19.12.2001 (Az. 8 U 2256/01), IPRax 2002, 421 ff., OLG Frankfurt a.M., Urteil vom 19.2.2002 (Az. 8 U 228/01), IPRspr 2002, Nr. 136, 351 f.; OLG Nürnberg (Urteil vom 28.8.2002 (Az. 4 U 641/02), NJW 2002, 3637 ff.; OLG Stuttgart, Urteil vom 25.11.2002 (Az. 6 U 135/02), IPRspr 2002, Nr. 156, 407 ff.

39 Schreiber, NJ 2003, 488/489.

40 Braun, MDR 2003, 351/352.

41 Lorenz, IPRax 2002, 192/196.

42 Vgl. Schreiber, NJ 2003, 488/489; Braun, ZAP 2003, Fach 2, 395/402; Lorenz, IPRax 2002, 192/196.

43 Braun, MDR 2003, 351/352.

44 Vgl. Schmidt, JuS 2005, 72/73.

45 So die zutreffende Einschätzung von Schneider, VuR 2003, 476.

gen[46] finden sich diverse richtungsweisende Entscheidungen des BGH[47] zu Gewinnzusagen und ein Nichtannahmebeschluss des BVerfG, in dem dieses abgelehnt hat, sich mit einer gegen eine der BGH-Entscheidungen gerichteten Verfassungsbeschwerde zu beschäftigen[48]. Auch der EuGH hat sich zur Frage der internationalen Zuständigkeit bei grenzüberschreitenden Gewinnzusagen bereits wiederholt geäußert[49].

Mittlerweile hat auch das Schrifttum die Norm für sich entdeckt und eine ganze Flut von Veröffentlichungen über sie ergossen[50]: Schließlich ist die dogmatische Einordnung des in § 661a dem Verbraucher zugebilligten Anspruchs materiellrechtlich wie prozessrechtlich von Interesse[51]. Eine nähere Beschäfti-

---

46 Vgl. etwa OLG Karlsruhe, Urteil vom 1.12.2005 (Az. 19 U 188/04), OLGR Karlsruhe 2006, 87 ff.; OLG Rostock, Urteil vom 14.10.2005 (Az. 8 U 84/04); OLG Braunschweig, Urteil vom 4.7.2005 (Az. 7 U 105/04), NJW 2006, 161 f.; OLG Düsseldorf, Beschluss vom 15.4.2005 (Az. 1 W 9/05), OLGR Düsseldorf 2005, 348 ff.; OLG Frankfurt, Urteil vom 29.3.2005 (Az. 22 U 196/03), NJW-RR 2005, 1366 ff.; OLG Hamm, Beschluss vom 10.3.2005 (Az. 21 W 12/05), OLGR Hamm 2005, 409 ff.; Thüringer OLG, Urteil vom 18.2.2004 (Az. 2 U 798/03), OLG-NL 2004, 55 ff.; OLG Düsseldorf, Urteil vom 22.12.2003 (Az. 6 U 171/02), IPRspr 2003, Nr. 22, 67 ff.; OLG Köln, Urteil vom 24.2.2003 (Az. 16 U 93/02), IPRspr 2003, Nr. 126, 396 ff.; OLG Dresden, Beschluss vom 10.2.2003 (Az. 8 U 1974/02), IPRspr 2003, Nr. 124, 389 ff.; OLG Hamm, Urteil vom 25.11.2002 (Az. 8 U 65/02), IPRspr 2002, Nr. 155, 403 ff.; OLG Hamm, Urteil vom 28.10.2002 (Az. 22 U 72/02), NJW-RR 2003, 717 ff.; OLG Nürnberg, Urteil vom 28.8.2002 (Az. 4 U 641/02), NJW 2002, 3637 ff.; OLG Frankfurt, Urteil vom 19.2.2002 (Az. 8 U 228/01), IPRspr 2002, Nr. 136, 351 f.; OLG Dresden, Urteil vom 19.12.2001 (Az. 8 U 2256/01), IPRax 2002, 421 ff.

47 BGH, Urteil vom 15.3.2006 (Az. IV ZR 4/05), NJW 2006, 2548 ff.; BGH, Urteil vom 8.12.2005 (Az. III ZR 99/05), NJW-RR 2006, 701 f.; BGH, Urteil vom 1.12.2005 (Az. III ZR 191/03), NJW 2006, 230 ff.; BGH, Urteil vom 29.6.2005 (Az. VIII ZR 299/04), NJW 2005, 2991 ff.; BGH, Urteil vom 23.6.2005 (Az. III ZR 4/04), NJW 2005, 3493; BGH, Urteil vom 9.12.2004 (III ZR 112/04), NJW 2005, 827 f.; BGH, Urteil vom 7.10.2004 (Az. III ZR 158/04), NJW 2004, 3555 ff.; BGH, Urteil vom 15.7.2004 (Az. III ZR 315/03), NJW 2004, 3039 ff.; BGH, Urteil vom 19.2.2004 (Az. III ZR 226/03), NJW 2004, 1652 f.; BGH, Urteil vom 16.10.2003 (Az. III ZR 106/03), NJW 2003, 3620 f.; BGH, Beschluss vom 27.2.2003 (Az. III ZB 30/02), NJW-RR 2003, 1001 f.; BGH Urteil vom 28.11.2002 (Az. III ZR 102/02), NJW 2003, 3620 f.; BGH, Urteil vom 26.4.2001 (Az. I ZR 314/98), NJW-RR 2001, 1547 ff.

48 BVerfG, Beschluss vom 5.1.2004 (Az. 1 BvR 2518/03), NJW 2004, 762

49 Vgl. EuGH, Urteil vom 11.7.2002 (Rs. C-96/00) NJW 2002, 2697 ff. – *Gabriel* zu einer verkaufsakzessorischen Gewinnzusage; EuGH, vom 1.10.2002 (C-167/00), NJW 2002, 3617 ff. – *Verein für Konsumenteninformation/Karl Heinz Henkel*; EuGH, Urteil vom 20.1.2005 (Rs. 27/02), NJW 2005, 811 ff. – *Engler* zu einer isolierten Gewinnzusage.

50 Schäfer, JZ 2005, 981/982.

51 Leipold, FS-Musielak, 317.

gung mit Gewinnmitteilungen ist aus rechtswissenschaftlicher Sicht deswegen lohnend, weil der hybride Charakter der gesetzlichen Regelung dazu zwingt, die dogmatischen Grundlinien im nationalen Recht und im internationalen Zivilverfahrensrecht herauszuarbeiten[52]. Die Schwierigkeiten einer dogmatischen Zuordnung der Vorschrift auf der Ebene des materiellen Rechts spiegeln sich im Rahmen der internationalen Zuständigkeit wider[53].

Die Subsumtion eines Rechtsinstituts unter die euroautonom ermittelten Vorgaben im Rahmen von EuGVÜ/EuGVO setzt voraus, das Rechtsinstitut als Gegenstand der Subsumtion zunächst einmal richtig zu erfassen[54]. Insofern ist ein Blick auf die Charakterisierung des Rechtsinstituts in der Rechtsordnung, in die es eingebettet ist, erforderlich[55].

Aus diesem Grunde kann eine Auseinandersetzung mit der deutschen Dogmatik des § 661a BGB im Falle grenzüberschreitender Gewinnzusagen nicht unterbleiben[56]. Erst danach muss es gleichsam aus dieser Rechtsordnung herausgehoben und in die autonome Begriffswelt des EuGVÜ eingepasst werden[57].

Dementsprechend sollen im ersten Kapitel zunächst die nationalen dogmatischen Grundlagen erläutert werden, bevor dann im zweiten Kapitel eingehend zur Frage der internationalen Zuständigkeit bei Klagen aus grenzüberschreitenden Gewinnzusagen Stellung bezogen werden soll.

Im dritten Kapitel wird als weiterer verfahrensrechtlich interessanter Aspekt untersucht, ob es möglich ist, die mit einer Klage aus § 661a BGB verbunden Risiken mittels Prozesskostenhilfe auf den Staat abzuwälzen bzw. mittels Rechtsschutzversicherung auf Versicherungs-Unternehmen zu übertragen.

Am Beispiel grenzüberschreitender Gewinnzusagen soll eingehend analysiert werden, inwieweit der rechtspolitischen Zielsetzung des § 661a BGB auch prozessual Rechnung getragen wird – oder ob sich der vielbeschworene Verbraucherschutz auf nationaler und europäischer Ebene aufgrund verfahrensrechtlicher Hindernisse lediglich in einer gesetzlichen Pro-Forma-Verankerung erschöpft.

52 Lorenz/Unberath, IPRax 2005, 219.
53 Blobel, VuR 2005, 164/165.
54 Mörsdorf-Schulte, ZZPInt 8 (2003), 407/455.
55 Mörsdorf-Schulte, ZZPInt 8 (2003), 407/455.
56 Mörsdorf-Schulte, ZZPInt 8 (2003), 407/455.
57 Mörsdorf-Schulte, ZZPInt 8 (2003), 407/455.

Kapitel 1: Grundlagen

Für ein vertieftes Verständnis verfahrensrechtlicher Aspekte der Gewinnzusage i.S.d. § 661a BGB ist ein materiellrechtlich fundiertes Hintergrundwissen unverzichtbar. Aus diesem Grund sollen im Folgenden zunächst die einzelnen Anspruchsvoraussetzungen kurz skizziert werden, die gleichsam Einfallstore für prozessuale Probleme bieten. Beispielweise hat die materiellrechtliche Ausformung des Sender-Begriffs Konsequenzen für die Passivlegitimation, auf die entscheidend im Rahmen der internationalen Zuständigkeit und der Vollstreckbarkeit abgestellt wird.

In einem zweiten Schritt soll eingehend die dogmatische Verortung der gesetzgeberischen Neuschöpfung des § 661a BGB im deutschen Recht beleuchtet werden. Diese vertiefte Analyse der nationalen Qualifikation der Gewinnzusage kann möglicherweise erste Anhaltspunkte für die Qualifikation auf europäischer Ebene geben[58]. Zwar sind die Systembegriffe des gemeinschaftsrechtlichen Zivilverfahrensrechts grundsätzlich „autonom" auszulegen; wenn aber wie im Falle von § 661a BGB bereits auf der nationalen Ebene die dogmatische Einordnung nicht eindeutig ist, ist auf dieser Ebene zunächst zu klären, was den Gegenstand der autonomen Qualifikation konstituiert[59]. Denn bei der autonomen Auslegung der in der EuGVO enthaltenen Gerichtsstandsregeln ist die Sicht der deutschen Dogmatik für eine funktionale Qualifikation der Gewinnzusage von wesentlicher Bedeutung[60]. Bevor man von den Eigenheiten des nationalen Rechts abstrahieren kann, muss demnach zunächst eine dogmatische Einordnung innerhalb des Systems des internen Rechts vorgenommen werden[61].

A. Anspruchsvoraussetzungen

Nach § 661a BGB hat ein Unternehmer, der Gewinnzusagen oder vergleichbare Mitteilungen an Verbraucher sendet und durch die Gestaltung dieser Zusendun-

58 Vgl. auch Tamm/Gaedtke, VuR 2006, 169/174: „Es lässt sich nicht leugnen, dass die nationale Deutungsweise in gewisser Hinsicht die für das externe Recht gefundenen Ergebnisse (mit-) präjudiziert."

59 Vgl. Lorenz/Unberath, IPRax 2005, 219/220.

60 Piekenbrock/Schulze, IPRax 2003, 328/330.

61 Vgl. Lorenz/Unberath, IPRax 2005, 219/220.

gen den Eindruck erweckt, dass der Verbraucher einen Preis gewonnen hat, dem Verbraucher diesen Preis zu leisten. Derjenige, der den Gewinnanspruch aus § 661a BGB geltend macht, hat dabei nach allgemeinem Beweisrecht die Tatbestandsvoraussetzungen der Vorschrift darzutun und zu beweisen[62].

In der folgenden Darstellung soll im Rahmen des sachlichen, persönlichen und zeitlichen Anwendungsbereichs ein Überblick über die jeweils einschlägige Kasuistik gegeben werden.

I. Sachlicher Anwendungsbereich

In sachlicher Hinsicht muss eine Gewinnzusage oder vergleichbare Mitteilung vorliegen, durch die der Eindruck eines Preisgewinns hervorgerufen wird.

1) Gewinnzusage oder vergleichbare Mitteilung

Dem Begriff der „Gewinnzusage“ kommt keine eigenständige Bedeutung zu, da als „Gewinnzusage“ jede Mitteilung zu verstehen ist, die beim Verbraucher den Eindruck erwecken muss, er habe einen Preis gewonnen[63]. Die zusätzliche Einfügung der „vergleichbaren Mitteilung“ macht deutlich, dass der Tatbestand der Gewinnzusage großzügig im Sinne des Verbraucherschutzes auszulegen ist[64].

a) Inhalt

Der Begriff des Gewinns bzw. Preises ist weit zu verstehen[65]: Dem Gegenstand nach kommen Leistungen jeder Art in Betracht[66], in erster Linie sicherlich Zahlung von Geld[67], aber auch Lieferung von Sachen[68], Verschaffung von Forderun-

62 MünchKomm-*Seiler*, § 661a, Rn. 18.

63 JurisPK-*Laukemann*, § 661a, Rn. 10.

64 JurisPK-*Laukemann*, § 661a, Rn. 10.

65 MünchKomm-*Seiler*, § 661a, Rn. 5; Bamberger/Roth-*Kotzian-Marggraf*, § 661a, Rn. 2.

66 Braun, BuW 2003, 727; Braun, VuR 2003, 214/215; Schmidt-Räntsch, FS-Huber, 575/581; Prütting/Wegen/Weinreich-*Mörsdorf-Schulte*, § 661a, Rn. 8; MünchKomm-*Seiler*, § 661a, Rn. 5; Bamberger/Roth-*Kotzian-Marggraf*, § 661a, Rn. 2; Palandt-*Sprau*, § 661a, Rn. 2; Staudinger-*Bergmann*, § 661a, Rn. 41.

67 Bamberger/Roth-*Kotzian-Marggraf*, § 661a, Rn. 2; Prütting/Wegen/Weinreich-*Mörsdorf-Schulte*, § 661a, Rn. 8; Schmidt-Räntsch, FS-Huber, 575/581.

68 Beispielsweise LG Wuppertal, Urteil vom 19.2.2001 (Az. 3 O 358/00), NJW-RR 2001, 1275 f.: „nagelneuer VW Beetle“.

gen, Erbringung von Dienst- oder Werkleistungen, etwa Reisen[69]. Denkbar ist ferner die Zuwendung immaterieller Vorteile[70]. Auch das Inaussichtstellen eines „Treuepakets“[71] oder eine „Information über ein Guthaben“ in Verbindung mit der Mitteilung, es sei zu Gunsten des Adressaten ein Konto über einen bestimmten Betrag eingerichtet worden[72], sind als Gewinnzusage zu werten. Betrag, Anzahl, Umfang, Höhe des Gewinns brauchen nicht präzise genannt zu sein, es genügt die Bestimmbarkeit des Preises[73].

b) Form

An die Form der Mitteilung stellt § 661a BGB keine näheren Anforderungen[74]. Da die Gewinnzusage vom Unternehmer „versendet“ worden sein muss, ist lediglich zu verlangen, dass sie in einer verkörperten Erklärung erfolgt[75]. Gleichgültig ist hierbei die Übermittlungsart[76]: Erfasst sind neben postalisch versandten Sendungen aller Art[77] wie Brief[78] und Postkarte[79], also auch solche per Fax[80],

---

69 Bamberger/Roth-*Kotzian-Marggraf*, § 661a, Rn. 2; Palandt-*Sprau*, § 661a, Rn. 2; Staudinger-*Bergmann*, § 661a, Rn. 41; Braun, BuW 2003, 727; beispielsweise AG Cloppenburg, Urteil vom 23.2.2001 (Az. 17 C 253/00), NJW-RR 2001, 1274 f.: „Urlaubsscheck für 2 Personen für eine exclusive 9-tägige Urlaubsreise nach Spanien“.

70 Jauernig-*Mansel*, § 661a, Rn. 4: „Einladung in das Heim eines bekannten Künstlers“; Staudinger-*Bergmann*, § 661a, Rn. 41: „Treffen mit einer attraktiven Schauspielerin“.

71 AG Bremen, Urteil vom 10.12.2001 (Az. 8 C 211/01), NJW-RR 2002, 417 f.

72 OLG Koblenz, Urteil vom 26.9.2002 (Az. 5 U 202/02), IPRspr 2002, Nr. 34, 88.

73 Prütting/Wegen/Weinreich-*Mörsdorf-Schulte*, § 661a, Rn. 8; MünchKomm-*Seiler*, § 661a, Rn. 5; Jauernig-*Mansel*, § 661a, Rn. 4; Bamberger/Roth-*Kotzian-Marggraf*, § 661a, Rn. 2; Palandt-*Sprau*, § 661a, Rn. 2; Staudinger-*Bergmann*, § 661a, Rn. 42; Braun, BuW 2003, 727; Braun, ZAP 2003, Fach 2, 395/401; Braun, VuR 2003, 214/215; Schneider, BB 2002, 1653/1654; vgl. BT-Drucksache 14/3195, 34: „Auch soll es genügen, dass überhaupt ein Preis zugesagt wird, nicht ein „bestimmter“.

74 Schneider, BB 2002, 1653/1654.

75 Meller-Hannich, NJW 2006, 2516/2517; Braun, BuW 2003, 727/728; Braun, VuR 2003, 214/216; Schneider, BB 2002, 1653/1654; MünchKomm-*Seiler*, § 661a, Rn. 8; Bamberger/Roth-*Kotzian-Marggraf*, § 661a, Rn. 3; Palandt-*Sprau*, § 661a, Rn. 2; Jauernig-*Mansel*, § 661a, Rn. 4; AnwKomm-*Ring*, § 661a, Rn. 27; Staudinger-*Bergmann*, § 661a, Rn. 45.

76 Braun, VuR 2003, 214/216; Erman-*Ehmann*, § 661a, Rn. 2; Palandt-*Sprau*, § 661a, Rn. 2.

77 MünchKomm-*Seiler*, § 661a, Rn. 8.

78 Meller-Hannich, NJW 2006, 2516/2517; AnwKomm-*Ring*, § 661a, Rn. 27; Staudinger-*Bergmann*, § 661a, Rn. 45.

79 JurisPK-*Laukemann*, § 661a, Rn. 16; LG Wuppertal, Urteil vom 19.2.2001 (Az. 3 O 358/00), NJW-RR 2001, 1275 f.

80 Bamberger/Roth-*Kotzian-Marggraf*, § 661a, Rn. 3; Erman-*Ehmann*, § 661a, Rn. 2; Palandt-*Sprau*, § 661a, Rn. 2; JurisPK-*Laukemann*, § 661a, Rn. 16; MünchKomm-

E-Mail[81] oder sms[82]. Telephonanrufe fallen jedoch nicht unter den Tatbestand der Norm[83].

c) Zusätzliche Erfordernisse

Es schadet nicht, wenn der Empfänger noch naheliegende Tätigkeiten ausführen muss[84]. In Abgrenzung zur Auslobung soll bei § 661a BGB eine Handlung oder Leistung des Empfängers gerade entbehrlich sein[85]. Liegen die Voraussetzungen einer Gewinnzusage vor, kann sich der Unternehmer folglich nicht dadurch der Haftung entziehen, dass er die Gewinnherausgabe von weiteren Formerfordernissen, wie Schriftformen, Verwendung eines Anforderungsscheins[86] oder Zahlung einer Unkostenpauschale[87] abhängig macht. Dadurch würden zusätzliche Tatbestandsvoraussetzungen geschaffen und § 661a BGB würde umgangen werden[88].

2) Eindruck eines Preisgewinns

Entscheidend ist, dass der Angeschriebene den Eindruck bekommen kann, er werde den Preis erhalten[89], d.h. die Mitteilung muss sprachlich zum Ausdruck

---

Seiler, § 661a, Rn. 8; Jauernig-*Mansel*, § 661a, Rn. 4; AnwKomm-*Ring*, § 661a, Rn. 27; Staudinger-*Bergmann*, § 661a, Rn. 45; Meller-Hannich, NJW 2006, 2516/2517.

81 Schneider, BB 2002, 1653/1654; Bamberger/Roth-*Kotzian-Marggraf*, § 661a, Rn. 3; Erman-*Ehmann*, § 661a, Rn. 2; MünchKomm-*Seiler*, § 661a, Rn. 8; Jauernig-*Mansel*, § 661a, Rn. 4; AnwKomm-*Ring*, § 661a, Rn. 27; Palandt-*Sprau*, § 661a, Rn. 2; JurisPK-*Laukemann*, § 661a, Rn. 16; Staudinger-*Bergmann*, § 661a, Rn. 45; Braun, BuW 2003, 727/728; Meller-Hannich, NJW 2006, 2516/2517.

82 Schneider, BB 2002, 1653/1654; Braun, BuW 2003, 727/728; Erman-*Ehmann*, § 661a, Rn. 2; AnwKomm-*Ring*, § 661a, Rn. 27; Palandt-*Sprau*, § 661a, Rn. 2; JurisPK-*Laukemann*, § 661a, Rn. 16; Staudinger-*Bergmann*, § 661a, Rn. 45; Meller-Hannich, NJW 2006, 2516/2517.

83 Meller-Hannich, NJW 2006, 2516/2518; Palandt-*Sprau*, § 661a BGB, Rn. 2; Staudinger-*Bergmann*, § 661a, Rn. 45; Schmidt-Räntsch, FS-Huber, 575/583; a.A. Prütting/Wegen/Weinreich-*Mörsdorf-Schulte*, § 661a, Rn. 6; jurisPK-Laukemann, § 661a, Rn. 16 und 20.

84 Palandt-*Sprau*, § 661a, Rn. 2; OLG Köln, Urteil vom 7.10.2003 (Az. 16 W 25/03), MDR 2004, 499 f.

85 Schneider, BB 2002, 1653/1654; Palandt-*Sprau*, § 661a, Rn. 1.

86 OLG Dresden, Urteil vom 19.12.2001 (Az. 8 U 2256/01), IPRax 2002, 421 ff.

87 AG Cloppenburg, Urteil vom 23.2.2001 (Az. 17 C 253/00), NJW-RR 2001, 1274 f.

88 JurisPK-*Laukemann*, § 661a, Rn. 25; in diesem Sinne auch: LG Braunschweig, Urteil vom 10.1.2002 (Az. 10 O 2753/00), IPRax 2002, 213 ff.

89 Schneider, BB 2002, 1653/1654.

bringen, dass der individuelle Empfänger bereits einen Preis gewonnen hat[90]. Üblicherweise sind solche Mitteilungen mit einer über EDV-Serienbrieffunktionen leicht herstellbaren persönlichen Anrede versehen und durch ständige wiederholte namentliche Anredeformeln im Schreiben pseudo-personalisiert[91]. Dies soll beim Verbraucher den Eindruck einer individuellen Auswahl erwecken[92]. Ob der Eindruck erweckt wurde, ein Preis sei gewonnen, ist durch gerichtliche Auslegung festzustellen und nicht durch ein empirisches Sachverständigengutachten[93].

Bei der gerichtlichen Auslegung stellt sich die Frage, ob sich diese an einem objektiven oder subjektiven Maßstab orientieren soll.

a) Objektiver Maßstab

Für die Frage, ob die Mitteilung den Eindruck eines Preisgewinns erweckt, ist nach allgemeiner Meinung maßgeblich, ob ein durchschnittlicher Verbraucher aus seiner Sicht nach einem abstrakt-generellen Maßstab ohne nähere Prüfung den Eindruck hat, einen Preis gewonnen zu haben[94].

Dies wird durch den Wortlaut des § 661a BGB angedeutet, wo von einem Versenden „an Verbraucher“ und nicht etwa „an *einen* Verbraucher“ die Rede ist[95]. Es wird nur auf die Gestaltung der Zusendungen abstellt und gerade nicht

---

90 Lorenz, NJW 2000, 3305/3306.

91 Vgl. Lorenz, NJW 2000, 3305/3306; Schneider, BB 2002, 1653/1654; jurisPK-*Laukemann*, § 661a, Rn. 16; Hk-*Schulze*, § 661a, Rn. 3.

92 Lorenz, NJW 2000, 3305/3306.

93 jurisPK-*Laukemann*, § 661a, Rn. 19.

94 BGH, Urteil vom 19.2.2004 (Az. III ZR 226/03), NJW 2004, 1652 f.; OLG München, Urteil vom 5.2.2004 (Az. 19 U 4690/03), NJW 2004, 1671 f.; OLG Stuttgart, Urteil vom 21.1.2004 (Az. 4 U 171/03), NJW-RR 2004, 1063 f.; OLG Celle, Urteil vom 5.2.2004 (Az. 4 U 195/03), MDR 2004, 867; OLG Karlsruhe, Urteil vom 10.3.2004 (Az. 7 U 170/02), OLGR Karlsruhe 2004, 211 ff.; OLG Stuttgart, Urteil vom 25.11.2002 (Az. 6 U 135/02), MDR 2003, 350 f.; OLG Koblenz, Urteil vom 26.9.2002 (Az. 5 U 202/02), MDR 2002, 1359; OLG Stuttgart, Urteil vom 25.11.2002 (Az. 6 U 135/02), IPRspr 2002, Nr. 156, 407 ff.; OLG Frankfurt, Urteil vom 19.2.2002 (Az. 8 U 228/01), MDR 2002, 1023 f.; LG Freiburg, Urteil vom 22.3.2002 (Az. 6 O 147/01), IPRspr 2002, Nr. 137, 352 ff.; AG Cloppenburg, Urteil vom 23.2.2001 (Az. 17 C 253/00), NJW-RR 2001, 1274 f.; Dörr, MDR 2006, 1141/1144; Bahr, K&R 2006, 145/149; Schmidt, JuS 2005, 72; Braun, VuR 2003, 214/215; Braun, BuW 2003, 727/728; Ackermann, jurisPR-BGHZivilR 36/2004, Anm. 2; Schneider, BB 2002, 1653/1654; Lorenz, NJW 2000, 3305/3306; Jauernig-*Mansel*, § 661a, Rn. 4; MünchKomm-*Seiler*, § 661a, Rn. 10; Palandt-*Sprau*, § 661a, Rn. 2; Hk-*Schulze*, § 661a, Rn. 2; AnwKomm-*Ring*, § 661a, Rn. 22; kritisch zur Terminologie: Baldus, ZGS 2004, 297.

95 Lorenz, NJW 2000, 3305/3306.

auf die Vorstellung des einzelnen Verbrauchers[96]. Außerdem wäre § 661a BGB sonst eine „zahnlose" Norm[97], wenn es erforderlich wäre, dass der Empfänger dem Schreiben tatsächlich Glauben schenkt.

Demnach muss sich das Gericht bei der Frage, ob durch eine Gewinnzusage der Eindruck eines Preisgewinns erweckt wurde, an einem objektiven Maßstab orientieren.

b) Versteckte Hinweise auf Unverbindlichkeit

Versuche der Unternehmer, die Gewinnzusage zu revidieren, finden sich regelmäßig in als AGB bezeichneten und überaus unverständlichen Klauselwerken an unauffälliger Stelle der Zusendungen[98]: Klein gedruckte[99], in „zarter" Schrift verfasste[100] oder auf der Rückseite befindliche Einschränkungen[101], die sich mitunter nur unter Einsatz detektivischen Spürsinns auffinden lassen[102]. Diese vermögen jedoch selbst dann nicht den Eindruck des Preisgewinns zu zerstören, wenn der Empfänger mit seiner Unterschrift erklärt, von den Vergabebedingungen Kenntnis genommen und sie verstanden zu haben[103]. Andernfalls liefe § 661a BGB in nahezu allen praktischen Fällen leer und würde funktionslos, weil der Empfänger bei hinreichend sorgfältiger und kritischer Lektüre immer erkennen kann, dass der Unternehmer ihm nicht grundlos eine erhebliche Zuwendung machen will[104].

Der Unternehmer kann folglich nicht darauf verweisen, dass er ernsthaft niemals daran gedacht habe, seine Gewinnzusage zu erfüllen, da ein derartiger „geheimer Vorbehalt" nach § 116 S. 1 BGB unbeachtlich ist[105].

Fraglich erscheint allerdings, ob der Unternehmer sich unter Hinweis auf § 116 S. 2 BGB mit der Behauptung aus der Affäre ziehen kann, dass der Empfänger als mündiger Verbraucher aufgrund der versteckten Hinweise auf die Unverbindlichkeit die mangelnde Ernsthaftigkeit der Gewinnzusage erkannt habe,

---

96 Schneider, BB 2002, 1653/1654.

97 Lorenz, NJW 2000, 3305/3306.

98 Schneider, BB 2002, 1653/1654.

99 Vgl. OLG Frankfurt, Urteil vom 19.2.2002 (Az. 8 U 228/01), IPRspr 2002, Nr. 136, 351 f.

100 Vgl. LG Braunschweig, Urteil vom 10.1.2002 (Az. 10 O 2753/00), IPRax 2002, 213 ff.

101 Vgl. OLG Dresden, 19.12.2001 (Az. 8 U 2256/01), IPRax 2002, 421 ff.

102 Leible, IPRax 2003, 28.

103 Vgl. OLG Celle,Urteil vom 5.2.2004 (Az. 4 U 195/03), MDR 2004, 867; jurisPK-*Laukemann*, § 661a, Rn. 21.

104 Braun, BuW 2003, 727/728; Braun, ZAP 2003, Fach 2, 395/401.

105 Dörner, FS-Kollhosser, 75/77.

und sein Gewinnversprechen infolgedessen nichtig sei[106]. Wenn gerade der intelligente und aufgeklärte Verbraucher den Anspruch nicht geltend machen könnte, würde die Effizienz der Vorschrift empfindlich reduziert, weil man gerade von Verbrauchern dieser Kategorie erwarten kann, dass sie den Absender der Gewinnmitteilung „festzunageln" versuchen[107]. Angesichts der wettbewerbs- und verbraucherpolitischen Zielsetzung des § 661a BGB geht der BGH[108] und die Mehrheit in der Literatur[109] zu Recht deshalb davon aus, dass § 116 S.2 BGB bei Gewinnzusagen keine Anwendung findet.

Versteckte Hinweise auf die Unverbindlichkeit der Gewinnzusage vermögen demnach nicht den Eindruck eines Preisgewinnes zu zerstören.

II. Persönlicher Anwendungsbereich

In persönlicher Hinsicht muss der Verbraucher als Empfänger die Gewinnzusage vom Unternehmer als „Sender" zugesandt bekommen haben.

1) Verbraucher als Empfänger

Nach herrschender Meinung findet im Falle einer Gewinnzusage § 13 BGB direkt[110] oder entsprechend[111] Anwendung: Empfänger und Adressat der Mitteilung muss also ein Verbraucher i.S.d. § 13 BGB sein. Verbraucher ist gemäß § 13 BGB jede natürliche Person, die ein Rechtsgeschäft zu einem Zwecke abschließt, der weder ihrer gewerblichen noch ihrer selbstständigen beruflichen Tätigkeit zugerechnet werden kann. Dies ist bei Empfängern von Gewinnzusagen

---

106 Vgl. Dörner, FS-Kollhosser, 75/77.

107 Vgl. Dörner, FS-Kollhosser, 75/78.

108 BGH, Urteil vom 19.2.2004 (Az. III ZR 226/03), NJW 2004, 1652 f.; so auch: KG, Urteil vom 21.6.2004 (Az. 8 U 10/04), Langtext über juris abrufbar; OLG Saarbrücken, Urteil vom 23.6.2004 (Az. 1 U 578/03), OLGR Saarbrücken 2004, 576 ff.

109 Wagner/Potsch, Jura 2006, 401/403; Dörr, MDR 2006, 1141/1144; Lorenz/Unberath, IPRax 2005, 219/221; Dörner, FS-Kollhosser, 75/78; Piekenbrock/Schulze, IPRax 2003, 328/332, die § 661a BGB als verbraucherrechtliche Sonderregelung zu § 116 S.1 BGB verstehen; a. A. Schäfer, JZ 2005, 981/984.

110 Prütting/Wegen/Weinreich-*Mörsdorf-Schulte*, § 661a, Rn. 5; Jauernig-*Mansel*, § 661a, Rn. 5; Bamberger/Roth-*Kotzian-Marggraf*, § 661a, Rn. 4; Erman-*Ehmann*, § 661a, Rn. 2; Palandt-*Sprau*, § 661a, Rn. 2b; JurisPK-*Laukemann*, § 661a, Rn. 11; Hk-*Schulze*, § 661a, Rn. 2; AnwKomm-*Ring*, § 661a, Rn. 17; Staudinger-*Bergmann*, § 661a, Rn. 49; Schmidt-Räntsch, FS-Huber, 575/584.

111 MünchKomm-*Seiler*, § 661a BGB, Rn. 13.

stets unproblematisch zu bejahen, da es kaum denkbar ist, dass die Teilnahme an einem Gewinnspiel der beruflichen Tätigkeit einer Person zuzurechnen ist[112].

2) Unternehmer als Versender

Absender der Gewinnmitteilung muss ein Unternehmer sein. Gemäß § 14 BGB ist ein solcher eine natürliche oder juristische Person oder eine rechtsfähige Personengesellschaft, die bei Abschluss eines Rechtsgeschäfts in Ausübung ihrer gewerblichen oder selbstständigen beruflichen Tätigkeit handelt. Diese Legaldefinition soll im Falle isolierter Gewinnzusagen nach einer Ansicht direkt[113], nach anderer Ansicht zumindest entsprechend[114] anwendbar sein.

Regelmäßig spielen in bisherigen Streitigkeiten auf der Grundlage des § 661a Probleme um die Passiv-Legitimation eine Rolle[115]: Es werden „General-Advokaturen" mit unbekannter Anschrift vorgeschaltet[116], Adressen werden verschleiert[117], der Name einer existierenden anderen Person genutzt[118] oder es werden Briefkastenfirmen mit Phantasie-Namen vorgeschoben[119].

Die Frage, wer dann der „Sender" einer Gewinnmitteilung ist, beurteilt sich aus der objektivierten Empfängersicht: „Sender" ist demnach derjenige Unternehmer, den ein durchschnittlicher Verbraucher in der Lage des Empfängers einer Gewinnzusage als Versprechenden ansieht[120].

Nach einer Entscheidung des OLG Düsseldorf[121] soll der Schuldner des Anspruchs aus § 661a BGB derjenige sein, der nach außen als Versender in Erscheinung trete, nicht jedoch ein hinter ihm stehender Dritter. Dabei verkennt das

---

112 Vgl. Braun, BuW 2003, 727/728.

113 Prütting/Wegen/Weinreich-*Mörsdorf-Schulte*, § 661a, Rn. 5; Jauernig-*Mansel*, § 661a, Rn. 5; Palandt-*Sprau*, § 661a, Rn. 2a; JurisPK*Laukemann*, § 661a, Rn. 10; AnwKomm-*Ring*, § 661a, Rn. 16; Staudinger-*Bergmann*, § 661a, Rn. 48; Schmidt-Räntsch, FS-Huber, 575/582.

114 BGH, Urteil vom 15.7.2004 (Az. III ZR 315/03), NJW 2004, 3039/3040; MünchKomm-*Seiler*, § 661a, Rn. 11; Meller-Hannich, NJW 2006, 2516/2518, Fn. 50.

115 Diese Einschätzung teilen: Bamberger/Roth-*Kotzian-Marggraf*, § 661a, Rn. 7; MünchKomm-*Seiler*, § 661a, Rn. 12; Vollkommer, GS-Blomeyer, 845/851.

116 Vgl. OLG Dresden, Urteil vom 19.12.2001 (Az. 8 U 2256/01), IPRax 2002, 421 ff.

117 LG Freiburg, Urteil vom 22.3.2002 (Az. 6 O 147/01), IPRspr 2002, Nr. 137, 352 ff.

118 BGH, Urteil vom 8.12.2005 (Az. III ZR 99/05), NJW-RR 2006, 701 f.

119 Tamm/Gaedtke, VuR 2006, 169/170; Timme, JuS 2003, 638.

120 BGH, Urteil vom 8.12.2005 (Az. III ZR 99/05), NJW-RR 2006, 701/702; BGH, Urteil vom 9.12.2004 (Az. III ZR 112/04), NJW 2005, 827; BGH, Urteil vom 7.10.2004 (Az. III ZR 158/04), NJW 2004, 3355/3556; Hall, jurisPR-BGHZivilR 6/2005, Anm. 5; Tamm/Gaedtke, VuR 2006, 169/170.

121 OLG Düsseldorf, Beschluss vom 23.5.2002 (Az. 6 W 27/02), NJW-RR 2002, 1632 f.

OLG Düsseldorf nicht, dass bei der von ihm vertretenen Auslegung Umgehungen nicht zuverlässig ausgeschlossen werden könnten. Dies ändere aber nichts daran, dass angesichts des Charakters der Haftung des § 661a BGB eine weite Auslegung des Tatbestandsmerkmals „senden" nicht für zutreffend erachtet werde, zumal der Verbraucher ein Vertrauen nur gegenüber demjenigen entwickeln kann, der ihm gegenüber in Erscheinung getreten ist. Folglich kann im Grundsatz nur haften, wer nach außen als Erklärender erscheint[122], z.B. weil er die tatsächliche Versendung der Mitteilung in Kenntnisnahme ihres Inhalt durch einen Dritten veranlasst oder gebilligt hat[123].

Ob tatsächlich ein solcher Strohmann, der die Absendung aus dem Hintergrund veranlasst, nach § 661a BGB haftet, ist umstritten[124].

Zwar sei angesichts der vielfältigen Möglichkeit zur Umgehung des Gesetzes durch manipulative Gestaltung der Absenderangaben ein weiter Versenderbegriff geboten[125], jedoch hat der BGH die Haftung der Beklagten als „Sender" in einer Strohmann-Konstellation verneint[126]: Nach Auffassung des BGH sei es mit dem Wortlaut des § 661a BGB nicht zu vereinbaren, als „Sender" auch jeden anzusehen, der sich an der Übersendung der Gewinnzusage oder dem damit regelmäßig verbundenen Versandhandelsgeschäft beteilige und die Vorteile aus dem solcherart geförderten Warenverkehr gezogen habe. Der Gesetzgeber habe einen verbreiteten Missbrauch abstellen wollen, allerdings ohne die Anbahnung des Versandhandelsgeschäfts ausdrücklich zu erwähnen.

Dementsprechend wird von *Mankowski*[127] kritisiert, dass das Verfahren geradezu ein Muster aufzeige, wie man es anstellen müsse, damit man nicht aus § 661a BGB hafte und trotzdem der Gewinner der Aktion sei: Man nehme eine obskure Firma irgendwo im Ausland. Diese lasse man die Gewinnzusage senden.

---

122 Palandt-*Sprau*, § 661a, Rn. 2a; BGH, Urteil vom 8.12.2005 (Az. III ZR 99/05): Haftung als „Sender" bei Auftreten unter dem Namen einer existierenden anderen Person, wenn er dem Empfänger einer Gewinnzusage als Handelnder erscheint; BGH, Urteil vom 15.7.2004 (Az. III ZR 315/03), NJW 2004, 3039 ff.: Wenn der Versender eine GmbH ist, kann nur die GmbH, nicht aber der Geschäftsführer aus § 661a BGB in Anspruch genommen werden; vgl. auch OLG Düsseldorf, Urteil vom 22.12.2003 (Az. 6 U 171/02), IPRspr 2003, Nr. 22, 67 ff.; OLG Düsseldorf, Beschluss vom 23.5.2002 (Az. 6 W 27/02), NJW-RR 2002, 1632/1633; a.A. für Haftung auch des Hintermanns: AG Rudolstadt, Urteil vom 25.4.2002 (Az. 1 C 653/01), NJW-RR 2002, 1631 f.

123 Palandt-*Sprau*, § 661a, Rn. 2a; vgl. LG Wuppertal, Urteil vom 19.2.2001 (Az. 8 C 211/01), NJW-RR 2001, 1275 f.

124 Schmidt, JuS 2005, 72.

125 JurisPK-*Laukemann*, § 661a, Rn. 12; OLG Frankfurt, Urteil vom 18.12.2003 (Az. 26 U 21/03), Langtext abrufbar über juris.

126 BGH, Urteil vom 7.10.2004 (Az. III ZR 158/04), NJW 2004, 3555 ff.

127 Vgl. Mankowski, EWiR 2005, 111/112.

Man streue hinreichend formale Anhaltspunkte, damit jene Firma zumindest nicht als nicht-existent angesehen werden könne. Verbindungen werde der Verbraucher nie nachweisen können, und Einblick in die internen „Anweisungsstrukturen“ habe er auch nicht. Hierbei handele es sich um ein wundervolles höchstrichterlich abgesegnetes Erfolgsrezept[128] – schließlich liegt die Darlegungs- und Beweislast dafür, dass eine Gewinnzusage auf das beklagte Unternehmen zurückzuführen ist, beim Verbraucher[129].

Für die Zukunft ist zu überlegen, ob durch eine Ausweitung des Senderbegriffes das rechtsschutzpolitische Ziel besser verwirklicht werden könnte. Zu Recht wird eingewandt, dass die Erdrosselung unlauterer Vertriebsgebaren nur gelingen könne, wenn die Haftung unbedingt sei und die wahren Profiteure ihr nicht einfach ausweichen könnten[130]. In diesem Sinne entschied das LG Darmstadt[131], dass jeder haften müsse, der Hilfsdienste zur Durchführung des Gewinnspiels leiste und damit eigene wirtschaftliche Interessen verfolge. Es solle sogar ausreichen, wenn es sich nur um organisatorische Maßnahmen oder eine Dienstleistung handele, etwa das Vermieten eines Telefonanschlusses. Auch nach Ansicht des LG Wuppertal[132] soll der Haftung nach § 661a nicht entgehen, wer Dritte zwischenschalte, welche die Mitteilungen versenden oder von einem anderen Ort als dem Sitz des Unternehmens senden, solange die Initiative hierzu aus der Sphäre des Unternehmers stamme. Verberge sich der nicht identifizierbare Versender hinter einem Partner oder Strohmann, so hafte nach Ansicht des AG Rudolstadt[133] der namentlich in Erscheinung Getretene selbst für die Auszahlung des zugesagten Betrages.

Interessant sind auch die jüngsten Ausführungen des Thüringer OLG[134], wonach ein im Inland handelndes Unternehmen die sekundäre Darlegungslast treffe, dass sie ein ausländisches Unternehmen nicht als Tarnadresse genutzt habe, wenn das inländisches Unternehmen unter dem Namen eines Unternehmens mit Sitz im Ausland auftrete und der Empfänger der Gewinnzusage behauptet, es handele sich um eine Briefkastenfirma, die keine Geschäftstätigkeit entfalte.

---

128 Mankowski, EWiR 2005, 111/112.

129 Vgl. Bamberger/Roth-*Kotzian-Marggraf*, § 661a, Rn. 7; juris-*Laukemann*, § 661a, Rn. 32.

130 Wagner/Potsch, Jura 2006, 401/410.

131 LG Darmstadt, Urteil vom 27.8.2003 (Az. 9 O 65/03), Langtext abrufbar über juris; im Grundsatz bestätigt durch OLG Frankfurt, Urteil vom 29.3.2005 (Az. 22 U 196/03), NJW-RR 2005, 1366 ff.

132 LG Wuppertal, Urteil vom 19.2.2001 (Az. 3 O 358/00), NJW-RR 2001, 1275 f.

133 AG Rudolstadt, Urteil vom 25.4.2002 (Az. 1 C 653/01), NJW-RR 2002, 1631 f.

134 Thüringer OLG, Urteil vom 19.7.2006 (Az. 7 U 325/05), OLG-NL 2006, 241 f.

Bislang steht jedoch dieser verbraucherfreundlichen Rechtsprechung der unteren Gerichte die Auffassung des BGH[135] entgegen. Nach höchstrichterlicher Ansicht setze § 661a BGB nach seinem eindeutigen Wortlaut nicht voraus, dass es zum Abschluss eines Kaufvertrags komme. Folglich könne für die Zuweisung der Passivlegitimation auch nicht darauf abgestellt werden, mit wem ein Vertrag zustande komme bzw. kommen solle, wer die bestellten Waren liefere oder an wen der Kaufpreis gezahlt werde. Allgemeine Normzwecküberlegungen könnten nicht zu einer pauschalen Ausweitung des passivlegitimierten Personenkreises führen, die im Wortlaut keine Stütze finde. Handele es sich demnach bei dem Versender um eine Gesellschaft, könnten neben dieser Dritte nur nach gesellschaftsrechtlichen Regeln in Anspruch genommen werden. Wenn der „Sender" eine GmbH sei, so hafte regelmäßig diese, nicht aber ihr Geschäftsführer aus § 661a BGB.

Kritische Stimmen in der Literatur versuchen, über eine Aktivierung deliktsrechtlicher Normen dieses Problem der Passivlegitimation von Geschäftsführern zu lösen: Eine Ansicht stellt statt des Unternehmerbegriffs auf die „Mittäterschaft" i.S.d. § 830 BGB ab[136] bzw. knüpft alternativ an den wettbewerbsrechtlichen Störerbegriff an[137], während eine andere Ansicht auf die sittenwidrige vorsätzliche Schädigung i.S.d. § 826 BGB zurückgreift, wenn die handelnden Geschäftsführer inländischer Vertriebsgesellschaften im Ausland gezielt unterkapitalisierte Briefkastengesellschaften gründen, bei denen die durch Gewinnzusagen begründeten Verbindlichkeiten abgeladen werden[138]. In den angesprochenen Fällen bestehe der Vermögensschaden darin, dass die Ansprüche der Verbraucher aus § 661a BGB gezielt entwertet würden[139]. Die Sittenwidrigkeit solcher Gewinnzusagen sei im Hinblick auf das Wettbewerbsrecht und die Gesetzesbegründung von § 661a BGB zu bejahen[140].

Ob eine Aktivierung deliktsrechtlicher Normen im Zusammenhang mit § 661a BGB überhaupt sachgerecht sein kann, wird im Rahmen der dogmatischen Verortung genauer zu untersuchen sein.

---

135 BGH, Urteil vom 7.10.2004 (Az. III ZR 158/04), NJW 2004, 3555 ff.; BGH, Urteil vom 9.12.2004 (Az. III ZR 112/04), NJW 2005, 827 f.

136 Bornemann, BB 2004, 2204, 2260/2262; Bornemann, VuR 2004, 434/438; Vollkommer, GS-Blomeyer, 845/853.

137 Vollkommer, GS-Blomeyer, 845/852 f.

138 Wagner/Potsch, Jura 2006, 401/410.

139 Wagner/Potsch, Jura 2006, 401/411.

140 Wagner/Potsch, Jura 2006, 401/411.

III. Zeitlicher Anwendungsbereich

§ 661a BGB ist gemäß Art. 12d des Gesetzes über Fernabsatzverträge und andere Fragen des Verbraucherrechts sowie zur Umstellung von Vorschriften auf Euro vom 27.6.2000 am 30.6.2000 in Kraft getreten. Intertemporal ist § 661a BGB gemäß Art. 229 § 2 I EGBGB auf alle Sachverhalte, die nach dem 29.6.2000 entstanden sind, anzuwenden[141].

In einem Einzelfall entschied die Rechtsprechung, § 661a BGB solle über § 242 BGB auch auf Sachverhalte vor Inkrafttreten des Gesetzes zumindest in der Weise anwendbar sein, als der Verbraucher, der durch die Vortäuschung eines beträchtlichen Gewinns zur Warenbestellung bewegt wurde, mit dem vermeintlichen Gewinn insoweit aufrechnen könne, wie dies zu seiner Schadloshaltung nötig sei[142].

IV. Rechtsfolge

Die Tatbestandsvoraussetzungen des § 661a BGB sind in dem Augenblick erfüllt, in dem die Gewinnmitteilung dem Verbraucher zugeht[143], d.h. der Anspruch besteht ab Zugang der Mitteilung beim Empfänger [144].

Bei § 661a BGB handelt es sich um eine Anspruchsnorm i.S.d. § 194 Abs. 1 BGB[145], so dass der Anspruch mit der Entstehung fällig wird[146] und er gemäß § 195 BGB in drei Jahren verjährt [147].

---

141 Jauernig-*Mansel*, § 661a, Rn. 3; Prütting/Wegen/Weinreich-*Mörsdorf-Schulte*, § 661a, Rn. 1; Staudinger-*Bergmann*, § 661a, Rn. 56.

142 AG Heinsberg, Urteil vom 5.12.2000 (Az. 18 C 173/00), NJW-RR 2001, 1274; kritisch dazu: Erman-*Ehmann*, § 661a, Rn. 1; AnwKomm-*Ring*, § 661a, Rn. 1; Bamberger/Roth-*Kotzian-Marggraf*, § 661a BGB, Rn. 1; Staudinger-*Bergmann*, § 661a, Rn. 56.

143 Schreiber, NJ 2002, 543/544.

144 Jauernig-*Mansel*, § 661a, Rn. 6; Palandt-*Sprau*, § 661a, Rn. 4; MünchKomm-*Seiler*, § 661a, Rn. 14; Braun, VuR 2003, 214/216; Pluskat, wrp 2003, 18/27; OLG Nürnberg, Urteil vom 28.8.2002 (Az. 4 U 641/02), NJW 2002, 3637/3640.

145 MünchKomm-*Seiler*, § 661a, Rn. 4; Bamberger/Roth-*Kotzian-Marggraf*, § 661a, Rn. 1.

146 MünchKomm-*Seiler*, § 661a, Rn. 14; Staudinger-*Bergmann*, § 661a, Rn. 53; Schmidt-Räntsch, FS-Huber, 575/587.

147 MünchKomm-*Seiler*, § 661a, Rn. 14; Staudinger-*Bergmann*, § 661a, Rn. 53; a.A. juris-*Laukemann*, § 661a BGB, Rn. 28; Wied, Gewinnversprechen, 91 ff. und Vollkommer, GS-Blomeyer, 845/855, die sich für eine entsprechende Anwendung der sechsmontigen Verjährung aus dem Wettbewerbsrecht aussprechen.

1) Primäranspruch

Bei Vorliegen der Voraussetzungen des § 661a BGB hat der Unternehmer den versprochenen Preis zu leisten, d.h. die angekündigte Leistung zu erbringen[148]. § 661a BGB gewährt dem Verbraucher demnach einen Erfüllungsanspruch[149]. Nicht nur die amtliche Überschrift der Vorschrift sowie eine unbefangene Lektüre ihres Wortlauts legen dies nahe, sondern auch ihr systematischer Zusammenhang sowie die Gesetzesbegründung, in der es heißt, dass der Verbraucher in die Lage versetzt werden solle, „den Unternehmer beim Wort zu nehmen und den mitgeteilten Gewinn zu verlangen"[150].

2) Sekundäransprüche

Die Rechtsfolgen bei Nichtleistung ergeben sich aus §§ 280 ff., 311a BGB[151]. Dies gilt insbesondere auch dann, wenn der Unternehmer seine Nebenpflichten verletzt[152]. Zu den Nebenpflichten des Unternehmers zählt beispielsweise die Auskunft, wann, wo und wie der Gewinn übergeben wird, aber auch die Aufklärung des Verbrauchers über die Identität des Versenders[153]. Erhält der Gewinner diese Informationen nicht und verpasst deswegen die Übergabe des Preises, so haftet der Unternehmer gemäß § 280 Abs. 1 i.V.m. § 661a BGB[154].

B. Dogmatische Verortung des § 661a BGB

Neuschöpfungen des Gesetzgebers verlangen nach ebenso nachvollziehbarer wie widerspruchsfreier Integration in das Gesamtsystem[155]. Die dogmatische Verortung des Anspruchs aus § 661a BGB im deutschen Recht ist umstritten. Auf den

---

148 Braun, VuR 2003, 214/216; Erman-*Ehmann*, § 661a, Rn. 3; Palandt-*Sprau*, § 661a, Rn. 3; Schneider, BB 2002, 1653/1655.

149 BGH, Urteil vom 16.10.2003 (Az. III ZR 106/03), NJW 2003, 3620 f.; Jauernig-*Mansel*, § 661a, Rn. 1; Wagner/Potsch, Jura 2006, 401/402; Alexander, wrp 2004, 407/421.

150 Vgl. Dörner, FS-Kollhosser, 75/76 unter Hinweis auf BT-Drucksache 14/2658, 49.

151 Prütting/Wegen/Weinreich-*Mörsdorf-Schulte*, § 661a, Rn. 19; Jauernig-*Mansel*, § 661a, Rn. 6; Palandt-*Sprau*, § 661a, Rn. 3; Staudinger-*Bergmann*, § 661a, Rn. 52; MünchKomm-*Seiler*, § 661a, Rn. 15; AnwKomm-*Ring*, § 661a, Rn. 18; Schmidt-Räntsch, FS-Huber, 575/587.

152 jurisPK-*Laukemann*, § 661a, Rn. 26.

153 jurisPK-*Laukemann*, § 661a, Rn. 26.

154 jurisPK-*Laukemann*, § 661a, Rn. 26.

155 Dörner, FS-Kollhosser, 75.

ersten Blick scheint die Diskussion um die „richtige“ dogmatische Einordnung des § 661a BGB vorwiegend einem theoretischen Anliegen Rechnung zu tragen; ist sie doch in der Tat nur von geringem praktischen Nutzen, soweit der Verbraucher den versprochenen Gewinn von einem im Inland ansässigen Unternehmer einfordert[156]. Dies ändert sich aber schlagartig, wenn der Unternehmer von seinem ausländischen Sitz aus Gewinnzusagen verschickt und der Verbraucher den Anspruch aus § 661a BGB vor einem deutschen Gericht geltend machen will[157]. Da Zuständigkeitsvorschriften ihre Rechtsfolgen von der Zugehörigkeit des Sachverhalts zu bestimmten Systemkategorien abhängig machen, kann der Rechtsanwender einer präzisen Klassifizierung des § 661a BGB nicht mehr ausweichen[158]. Die unterschiedlichen Einschätzungen zur Rechtsnatur des § 661a BGB sollen deshalb im Folgenden aufgezeigt und kritisch erörtert werden. Welche dogmatische Qualifikation ist richtig, und was ist eigentlich das Besondere an einer Norm, zu der nahezu jede aus dem Bürgerlichen Recht bekannte dogmatische Qualifikation vertreten wird[159]?

I. Schenkungsvertrag

Nach einer Ansicht vermag die vertragliche Einordnung am besten die gesetzgeberischen Ziele zu erreichen und zugleich die Friktionen der Vorschrift mit dem System des bürgerlichen Rechts in vertretbarem Rahmen zu halten[160]. Man brauche hierfür nur das „Wort“ des Unternehmers ernst zu nehmen, worauf auch die Gesetzesbegründung im Kern abstelle und sich in Erinnerung zu rufen, warum ein Anspruch auf den versprochenen Gewinn vor In-Kraft-Treten des § 661a BGB nicht bestanden habe[161]. Anders als bei den §§ 657, 661, 762 BGB, wo eine Gewinnzusage schon den Tatbestand der Normen nicht erfülle, lägen bei einer Gewinnzusage sehr wohl die tatbestandlichen Voraussetzungen eines Schenkungsversprechens vor[162]. Die Gewinnzusage sei ihrem Buchstaben nach nichts anderes, als das Versprechen einer unentgeltlichen Zuwendung[163]. Scheitern musste diese Konstruktion allein an § 518 BGB, da das Schenkungsversprechen

156 Dörner, FS-Kollhosser, 75/81.
157 Dörner, FS-Kollhosser, 75/81.
158 Dörner, FS-Kollhosser, 75/82.
159 So fragt zu Recht Schäfer, JZ 2005, 981/983.
160 Häcker, ZVglRWiss 103 (2004), 464/474.
161 Häcker, ZVglRWiss 103 (2004), 464/479.
162 Häcker, ZVglRWiss 103 (2004), 464/479 f.
163 Häcker, ZVglRWiss 103 (2004), 464/480.

nach dieser Norm formunwirksam gewesen sei[164]. Hier liege nun der Ausgangspunkt für eine systemkonforme Interpretation des § 661a BGB[165]: § 661a BGB solle als Ausnahme von der Formvorschrift des § 518 BGB verstanden werden[166]. Im Falle der Gewinnzusage könne daher ein Schenkungsvertrag ausnahmsweise ohne besondere Form geschlossen werden[167]. Diese vertragliche Lösung sei dem Verständnis der Gewinnzusage als Anspruch aus einem gesetzlichen Schuldverhältnis überlegen[168]: Würde die bloße Zusendung der Gewinnzusage zu einem gesetzlichen Schuldverhältnis führen, so würde dem Empfänger ein Anspruch und damit Gläubigerstellung und Gläubigerpflichten aufgedrängt, ohne dass diese Nachteile mit irgendwelchen Vorteilen verbunden wären[169].

Hinsichtlich dieser Argumentation ist jedoch kritisch anzumerken, dass selbst bei einem solchen angeblich „aufgedrängten" Anspruch der Verbraucher immer noch frei entscheiden kann, ob er diesen auch geltend macht. Bleibt der Verbraucher im Anschluss an den Erhalt einer Gewinnzusage untätig, ergeben sich für ihn daraus keine Nachteile.

Außerdem wird zu Recht eingewandt, die Argumentation für eine vertragliche Einordnung wolle einen Vertrag konstruieren, wo das Gesetz keinen fordere[170]. Für die Begründung der Haftung ist es ausreichend, dass ein Unternehmer eine Gewinnzusage an einen Verbraucher versendet. Weder Wortlaut noch Historie des § 661a BGB lässt sich entnehmen, dass der Verbraucher diese auch annehmen muss. Zwar ist das Handeln des Unternehmers darauf gerichtet, mit dem angesprochenen potentiellen Kunden einen Vertrag über den Kauf von Waren abzuschließen[171]. Der Anspruch aus einer Gewinnzusage setzt den Abschluss eines solchen Vertrages jedoch nicht voraus[172].

Das Versprechen selbst ist auch kein Vertrag, denn es erschöpft sich zunächst in der einseitigen Gewinnzusage, die kein Angebot auf Abschluss eines Vertrages

---

164 Häcker, ZVglRWiss 103 (2004), 464/480.
165 Häcker, ZVglRWiss 103 (2004), 464/480.
166 Häcker, ZVglRWiss 103 (2004), 464/483; vgl. in diesem Zusammenhang: Staudinger-*Bergmann*, § 661a, Rn. 3, 16 und 18, der § 661a BGB als eine im Schutzzweck der Ausnahmevorschriften der §§ 518, 762 BGB angelegte teleologisch indizierte, systemimmanente Rückausnahme zivilrechtlicher Ausnahmevorschriften betrachtet, jedoch ausdrücklich offen lässt, ob es sich deshalb bei der Gewinnmitteilung um ein einseitiges Rechtsgeschäft oder um einen Vertrag handeln soll.
167 Häcker, ZVglRWiss 103 (2004), 464/483.
168 Häcker, ZVglRWiss 103 (2004), 464/482.
169 Häcker, ZVglRWiss 103 (2004), 464/482 f.
170 Lorenz/Unberath, IPRax 2005, 219/220.
171 Braun, ZAP 2003, Fach 2, 395/398.
172 Braun, ZAP 2003, Fach 2, 395/398.

mit Rechten und Pflichten darstellt[173]. Der Gewinnabruf des Verbrauchers kann daher auch nicht als Annahmeerklärung angesehen werden[174]. Vielmehr macht er von einem ihm auf Grund der bloßen Zusage zustehenden Recht Gebrauch, wenn er diesen Preis anfordert[175].

Eine vertragliche Konstruktion ist demnach ausgeschlossen, weil die Vorschrift keinerlei auch nur konkludente Zustimmung des Verbrauchers verlangt[176]. Dass ein vertraglicher Anspruch nach deutschem Recht nicht gegeben ist, zeigt weiterhin die Notwendigkeit der Einführung des anspruchsbegründenden § 661a BGB[177].

Im Ergebnis ist daher eine vertragliche Einordnung des § 661a BGB als Schenkungsvertrag, bei dem die Formvorschrift des § 518 BGB keine Anwendung findet, abzulehnen.

II. Culpa in contrahendo

Das LG Braunschweig[178] verortete § 661a BGB als Spezialfall der culpa in contrahendo i.S.d. §§ 311 Abs. 2, 241 Abs. 2, 280 Abs. 1 BGB.

Die typische Funktion der c.i.c., Schäden zu kompensieren, die im Rahmen eines gesteigerten sozialen Kontakts erlitten werden, wird jedoch von § 661a BGB in keiner Weise verwirklicht[179]. Auch setzt der Anspruch aus § 661a BGB weder ein Verschulden noch die Entstehung eines Schadens voraus und entbehrt damit der wesentlichen Merkmale der c.i.c[180]. Außerdem ist § 661a BGB anders als die c.i.c. nicht zwingend an das Vorliegen eines vorvertraglichen Schuldverhältnisses geknüpft[181]; denn sie erfasst auch „isolierte Gewinnmitteilungen", bei denen es nicht um die Anbahnung eines Vertrages geht[182].

Die dogmatische Einordnung des Anspruchs aus § 661a BGB als Sonderfall der culpa in contrahendo ist daher abzulehnen.

---

173 Braun, ZAP 2003, Fach 2, 395/398.
174 Braun, ZAP 2003, Fach 2, 395/398.
175 Braun, ZAP 2003, Fach 2, 395/398.
176 Lorenz, NJW 2000, 3305/3307; Braun, VuR 2003, 214/216; Braun, BuW 2003, 727/729.
177 Braun, ZAP 2003, Fach 2, 395/398; Meller-Hannich, NJW 2006, 2516/2517.
178 LG Braunschweig, Urteil vom 10.1.2002 (Az. 10 O 2753/00), IPRax 2002, 213/214.; ähnlich Klauser, ecolex 1999, 725 f. für § 5j öKSchG.
179 Kerwer, JR 2004, 29/30; Fetsch, RIW 2002, 936/937.
180 Vgl. Mörsdorf-Schulte, ZZPInt 8 (2003), 407/456; Fetsch, RIW 2002, 936/937; Lorenz, NJW 2000, 3305/3307.
181 Kerwer, JR 2004, 29/30.
182 Kerwer, JR 2004, 29/30.

Die Verfechter einer deliktischen[183] bzw. deliktsähnlichen Einordnung der Gewinnzusage als Wettbewerbsverstoß[184] erheben den Anspruch, sich im Einklang mit dem Zweck zu befinden, den der Gesetzgeber mit § 661a BGB verfolge. Nach dem Gesetzeszweck sollen die in § 661a BGB beschriebenen wettbewerbswidrigen Gewinnmitteilungen aus dem Geschäftsverkehr eliminiert werden[185]. Dazu werde der Unternehmer für sein täuschendes Versprechen „bestraft", indem er dem Verbraucher auf Erfüllung hafte[186].

Im Lichte dieser ratio lasse sich der gewährte Erfüllungsanspruch als eine Art pauschalierter Strafschadensersatz begreifen, weshalb § 661a BGB in die Nähe der US-amerikanischen *punitive damages* zu rücken sei[187]. Dass der für die Sanktionierung des Verstoßes instrumentalisierte Verbraucher die dem Unternehmer auferlegte „Strafe" selbst einziehen dürfe, sei ähnlich wie im Fall von *punitive damages* im US-amerikanischen Recht ein Anreiz, der den Verbraucher motivieren solle, sich der mit der Verfolgung des Verstoßes verbundenen Mühe zu unterziehen[188]. Es gehe bei § 661a BGB darum, marktstörendes Verhalten effizient zu verhindern[189]. Der einzelne Verbraucher werde zu einer dezentralen klagebefugten Stelle zur Verfolgung von Wettbewerbsverstößen[190].

Dagegen wird jedoch zu Recht eingewandt, § 661a BGB betreffe allein das „vertikale" Verhältnis zwischen Unternehmer und Verbraucher[191]. Der Verbraucher erhalte den Erfüllungsanspruch keineswegs lediglich als „Prämie" für die

---

183 Vgl. Rauscher/Schülke, EuLF 2000/01, 334/337; Fetsch, RIW 2002, 936/938; Leible, NJW 2003, 407/408 f. und IPRax 2003, 28/30; Schneider, BGH-Report 2003, 250/251 (unter Gleichsetzung von wettbewerbs- und deliktsrechtlicher Qualifikation). Staudinger, ZeuP 2004, 767/775; Staudinger, JZ 2003, 852/856; Schmidt-Räntsch, VuR 2000, 427/434; Kerwer, JR 2004, 29/31; Schneider, BB 2002, 1653/1656; MünchKomm-*Seiler*, § 661a, Rn. 4.

184 Vollkommer, GS-Blomeyer, 845 ff.; Wied, Gewinnversprechen, 47 ff., 57 ff. und 71 ff. äußern sich ausführlich zu der Möglichkeit einer wettbewerbsrechtlichen Einordnung des Anspruchs aus § 661a BGB vor der UWG-Reform vom 3.7.2004.

185 Vgl. MünchKomm-*Seiler*, § 661a, Rn. 4; Staudinger, JZ 2003, 852/856 f.

186 BGH, Urteil vom 28.11.2002 (Az. III ZR 102/02), NJW 2003, 426 ff.; Kerwer, JR 2004, 29/31; Vollkommer, GS-Blomeyer, 845/857 f.

187 Vgl. Staudinger, JZ 2003, 852/857; Kerwer, JR 2004, 29/31; Rauscher/Schülke, EuLF 2000/01, 334/337; Fetsch, RIW 2002, 936/938.

188 Vgl. Rauscher/Schülke, EuLF 2001, 334/337; Fetsch, RIW 2002, 936/938; Leible, IPRax 2003, 28/30;

189 Rauscher/Schülke, EuLF 2001, 334/337.

190 Vollkommer, GS-Blomeyer, 845/858.

191 Lorenz, NJW 2000, 3305/3308.

Verfolgung marktstörenden Verhaltens[192]. Eine deliktische Anknüpfung nach wettbewerbsrechtlichen Grundsätzen stehe vielmehr im Widerspruch zum vom Gesetzgeber teilweise vollzogenen Brückenschlag, bisher im Wettbewerbsrecht wertungsmäßig nicht richtig untergebrachte Elemente des Verbraucherschutzes auch im Verhältnis Unternehmer/Verbraucher zivilrechtlich zu sanktionieren[193]. Es möge der Wettbewerber Hüter von Verbraucherinteressen sein, der Verbraucher sei aber nicht Hüter des Wettbewerbs, sondern Träger von Individualinteressen[194].

Außerdem wird zutreffend eingewandt, im Verweis auf den Steuerungszweck der Haftung klinge die Prämisse an, zivilrechtliche Verhaltenssteuerung sei allein dem Deliktsrecht vorbehalten[195]. Verhaltenssteuerung sei keineswegs ein Primat des Deliktsrechts, sondern geschehe genauso durch Vertrags- oder Bereicherungsrecht, etwa indem §§ 134, 138 BGB Verträge für unwirksam erklären, durch §§ 241a, 817 S. 2 oder 242 BGB Ansprüche abgeschnitten oder durch § 812 I 1 Var. 2 BGB begründet werden[196]. Dabei müsse es sich keineswegs nur um rechtshindernde oder –vernichtende Einwendungen handeln[197]: Das Beispiel der Vertragsstrafe (§ 339 BGB) zeige, dass auch eine nichtdeliktische Anspruchs*begründung* mit verhaltensregulierender Tendenz möglich sei[198]. Wenn Eingriffskondiktion oder Vindikation den Dieb zur Herausgabe verpflichten, würden letztlich auch §§ 812 und 985 BGB die Verhaltensregulierung flankieren[199]. Das gesetzgeberische Ziel „Verhaltensregulierung" eigne sich für sich genommen somit nicht zur Abgrenzung[200]. Der Begriff vom „allgemein-zivilrechtlichen Sanktionscharakter"[201] besitze negativ für die Abgrenzung zum Wettbewerbsrecht eine Aussagekraft; positiv Zugehörigkeit zum Deliktsrecht vermittle er kaum[202].

Weiterhin wird zu Recht darauf hingewiesen, dass für deliktische Ansprüche die Geltendmachung eines Schadens und das Kompensationsprinzip prägend

192 Lorenz, IPRax 2002, 192/195.
193 Lorenz, IPRax 2002, 192/195, der in diesem Zusammenhang auch auf § 241a BGB hinweist.
194 Lorenz, IPRax 2002, 192/195.
195 Vgl auch zur Verhaltenssteuerung im Zusammenhang mit § 661a BGB: Staudinger, NJW 2006, 2433/2434; Wagner, AcP 206 (2006), 352/370.
196 Wagner/Potsch, Jura 2006, 401/406; Mörsdorf-Schulte, ZZPInt 8 (2003), 407/433; Dörner, FS-Kollhosser, 75/81.
197 Mörsdorf-Schulte, ZZPInt 8 (2003), 407/433.
198 Mörsdorf-Schulte, ZZPInt 8 (2003), 407/433.
199 Mörsdorf-Schulte, ZZPInt 8 (2003), 407/433.
200 Mörsdorf-Schulte, ZZPInt 8 (2003), 407/433.
201 Vgl. Jauernig-*Mansel*, § 661a , Rn. 1.
202 Mörsdorf-Schulte, ZZPInt 8 (2003), 407/433.

sei[203]. Der Schädiger müsse eine beim Geschädigten verursachte Einbuße ausgleichen. Aus Sicht des deutschen Deliktsrechts fehle schon der Eingriff in ein absolutes Recht oder Rechtsgut und allemal ein Schaden auf Seiten des Verbrauchers, der durch die Gewinnauszahlung kompensiert werden könnte[204]: Der Empfänger einer Gewinnzusage erleide keine Einbuße, seine Lage wäre ohne die Mitteilung nicht besser als sie es mit der Mitteilung sei[205].

Ein Vermögensschaden könnte nur dann angenommen werden, wenn der Empfänger in Erwartung des Gewinns Vermögensdispositionen treffe und sich insofern selbst schädige[206], doch § 661a BGB setze eine solche Selbstschädigung nicht voraus[207].

Im Ergebnis ist daher eine deliktische Einordnung abzulehnen.

IV. Vertrauens-/Rechtsscheinhaftung

Nach anderer Ansicht handele es sich bei § 661a BGB trotz des wettbewerbsrechtlichen Hintergrundes der Norm und ihrer unzweifelhaft generalpräventiven ratio um einen Fall des abstrakten Vertrauensschutzes auf Grund der zurechenbaren Setzung eines Rechtsscheintatbestands[208].

§ 661a BGB sei als ein Fall der Rechtsscheinhaftung aufzufassen, da die Vorschrift das typisierte Vertrauen in den zurechenbar geweckten Anschein einer Vermögensmehrung schütze[209]. Der Unternehmer, der beim Verbraucher durch die Gestaltung der Mitteilung den Anschein eines gewonnenen Preises erwecke, solle an diesem Anschein festgehalten werden[210].

---

203 Vgl. Wagner/Potsch, Jura 2006, 401/406; Häcker, ZVglRWiss 103 (2004), 464/475.

204 Schäfer, JZ 2005, 981/983; Mörsdorf-Schulte, ZZPInt 8 (2003), 407/428 ff.; Häcker, ZVglRWiss 103 (2004), 464/475 ff.

205 Wagner/Potsch, Jura 2006, 401/406.

206 Wagner/Potsch, Jura 2006, 401/406.

207 Wagner/Potsch, Jura 2006, 401/406.

208 Hk-*Schulze*, § 661a, Rn. 1; Timme, JuS 2003, 638/641; OLG Düsseldorf, Beschluss vom 23.5.2002 (Az. 6 W 27/02), NJW-RR 2002, 1632 f; Lorenz, NJW 2000, 3305/3308, der eine Einordnung als Rechtsscheintatbestand mitterweile ausdrücklich aufgegeben hat in Lorenz, IPRax 2002, 192/195, Fn. 42: „[...] meine in NJW 2000, 3305/3307 geäußerten Bedenken sowie die dort vorgeschlagene Anknüpfung als Rechtsscheintatbestand halte ich nicht mehr aufrecht.“.

209 Lorenz, NJW 2000, 3305/3310; Timme, JuS 2003, 638/641; OLG Düsseldorf, Beschluss vom 23.5.2002 (Az. 6 W 27/02), NJW-RR 2002, 1632 f.

210 Lorenz, NJW 2000, 3305/3308.

Die Tauglichkeit der Mitteilung als Anknüpfungspunkt für einen Rechtsschein wird jedoch zu Recht in Frage gestellt[211]: Eine abgegebene Erklärung sei entweder rechtlich verbindlich oder nicht[212]. Nach den allgemeinen Rechtsscheingrundsätzen sei außerdem sowohl die Gutgläubigkeit des Dritten als auch eine daran anschließende Vertrauensbetätigung notwendig, um den Veranlasser des Rechtsscheins an der angeblichen Rechtslage festzuhalten; die Haftung aus § 661a BGB setze indessen beides nicht voraus[213]. Auch wer die Gewinnzusage als bloßes Werbemittel durchschaue oder durchschauen könnte, könne die Leistung des Gewinns verlangen[214]. Ferner müsse der Empfänger keinerlei Disposition im Vertrauen auf den vermeintlichen Gewinn getroffen haben[215]; der Anspruch entstehe bereits mit Zugang der Mitteilung[216].

Diese Einwände lassen sich auch nicht mit der Konstruktion eines „abstrakten" Vertrauensschutzes[217] beseitigen: Die Abstraktheit des Vertrauens, die etwa bei § 15 Abs. 1 HGB anerkannt sei, überwinde lediglich die fehlende Kausalität zwischen Kenntnis des Vertrauenstatbestandes und Vertrauensbetätigung kann jedoch nicht die Vertrauensbetätigung selbst ersetzen, die letztlich erst die Haftung für den Rechtsschein rechtfertige[218]. Dem Gesetzgeber gehe es auch gar nicht darum, durch § 661a BGB Vertrauen – sei es konkret oder abstrakt – zu schützen, sondern den Missstand der wettbewerbswidrigen Zusendung von Gewinnmitteilungen zu unterbinden[219].

Demnach ist eine dogmatische Verortung der Gewinnzusage als Vertrauens-/Rechtsscheinhaftung abzulehnen.

---

211 Mörsdorf-Schulte, ZZPInt 8 (2003), 407/458.

212 Mörsdorf-Schulte, ZZPInt 8 (2003), 407/458.

213 Vgl. Fetsch, RIW 2002, 936/937; Kerwer, JR 2004, 29/31.

214 Vgl. Fetsch, RIW 2002, 936/937; Kerwer, JR 2004, 29/31; Mörsdorf-Schulte, ZZPInt 8 (2003), 407/458.

215 Vgl. Fetsch, RIW 2002, 936/937; Kerwer, JR 2004, 29/31; Mörsdorf-Schulte, ZZPInt 8 (2003), 407/458.

216 Fetsch, RIW 2002, 936/937; Palandt-*Sprau*, § 661a, Rn. 4.

217 So aber zunächst: Lorenz, NJW 2000, 3305/3308.

218 Fetsch, RIW 2002, 936/937.

219 Fetsch, RIW 2002, 936/937 unter Hinweis auf BT-Drucksache 14/2658, 48 f.; BT-Drucksache 14/2920, 15; BT-Drucksache 14/3195, 33 f., in denen die Begriffe „Vertrauensschutz" oder „Rechtsschein" keine Erwähnung finden

V. Einseitiges Rechtsgeschäft

Im deutschen Schrifttum wird die Gewinnzusage zum Teil als einseitiges Rechtsgeschäft angesehen[220]. Auch der BGH brachte einer solchen Einordnung Sympathie entgegen, indem er zunächst davon ausging, dass die Haftung nach § 661a BGB entweder aus einem einseitigen Rechtsgeschäft oder aus einer geschäftsähnlichen Handlung folge[221].

Die Vertreter einer rechtsgeschäftlichen Qualifikation des § 661a BGB argumentieren mit gesetzessystematischen Erwägungen: Die Einstellung in den die „Auslobung" behandelnden Titel 11 des Besonderen Schuldrechts sei als Hinweis auf ein rechtsgeschäftliches Verständnis des Anspruchs aus § 661a BGB zu werten[222]. Auch die historische Auslegung soll die rechtsgeschäftliche Dogmatik stützen, da der Anbieter ausweislich der Gesetzesbegründung[223] „beim Wort" genommen werden solle[224]. Mit der Verwendung der Begriffe „Verbraucher" und „Unternehmer" biete schließlich auch der Wortlaut des § 661a BGB einen greifbaren Anhaltspunkt für die rechtsgeschäftliche Einordnung, da die Legaldefinition der beiden Begriffe in §§ 13, 14 BGB sich jeweils auf Rechtsgeschäfte beziehen[225]. Außerdem erwecke die Mitteilung beim Empfänger die Erwartung, dass der Absender sich rechtlich binde wolle, worin der analog zu den §§ 133, 157 BGB zu erkennende Rechtsbindungswille des Absenders liege[226]. Selbst wenn der Versender einer Gewinnzusage eigentlich nicht leisten wolle, sei es die eigene Treuwidrigkeit des Unternehmers, die dem Unternehmer i.S.d. § 242 BGB den Einwand abschneide, die Unverbindlichkeit sei erkennbar gewesen[227].

---

220 Prütting/Wegen/Weinreich-*Mörsdorf-Schulte*, § 661a, Rn. 3; Mörsdorf-Schulte, ZZPInt 8 (2003), 407/467; Leipold, FS-Musielak, 317/329; Dörner, FS-Kollhosser, 75/76; jurisPK-*Laukemann*, § 661a, Rn. 6.

221 BGH, Urteil vom 28.11.2002 (Az. III ZR 102/02), NJW 2003, 426/427; BGH, Urteil vom 16.10.2003 (Az. III ZR 106/03), NJW 2003, 3620/3621: „einseitiges Rechtsgeschäft oder geschäftsähnliche Handlung"; aber mittlerweile Festlegung auf geschäftsähnliche Handlung in BGH, Urteil vom 1.12.05 (Az. III ZR 191/03), NJW 2006, 230 ff. unter Verweis auf BGH, Urteil vom 19.2.2004 (Az. III ZR 226/03), NJW 2004, 1652 f. obwohl sich dort nichts hierzu findet.

222 Vgl. Mörsdorf-Schulte, ZZPInt 8 (2003), 407/465 f.; Prütting/Wegen/Weinreich-*Mörsdorf-Schulte*, § 661a, Rn. 3; Leipold, FS-Musielak, 317/328; jurisPK-*Laukemann*, § 661a, Rn. 9.

223 Vgl. BT-Drucksache 14/2658, 49; BT-Drucksache 14/3195, 34.

224 Mörsdorf-Schulte, ZZPInt 8 (2003), 407/466.

225 Mörsdorf-Schulte, ZZPInt 8 (2003), 407/466.

226 JurisPK-*Laukemann*, § 661a, Rn. 8.

227 Mörsdorf-Schulte, ZZPInt 8 (2003), 407/463 f. verweist außerdem alternativ auf das Verbot des venire contra factum proprium als weitere Ausformung der unzulässigen Rechtsausübung.

Damit ist jedoch das Grundproblem bei einer Einordnung als einseitiges Rechtsgeschäft nicht gelöst: Unter einem einseitigem Rechtsgeschäft versteht man einen auf einer Willenserklärung beruhenden finalen Akt, der Rechtsfolgen zeitigt, weil sie vom Erklärenden gewollt sind[228]. Genau hieran fehlt es aber gerade bei den durch § 661a BGB anvisierten Praktiken[229]. Der Unternehmer wird nicht deshalb zur Leistung des Gewinns verpflichtet, weil er dies will, sondern er wird verpflichtet, obwohl er dies nicht will[230]. Der Anspruch aus § 661a BGB besteht selbst dann, wenn der Verbraucher die Gewinnmitteilung von vornherein als Werbetrick durchschaut[231]. Daran wird deutlich, dass die Rechtsfolge dieser Norm nicht das Ergebnis eines privatautonomen Willens ist, sondern dass sie eintritt, weil die Rechtsordnung es so vorsieht[232].

Eine dogmatische Verortung der Gewinnzusage als einseitiges Rechtsgeschäft ist daher abzulehnen.

VI. Geschäftsähnliche Handlung

Nach mittlerweile überwiegender Ansicht soll die Gewinnmitteilung dogmatisch als geschäftsähnliche Handlung einzuordnen sein[233]. Geschäftsähnliche Handlungen sind Willensäußerungen oder Mitteilungen, an die das Gesetz Rechtsfolgen knüpft, ohne dass diese vom Äußernden gewollt sein müssen[234]. Dadurch, dass die Rechtsfolge auch ohne einen darauf gerichteten Willen eintritt, unterscheiden sich die geschäftsähnlichen Handlungen von den Willenserklärungen[235]. Andererseits stehen die geschäftsähnlichen Handlungen den Willenserklärungen näher

---

228 Kerwer, JR 2004, 29/30.

229 Vgl. Lorenz, NJW 2000, 3305/3307; Braun, BuW 2003, 727/729; Kerwer, JR 2004, 29/30;

230 Vgl. Kerwer, JR 2004, 29/30; Fetsch, RIW 2002, 936/937; Lorenz, NJW 2000, 3305/3307.

231 Kerwer, JR 2004, 29/30.

232 Kerwer, JR 2004, 29/30.

233 BGH, Urteil vom 1.12.2005 (Az. III ZR 191/03), NJW 2006, 230 ff.; Meller-Hannich, NJW 2006, 2516/2517; Tamm/Gaedtke, VuR 2006, 169/174; Lorenz, NJW 2006, 472/474; Lorenz/Unberath, IPRax 2005, 219/221; Lorenz, LMK 2003, 217/218; Lorenz, IPRax 2002, 192/193; Lorenz, JuS 2000, 833/842; Kerwer, JR 2004, 29/30; Piekenbrock/Schulze, IPRax 2003, 328/331; Braun, VuR 2003, 214/216; Braun, BuW 2003, 727/729; Ulrici, NJW 2003, 2053; Pfeiffer, LMK 2003, 79/80; Jauernig-*Mansel*, § 661a, Rn. 4; Palandt-*Sprau*, § 661a, Rn. 2; Hk-*Schulze*, § 661a, Rn. 3; Larenz/Wolf, BGB AT, § 22, Rn. 15.

234 Brox/Walker, BGB AT, § 4, Rn. 95; Larenz/Wolf, BGB AT, § 22, Rn. 14.

235 Brox/Walker, BGB AT, § 4, Rn. 95; Rüthers/Stadler, BGB AT, §16, Rn. 28.

als die Realakte, denn sie enthalten die Äußerung eines Willens[236]. Der Wille ist dabei in der Regel auf die Herbeiführung eines tatsächlichen Erfolges gerichtet, während der Eintritt der Rechtsfolge nicht notwendig vom Willen umfasst wird[237].

Bei unseriösen Gewinnzusagen will der Versender in Wahrheit den Gewinn nicht leisten, bemüht sich aber nach besten Kräften durch die Mitteilung beim Empfänger den gegenteiligen Eindruck hervorzurufen. Aufgrund der gesetzlichen Regelung des § 661a BGB wird nunmehr durch eine derartige Mitteilung als Rechtsfolge eine Leistungsverpflichtung ausgelöst. Sobald ein Unternehmer Gewinnzusagen versendet und durch die Gestaltung dieser Zusendungen den Eindruck erweckt, dass der Verbraucher einen Preis gewonnen hat, muss der Unternehmer als Rechtsfolge dem Verbraucher diesen Preis leisten. Die Einstandspflicht des Unternehmers nach § 661a BGB knüpft demnach nicht an sein abgegebenes „Versprechen“ an, sondern an die bloße „Mitteilung“ über das angebliche Bestehen des Anspruchs[238].

Fraglich ist, welche Vorschriften bei Gewinnzusagen Anwendung finden, wenn man diese dogmatisch als geschäftsähnliche Handlungen einordnet. Das Gesetz trifft keine eigenständige Regelung für geschäftsähnliche Handlungen[239]. Soweit es die Interessenlage im Einzelfall rechtfertigt, werden die rechtsgeschäftlichen Vorschriften auf die geschäftsähnlichen Handlungen entsprechend angewendet[240]. Auf die Zusendung der Gewinnmitteilung durch den Unternehmer als eine geschäftsähnliche Handlung sind demnach die Vorschriften über Rechtsgeschäfte grundsätzlich entsprechend anzuwenden[241]. Allerdings scheidet die Möglichkeit einer Anfechtung gemäß § 119 BGB analog wegen Irrtums über die Rechtsfolgen der Gewinnzusage aufgrund des Schutzzwecks des § 661a BGB aus[242]. Ob ein Widerruf der Mitteilung nach § 658 Abs. 1 BGB analog in Betracht kommt, ist zweifelhaft: Nach einer Ansicht kann ein Widerruf dem Zweck der Vorschrift entsprechend allenfalls zulässig sein, bis der Empfänger auf Grund

---

236 Larenz/Wolf, BGB AT, § 22, Rn. 14; Brox/Walker, BGB AT, § 4, Rn. 95.

237 Rüthers/Stadler, BGB AT, §16, Rn. 28.

238 Tamm/Gaedtke, VuR 2006, 169/174.

239 Rüthers/Stadler, BGB AT, § 16, Rn. 29; Ulrici, NJW 2003, 2053.

240 Brox/Walker, BGB AT, § 4, Rn. 95;Rüthers/Stadler, BGB AT, § 16, Rn. 29; Larenz/Wolf, BGB AT, § 22, Rn. 17

241 MünchKomm-*Seiler*, § 661a, Rn. 10; Jauernig-*Mansel*, § 661a, Rn. 4; Lorenz/Unberath, IPRax 2005, 219/221; Lorenz, NJW 2000, 3305/3307; Lorenz, IPRax 2002, 192/193.

242 Prütting/Wegen/Weinreich-*Mörsdorf-Schulte*, § 661a, Rn. 12; MünchKomm-*Seiler*, § 661a, Rn. 10; jurisPK-*Laukemann*, § 661a, Rn. 29; Dörner, FS-Kollhosser, 75/78; Lorenz, NJW 2000, 3305/3307; Lorenz, JuS 2000, 833/842; Hk-*Schulze*, § 661a, Rn. 4.

der Mitteilung mit dem Unternehmer Kontakt aufnimmt, z.B. Erkundigungen einholt oder eine Erklärung abgibt[243]. Nach wohl überwiegender Meinung scheidet eine Anwendung der §§ 657 ff. BGB im Bezug auf Gewinnzusagen zu Recht schon im Ansatz aus[244], weil der Anspruch ohne jede Mitwirkungshandlung des Empfängers bereits unmittelbar mit dem Zugang der Gewinnzusage entsteht[245].

Der Vorteil einer dogmatischen Verortung des Anspruchs aus § 661a BGB als geschäftsähnliche Handlung liegt folglich darin, dass die rechtsgeschäftlichen Vorschriften entsprechend Anwendung finden *können*, aber nicht *müssen*, wie dies bei einer rechtsgeschäftlichen Einordnung der Fall wäre. Der Regelfall einer entsprechenden Anwendung rechtsgeschäftlicher Vorschriften auf geschäftsähnliche Handlungen erlaubt dort Ausnahmen, wo die mit § 661a BGB verbundene Intention des Gesetzgebers Grenzen setzt. Dadurch lässt sich beispielsweise erklären, warum bei Gewinnzusagen § 116 S.2 BGB keine Anwendung findet. Der Gesetzgeber wollte durch die Einführung des § 661a BGB die verbreitete Praxis unseriöser Gewinnzusagen unterbinden, indem er es den Empfänger gesetzlich ermöglicht, den Versender „beim Wort zu nehmen". Würde jedoch § 116 S.2 BGB zwingend Anwendung finden, so wäre das Bestreben der gesetzlichen Neuregelung des § 661a BGB konterkariert, sobald ein Empfänger die Unseriösität einer Gewinnzusage durchschaut.

Eine dogmatische Verortung der Gewinnzusage als geschäftsähnliche Handlung führt daher stets zu sachgerechten Ergebnissen und trägt der Intention des Gesetzgebers am besten Rechnung. Sie ist deshalb den anderen angesprochenen dogmatischen Einordnungen vorzuziehen.

C. Fazit zum Grundlagen-Kapitel

Die dogmatische Verortung der gesetzgeberischen Neuschöpfung des § 661a BGB im deutschen Recht ist umstritten. Diskutiert werden in Rechtsprechung und Literatur ganz unterschiedliche Ansätze hinsichtlich der konkreten Rechtsnatur des § 661a BGB: Neben einer Einordnung als Schenkungsvertrag ohne besonderes Formerfordernis finden sich Überlegungen, § 661a BGB als einen Spezialfall der culpa in contrahendo zu betrachten. Auch wird eine deliktische Ein-

243 AnwKomm-*Ring*, § 661a, Rn. 20.

244 Bamberger/Roth-*Kotzian-Marggraf*, § 661a, Rn. 6; Jauernig-*Mansel*, § 661a, Rn. 4; jurisPK-*Laukemann*, § 661a, Rn. 28; Palandt-*Sprau*, § 661a, Rn. 4; Prütting/Wegen/Weinreich-*Mörsdorf-Schulte*, § 661a, Rn. 12; Hk-*Schulze*, § 661a, Rn. 4; Staudinger-*Bergmann*, § 661a, Rn. 37; Schmidt-Räntsch, FS-Huber, 575/582; Dörner, FS-Kollhosser, 75/78.

245 Dörner, FS-Kollhosser, 75/78; Palandt-*Sprau*, § 661a, Rn. 4.

ordnung in Betracht gezogen und eine dogmatische Verortung als Vertrauens-/Rechtsscheinhaftung angedacht. Des weiteren finden sich Befürworter einer Einordnung der Gewinnzusage als einseitiges Rechtsgeschäft oder als geschäftsähnliche Handlung.

Von diesen verschiedenen denkbaren Lösungsansätzen erscheint eine dogmatische Verortung der Gewinnmitteilung als geschäftsähnliche Handlung am sachgerechtesten. Bei einer geschäftsähnlichen Handlung wird an einen Erklärungstatbestand angeknüpft, wobei die Rechtsfolge unabhängig von einem darauf gerichteten Rechtsfolgewillen eintritt. Bei Gewinnzusagen möchte der Versender regelmäßig nicht den Empfänger beglücken, sondern an ihm verdienen. Nach der Intention des Gesetzgebers soll diese verbreitete Praxis unterbunden werden, indem es § 661a BGB ermöglicht, den Versender „beim Wort zu nehmen". Obwohl also die tatsächliche Leistung des versprochenen Gewinns nicht vom Rechtsfolgewillen des Versenders gedeckt ist, verknüpft § 661a BGB die Mitteilung als Erklärungstatbestand mit einer gesetzlichen Verpflichtung als Rechtsfolge wie dies für eine geschäftsähnliche Handlung typisch ist.

Kapitel 2: Internationale Zuständigkeit bei Klagen aus grenzüberschreitenden Gewinnzusagen

Wenn ein Verbraucher mit Wohnsitz in Deutschland Gewinnzusagen i.S.d. § 661a BGB von Unternehmern mit Sitz im Ausland erhält, stellt sich die Frage der internationalen Zuständigkeit deutscher Gerichte. Diese Frage entscheidet darüber, ob der Kläger unproblematisch vor dem Gericht seines Wohnortes klagen kann, oder ob er vor dem Gericht am Sitz des Senders der Gewinnzusage klagen muss und sich dort einem fremden Rechtssystem gegenübersieht. Aufgrund der hohen praktischen Relevanz sind zur internationalen Zuständigkeit bei grenzüberschreitenden Gewinnzusagen neben einer Vielzahl obergerichtlicher Entscheidungen[246] bereits diverse Urteile des BGH[247] und EuGH[248] ergangen, die großen Widerhall in der Literatur fanden.

---

246 Vgl. etwa OLG Karlsruhe, Urteil vom 1.12.2005 (Az. 19 U 188/04), OLGR Karlsruhe 2006, 87 ff.; OLG Rostock, Urteil vom 14.10.2005 (Az. 8 U 84/04); OLG Braunschweig, Urteil vom 4.7.2005 (Az. 7 U 105/04), NJW 2006, 161 f.; OLG Düsseldorf, Beschluss vom 15.4.2005 (Az. 1 W 9/05), OLGR Düsseldorf 2005, 348 ff.; OLG Frankfurt, Urteil vom 29.3.2005 (Az. 22 U 196/03), NJW-RR 2005, 1366 ff.; OLG Hamm, Beschluss vom 10.3.2005 (Az. 21 W 12/05), OLGR Hamm 2005, 409 ff.;Thüringer OLG, Urteil vom 18.2.2004 (Az. 2 U 798/03), OLG-NL 2004, 55 ff.; OLG Düsseldorf, Urteil vom 22.12.2003 (Az. 6 U 171/02), IPRspr 2003, Nr. 22, 67 ff.; OLG Köln, Urteil vom 24.2.2003 (Az. 16 U 93/02), IPRspr 2003, Nr. 126, 396 ff.; OLG Dresden, Beschluss vom 10.2.2003 (Az. 8 U 1974/02), IPRspr 2003, Nr. 124, 389 ff.; OLG Hamm, Urteil vom 25.11.2002 (Az. 8 U 65/02), IPRspr 2002, Nr. 155, 403 ff.; OLG Hamm, Urteil vom 28.10.2002 (Az. 22 U 72/02), NJW-RR 2003, 717 ff.; OLG Nürnberg, Urteil vom 28.8.2002 (Az. 4 U 641/02), NJW 2002, 3637 ff.; OLG Frankfurt, Urteil vom 19.2.2002 (Az. 8 U 228/01), IPRspr 2002, Nr. 136, 351 f.; OLG Dresden, Urteil vom 19.12.2001 (Az. 8 U 2256/01), IPRax 2002, 421 ff.

247 BGH, Urteil vom 8.12.2005 (Az. III ZR 99/05), NJW-RR 2006, 701 f.; BGH, Urteil vom 1.12.2005 (Az. III ZR 191/03), NJW 2006, 230 ff.; BGH, Urteil vom 23.6.2005 (Az. III ZR 4/04), NJW 2005, 3493; BGH, Urteil vom 9.12.2004 (III ZR 112/04), NJW 2005, 827 f.; BGH, Urteil vom 7.10.2004 (Az. III ZR 158/04), NJW 2004, 3555 ff.; BGH, Urteil vom 15.7.2004 (Az. III ZR 315/03), NJW 2004, 3039 ff.; BGH, Urteil vom 19.2.2004 (Az. III ZR 226/03), NJW 2004, 1652 f.; BGH, Urteil vom 16.10.2003 (Az. III ZR 106/03), NJW 2003, 3620 f.; BGH Urteil vom 28.11.2002 (Az. III Zr 102/02), NJW 2003, 3620 f.

248 EuGH, Urteil vom 11.7.2002 (Rs. C-96/00), NJW 2002, 2697 ff. – *Rudolf Gabriel/Schlank & Schick GmbH*; EuGH, Urteil vom 1.10.2002 (C-167/00), NJW 2002, 3617 ff. – *Verein für Konsumenteninformation/Karl Heinz Henkel*; EuGH, Urteil

In einem ersten Abschnitt sollen daher Rechtsprechung und Literatur zur Rechtslage unter dem EuGVÜ umfassend aufgearbeitet werden.

Während sich BGH und EuGH bereits wiederholt zur Behandlung grenzüberschreitender Gewinnzusagen unter der Geltung des EuGVÜ[249] geäußert haben, fehlen bisher derartige höchstrichterliche Stellungnahmen zur Rechtslage unter Geltung der EuGVO[250].

Deshalb soll in einem zweiten Abschnitt ausgehend von einer Analyse bislang ergangener erst- und zweitinstanzlicher Rechtsprechung und des Schrifttums eine Prognose für die Rechtslage unter Geltung der EuGVO formuliert werden.

A. Rechtslage unter dem EuGVÜ

Zunächst sollen die für Gewinnzusagen in Betracht kommenden besonderen internationalen Gerichtsstände und ihre Auslegung durch den EuGH kurz skizziert werden, bevor anschließend zum Meinungsstand in Rechtsprechung und Literatur Stellung bezogen wird.

I. Ausgangssituation

Das als EuGVÜ bezeichnete Brüsseler EG-Übereinkommen über die gerichtliche Zuständigkeit und die Vollstreckung gerichtlicher Entscheidungen in Zivil- und Handelssachen vom 27.9.1968 ist für Deutschland am 1.2.1973 in Kraft getreten und seitdem viermal geändert worden[251]. Das vorliegend relevante 4. Beitrittsübereinkommen ist für Deutschland am 1.1.1999 in Kraft getreten[252].

---

vom 20.1.2005 (Rs. C-27/02), NJW 2005, 811 ff. – *Petra Engler/Janus Versand GmbH.*

249 Übereinkommen über die gerichtliche Zuständigkeit und die Vollstreckung gerichtlicher Entscheidungen in Zivil- und Handelssachen vom 27. September 1968 in der Fassung des 4. Beitrittsübereinkommens vom 29.11.1996, ABl. EG C 15/1.

250 Verordnung (EG) Nr. 44/2001 des Rates vom 22.12.2000 über die gerichtliche Zuständigkeit und die Anerkennung und Vollstreckung von Entscheidungen in Zivil- und Handelssachen, ABl. EG L 12/01, geänd. Abl. EG L 225/02 und Abl. L 236/03. Gemäß Art. 66, 76 EuGVO findet diese bei Klageerhebung nach dem 1.3.2002 Anwendung.

251 Eine detaillierte Auflistung der verschiedenen Fassungen findet sich bei Nagel/ Gottwald, IZPR, § 3, Rn. 4.

252 Gesetz zu dem Übereinkommen vom 29.11.1996 über den Beitritt der Republik Österreich, der Republick Finnland und des Königreichs Schweden zum Übereinkommen über die gerichtliche Zuständigkeit und die Vollstreckung gerichtlicher Ent-

Im Prinzip folgt die internationale Zuständigkeit der örtlichen Zuständigkeit, so dass sich auch die internationale Zuständigkeit grundsätzlich aus den §§ 12 ff. ZPO ergibt.

Jedoch genießen zwischen den Vertragsstaaten des EuGVÜ dessen Gerichtsstandsregelungen Vorrang. Damit bestimmt sich im Falle grenzüberschreitender Gewinnzusagen, die aus dem EU-Ausland verschickt werden, die internationale Zuständigkeit deutscher Gerichte nach dem EuGVÜ.

Gemäß Art. 2 Abs. 1 EuGVÜ sind demnach Personen, die ihren Wohnsitz[253] im Hoheitsgebiet eines Vertragsstaates haben, vor den Gerichten dieses Staates zu verklagen („actor sequitur forum rei").

Vor den Gerichten eines anderen Vertragsstaats können sie gemäß Art. 3 Abs. 1 EuGVÜ nur dann verklagt werden, wenn sich deren Zuständigkeit aus den Art. 5 – 18 EuGVÜ ergibt.

1) Die in Betracht kommenden besonderen internationalen Gerichtsstände

In Betracht kommen bei Klagen aus grenzüberschreitenden Gewinnzusagen ein verbrauchervertraglicher Gerichtsstand nach Art. 13 f. EuGVÜ[254], ein vertraglicher Gerichtsstand nach Art. 5 Nr.1 EuGVÜ[255] sowie ein deliktischer Gerichts-

---

scheidungen in Zivil- und Handelssachen sowie zum Protokoll betreffend die Auslegung dieses Übereinkommens durch den Gerichtshof vom 16.7.1998, BGBl II, 1411.

253 Zum Sitz als maßgeblichem Ort bei Gesellschaften und juristischen Personen vgl. Art. 53 EuGVÜ.

254 Nach Art. 13 Abs. 1 Nr. 3 EuGVÜ bestimmt sich die Zuständigkeit [...] nach diesem Abschnitt für Klagen aus einem Vertrag, den eine Person zu einem Zweck abgeschlossen hat, der nicht der beruflichen oder gewerblichen Tätigkeit dieser Person (Verbraucher) zugerechnet werden kann, [...] für andere Verträge, wenn sie die Erbringung einer Dienstleistung oder die Lieferung beweglicher Sachen zum Gegenstand haben, sofern a) dem Vertragsschluss in dem Staat des Wohnsitzes des Verbrauchers ein ausdrückliches Angebot oder eine Werbung vorausgegangen ist und b) der Verbraucher in diesem Staat die zum Abschluss des Vertrages erforderlichen Rechtshandlungen vorgenommen hat.
Dementsprechend kann nach Art. 14 Abs. 1 EuGVÜ die Klage eines Verbrauchers gegen den anderen Vertragspartner entweder vor den Gerichten des Vertragsstaates erhoben werden, in dessen Hoheitsgebiet dieser Vertragspartner seinen Wohnsitz hat, oder vor den Gerichten des Vertragsstaats, in dessen Hoheitsgebiet der Verbraucher seinen Wohnsitz hat.

255 Nach Art. 5 Nr. 1 EuGVÜ kann eine Person, die ihren Wohnsitz in dem Hoheitsgebiet eines Vertragsstaates hat, in einem anderen Vertragsstaat verklagt werden, wenn ein Vertrag oder Ansprüche aus einem Vertrag den Gegenstand des Verfahrens bilden, vor dem Gericht des Ortes, an dem die Verpflichtung erfüllt worden ist oder zu erfüllen wäre.

stand nach Art. 5 Nr. 3 EuGVÜ[256]. Art. 13 EuGVÜ ist lex specialis gegenüber der besonderen Zuständigkeit für vertragliche Ansprüche des Art. 5 Nr. 1 EuGVÜ[257].

Art. 5 Nr. 1 und Nr. 3 EuGVÜ schließen sich aus, denn Art. 5 Nr. 3 EuGVÜ bezieht sich auf „alle nicht an einen Vertrag i.S.v. Art. 5 Nr. 1 EuGVÜ anzuknüpfenden Klagen, mit denen eine Schadenshaftung geltend gemacht wird"[258].

Für die Frage, welches Gericht bei einer grenzüberschreitenden Gewinnzusage international zuständig ist, müssen daher diese drei in Betracht kommenden besonderen internationalen Gerichtsstände des EuGVÜ näher beleuchtet werden.

2) Autonome Auslegung

Die Auslegungskompetenz des EuGH erstreckt sich eigentlich nur auf das primäre und sekundäre Gemeinschaftsrecht und nicht auf Staatsverträge i.S.v. Art. 220 EWGV (heute Art. 293 EG) wie das EuGVÜ, jedoch wird die Einheitlichkeit der Auslegung des EuGVÜ durch das sog. „Luxemburger Protokoll"[259]vom 3.6.1971 gesichert, das in Art. 2 und 3 ein Vorabentscheidungsverfahren vorsieht. Im Rahmen eines derartigen Verfahrens wurden dem EuGH bereits wiederholt Fragen zur internationalen Zuständigkeit bei grenzüberschreitenden Gewinnzusagen vorgelegt[260].

---

256 Nach Art. 5 Nr. 3 EuGVÜ kann eine Person, die ihren Wohnsitz in dem Hoheitsgebiet eines Vertragsstaates hat, in einem anderen Vertragsstaat verklagt werden, wenn eine unerlaubte Handlung oder eine Handlung, die einer unerlaubten Handlung gleichgestellt ist, oder wenn Ansprüche aus einer solchen Handlung den Gegenstand des Verfahrens bilden, vor dem Gericht des Ortes, an dem das schädigende Ereignis eingetreten ist.

257 EuGH, Urteil vom 11.7.2002 (Rs. C-96/00), NJW 2002, 2697/2698 – *Rudolf Gabriel/Schlank & Schick GmbH.*

258 EuGH, Urteil vom 27.9.1988 (Rs. 189/87), NJW 1988, 3088/3089 – *Athanasios Kalfelis/Bankhaus Schröder, Münchmeyer, Hengst & Co. u.a.*; EuGH, Urteil vom 27.10.1998 (Rs. C-51/97), IPRax 2000, 210/212 – *Réunion européenne SA u.a./Spliethoff's Bevrachtingskantoor BV, Kapitän des Schiffes Alblasgracht V002*; EuGH, Urteil vom 17.9.2002 (Rs. C-334/00), NJW 2002, 3159 – *Officine Meccaniche Tacconi SpA/Heinrich Wagner Sinto Maschinenfabrik GmbH (HWS).*

259 Luxemburger Protokoll betreffend die Auslegung des Übereinkommens vom 27.9.1968 über die gerichtliche Zuständigkeit und die Vollstreckung gerichtlicher Entscheidungen in Zivil- und Handelssachen durch den Gerichtshof vom 3.6.1971, BGBl 1972 II, 846. Deutschland hat dazu ein Ausführungsgesetz vom 7.8.1972 erlassen, BGBl 1972 II, 845. Es trat zwischen den ursprünglichen sechs Vertragsstaaten am 1.9.1975 in Kraft.

260 EuGH, Urteil vom 11.7.2002 (Rs. C-96/00), NJW 2002, 2697 ff. – *Rudolf Gabriel/Schlank & Schick GmbH*; EuGH, Urteil vom 1.10.2002 (C-167/00), NJW 2002, 3617 ff. – *Verein für Konsumenteninformation/Karl Heinz Henkel*; EuGH, Urteil

Die bei der Auslegung entscheidenden Rechtsbegriffe des EuGVÜ sind nach ständiger Rechtsprechung des EuGH vertragsautonom zu bestimmen[261]. Der EuGH erreicht damit eine für alle Vertragsstaaten einheitliche Definition dieser Begriffe. Welcher besondere internationale Gerichtsstand bei grenzüberschreitenden Gewinnzusagen gegeben ist, hängt folglich von einer autonomen Qualifikation des Anspruchs auf Gewinnauskehr ab. Dabei geht es nicht um die „Rechtsnatur" von § 661a BGB im Lichte heimischer Dogmatik[262]. Der „farbenfrohen deutschen Diskussion"[263] darüber kommt freilich insofern Bedeutung zu, als sie einen Gesichtspunkt im Rahmen einer vertragsautonomen Auslegung darstellen kann[264].

Der EuGH nimmt bei der vertragautonomen Qualifikation die Gefahr in Kauf, die Begriffe kompetenzrechtlich und materiellrechtlich zu spalten, indem beispielsweise ein Sachverhalt infolge der autonomen Auslegung zwar kompetenzrechtlich als Vertrag, materiellrechtlich nach der maßgeblichen Rechtsordnung aber als gesetzliches Schuldverhältnis eingeordnet werden kann[265]. Vorliegend könnte es beispielsweise sein, dass die Gewinnzusage trotz ihrer Einordnung als

---

vom 20.1.2005 (C-27/02), NJW 2005, 811 ff. – *Petra Engler/Janus Versand GmbH*; EuGH, Urteil vom 16.3.2006 (Rs. C-234/04), NJW 2006, 1577 f. – *Rosmarie Kapferer/Schlank & Schick GmbH*; Vorabentscheidungsersuchen vom 7.4.2006 (Rs. C-180/06), ABl. EU C 165/12 – *Renate Ilsinger/Martin Dreschers (Insolvenzverwalter der Schlank & Schick GmbH).*

261 EuGH, Urteil vom 21.6.1978 (Rs. C-150/77), Slg. 1978, 1431 – *Société Bertrand/Paul Ott KG*; EuGH, Urteil vom 22.3.1983 (Rs. C-23/82), Slg. 1983, 987 – *Martin Peters Bauunternehmung GmbH/Zuid Nederlandse Aanemers Vereniging*; EuGH, Urteil vom 8.3.1988 (Rs. C-9/87), Slg. 1988, 1539 – *S.P.R.L. Arcado/S.A. Haviland*; EuGH, Urteil vom 17.6.1992 (Rs. C-26/91), Slg. 1992 I-3967 – *Jakob Handte & Co GmbH/Traitements mécano-chimiques des surfaces SA*; EuGH, Urteil vom 19.1.1993 (Rs. C-89/91), Slg. 1993 I-139 – *Shearson Lehmann Hutton Inc/TVB Treuhandgesellschaft für Vermögensverwaltung und Beteiligungen mbH*; EuGH, Urteil vom 3.7.1997 (Rs. C-269/95), Slg. 1997 I-3767 – *Francesco Benincasa/Dentalkit Srl.*; EuGH, Urteil vom 27.10.1998 (Rs. C-51/97), IPRax 2000, 210/212 – *Réunion européenne SA u.a./Spliethoff's Bevrachtingskantoor BV, Kapitän des Schiffes Alblasgracht V002*; EuGH, Urteil vom 27.4.1999 (Rs. C-99/96), Slg. 1999 I-2277 – *Hans-Hermann Mietz/Intership Yachting Sneek BV*; EuGH, Urteil vom 11.7.2002 (Rs. C-96/00), NJW 2002, 2697 ff. – *Rudolf Gabriel/Schlank & Schick GmbH*; EuGH, Urteil vom 17.9.2002 (Rs. C-334/00), NJW 2002, 3159 – *Officine Meccaniche Tacconi SpA/Heinrich Wagner Sinto Maschinenfabrik GmbH (HWS)*; Oberhammer, ZZP 117 (2004), 92/93 f.; Kropholler, Einleitung, Rn. 45 .

262 Oberhammer, ZZP 117 (2004), 92/94.

263 Oberhammer, ZZP 117 (2004), 92/94.

264 Oberhammer, ZZP 117 (2004), 92/94.

265 Vgl. Geimer/Schütze-*Geimer*, Art. 5 EuGVO, Rn. 17, 18; Häcker, ZVglRWiss 103 (2004), 464/473.

gesetzliches Schuldverhältnis im deutschen Recht, im Bereich des europäischen Zivilprozessrechts als vertraglich einzuordnen ist.

II. Meinungsstand

Mit der Frage der internationalen Zuständigkeit bei grenzüberschreitenden Gewinnzusagen haben sich bereits mehrere Urteile des EuGH und des BGH befasst. Der Inhalt dieser – sich teils widersprechenden – Leitentscheidungen sowie die daraufhin erfolgte Reaktion im Schrifttum sollen im Folgenden dargestellt und kritisch gewürdigt werden.

Hierbei ist zu differenzieren zwischen den *verkaufsakzessorischen* Gewinnzusagen, bei denen die Auszahlung des Gewinns von einer Warenanforderung aus dem beiliegenden Versandkatalog abhängig gemacht wird, und den *isolierten* Gewinnzusagen, bei denen dies nicht der Fall ist.

1) Verkaufsakzessorische Gewinnzusagen

Bei aus dem Ausland versandten verkaufsakzessorischen Gewinnzusagen war zwischen den deutschen Instanzgerichten seit In-Kraft-Treten des § 661a BGB umstritten, ob und auf Grund welcher Norm nach dem EuGVÜ ein Gerichtsstand in Deutschland besteht[266]. Erstes Licht in das Dunkel brachte die EuGH-Entscheidung „Gabriel“[267] vom 11.6.2002 zur österreichischen Parallelvorschrift des § 5j Konsumentenschutzgesetzes, auf die sich der BGH in seiner Leitentscheidung vom 16.10.2003 bezieht. Beide Entscheidungen sowie die Reaktionen, die sie in der Literatur ausgelöst haben, sollen nun im Folgenden dargestellt und kritisch hinterfragt werden.

---

266 Die internationale Zuständigkeit beispielsweise verneinend: OLG Brandenburg, Urteil vom 17.4.2002 (Az. 7 U 199/01), IPRspr 2002, Nr. 138, 354 ff.; OLG Bamberg, Urteil vom 7.5.2002 (Az. 5 U 7/02), IPRspr 2002, Nr. 132b, 340 ff. Die internationale Zuständigkeit hingegen beispielsweise bejahend: OLG Dresden, Urteil vom 19.12.2001 (Az. 8 U 2256/01), IPRax 2002, 421 ff., OLG Frankfurt a.M., Urteil vom 19.2.2002 (Az. 8 U 228/01), IPRspr 2002, Nr. 136, 351 f.; OLG Nürnberg (Urteil vom 28.8.2002 (Az. 4 U 641/02), NJW 2002, 3637 ff.; OLG Stuttgart, Urteil vom 25.11.2002 (Az. 6 U 135/02), IPRspr 2002, Nr. 156, 407 ff.

267 EuGH, Urteil vom 11.7.2002 (Rs. C-96/00), NJW 2002, 2697 ff. – *Rudolf Gabriel/Schlank & Schick GmbH.*

a) EuGH „Gabriel" vom 11.7.2002

Der EuGH[268] sah in der Entscheidung „Gabriel" im Falle einer grenzüberschreitenden verkaufsakzessorischen Gewinnzusage den Verbrauchergerichtsstand des Art. 13 Abs. 1 Nr. 3 EuGVÜ als eröffnet an.

aa) Urteil

Der Entscheidung lag folgender Sachverhalt zugrunde: Der in Österreich wohnende Herr Gabriel war von dem deutschen Versandhaus „Schlank & Schick GmbH" schriftlich davon in Kenntnis gesetzt worden, er habe 49.700 Schilling gewonnen, die er erhalten werde, wenn er für 200 Schilling Waren bestelle. Obwohl Herr Gabriel bestellte, blieb der Gewinn aus.

Der ÖstOGH bat den EuGH im Rahmen einer Vorabentscheidung um die Klärung der Frage, vor welchem Forum der Verbraucher einen Anspruch aus Gewinnmitteilung nach § 5j öKSchG klageweise geltend machen könne. Konkret legte der ÖstOGH dem EuGH die Frage vor, ob der Anspruch aus § 5j öKSchG i.S.d. EuGVÜ (1.) ein vertraglicher Anspruch nach Art. 13 Nr. 3 oder (2.) ein vertraglicher Anspruch nach Art. 5 Nr. 1 oder (3.) ein Anspruch aus unerlaubter Handlung nach Art. 5 Nr. 3 sei.

Der EuGH formulierte die Vorlagefrage im Anschluss an den Schlussantrag des Generalanwalts[269] um und beschränkte seine Entscheidung auf solche Fallkonstellationen, in denen der Verbraucher auf Grund der Gewinnzusage eine Warenbestellung aufgegeben hat. Der EuGH bejahte für diesen Fall einer verkaufsakzessorischen Gewinnzusage den Verbrauchergerichtsstand nach Art. 13 EuGVÜ, indem er wegen der durch die Bedingung geschaffenen engen Verbindung des Gewinnversprechens zu den Kaufverträgen als eigentlichen Verbraucherverträgen eine akzessorische Geltendmachung des Gewinnanspruchs im Gerichtsstand der Kaufverträge annahm. Allein für diesen Ausnahmefall einer untrennbaren Verbindung zwischen Gewinnzusage und Kaufvertrag durch die Vorbedingung einer Bestellung erachtet der EuGH eine verkaufsakzessorische Gerichtsstandbestimmung aus Gründen der Prozessökonomie und des Verbraucherschutzes als sachdienlich.

---

268 EuGH, Urteil vom 11.7.2002 (Rs. C-96/00), NJW 2002, 2697 ff. – *Rudolf Gabriel/Schlank & Schick GmbH*; vgl. dazu die Diskussion im österreichischen Schrifttum, da *Klauser* am Verfahren beteiligt war: Klauser, ecolex 2000, 188 f.; Matt, ecolex 2000, 494 f.; Klauser, ecolex 2002, 80 ff.; Wukoschitz, ecolex 2002, 423 f.; Klauser, ecolex 2002, 574 f.

269 Generalanwalt Jacobs, Schlussantrag vom 13.12.2001 (Rs. C-96/00), Slg. 2002 I-6367 – *Rudolf Gabriel/Schlank & Schick GmbH.*

Das Urteil des EuGH in der Rechtssache Gabriel bindet unmittelbar allein die mit dem Ausgangsverfahren befassten staatlichen Spruchkörper, also den ÖstOGH sowie die unteren Instanzen, aber die Entscheidung entfaltet dennoch eine Präjudizwirkung für alle Gerichte in den Signaturstaaten des EuGVÜ[270]. Dass der EuGH in Übereinstimmung mit den Schlussanträgen des Generalanwalts Jakobs Art. 13 Abs. 1 Nr. 3 EuGVÜ für einschlägig ansieht, lässt sich folglich als Wertung im spiegelbildlichen Fall – ein deutscher Verbraucher erhält von einem österreichischen Unternehmer eine Gewinnzusage – auf § 661a BGB übertragen[271].

bb) Reaktion im Schrifttum

Es wird jedoch im deutschen Schrifttum moniert, dass die Unklarheit, ob auch andere Parameter eine „enge Verbindung" i.S.d. EuGH darstellen könnten, den Präjudizwert Gabriels erheblich mindere[272]. Hinzu komme, dass durch die akzessorische Anbindung an den Gerichtsstand des abgeschlossenen Verbrauchervertrages der EuGH zu einer Qualifikation des Gewinnversprechens selbst keine Stellung nehmen musste[273]. Die Entscheidung enthalte sich in insoweit auch jeglicher vorausschauender obiter dicta, Hinweise oder Andeutungen[274]. Die Zurückhaltung des EuGH sei vermutlich darauf zurückzuführen, dass die unter dem EuGVÜ gebotene vertragsautonome Auslegung zunächst die Erfassung des einzuordnenden Rechtsinstituts nach dem nationalen Recht voraussetze[275]. Diese könnte dem EuGH zu riskant gewesen sein, nachdem die dogmatische Durchdringung des streitgegenständlichen neuartigen Anspruchs aus § 5j öKSchG durch die nationale Rechtswissenschaft zum damaligen Zeitpunkt noch keine erkennbaren Strukturen erlangt hatte[276].

Außerdem wird kritisch angemerkt, dass die vom EuGH beschworene Gefahr der Gerichtsstandshäufung eher eine theoretische, denn eine praktische sei[277]: Sie unterstelle, dass der Verbraucher typischerweise beide Ansprüche – den auf Warenlieferung und den auf Leistung des Gewinns – gerichtlich einklage[278]. Dass der Unternehmer auf Lieferung der Ware verklagt werden müsse, sei indessen

270 Staudinger, ZEuP 2004, 767/771.
271 Staudinger, ZEuP 2004, 767.
272 Mörsdorf-Schulte, ZZPInt 8 (2003), 407/424.
273 Mörsdorf-Schulte, ZZPInt 8 (2003), 407/424.
274 Mörsdorf-Schulte, ZZPInt 8 (2003), 407/424.
275 Mörsdorf-Schulte, ZZPInt 8 (2003), 407/424 f.
276 Mörsdorf-Schulte, ZZPInt 8 (2003), 407/425.
277 Fetsch, RIW 2002, 936/943.
278 Fetsch, RIW 2002, 936/943.

eher praxisfern und auch im konkreten Vorlageverfahren nicht der Fall gewesen[279]. Regelmäßig sei allein der Anspruch auf Leistung des zugesagten Gewinns Gegenstand des Gerichtsverfahrens – und auch nur diesen habe der Gesetzgeber im Blick gehabt[280].

cc) Stellungnahme

Den kritischen Stimmen in der Literatur ist beizupflichten und weitere Überlegungen sind ergänzend hinzuzufügen. Tatsächlich ist es gerade Aufgabe des EuGH, für Klarheit in streitigen Rechtsfragen zu sorgen, wenn er im Rahmen eines Vorabentscheidungsverfahrens um Rat gefragt wird. Es ist u.a. auch gerade die Präjudizwirkung seiner Entscheidungen, die ein europaweit einheitliches Verständnis gewisser Problematiken ermöglicht. Die Chance zu einer klaren Positionierung der kompentenzrechtlichen Einordnung von Gewinnzusagen hat der EuGH in der Entscheidung „Gabriel" nicht genutzt. Dies ist zu bedauern und führt zu einem Folgeproblem: Der EuGH hat sich in „Gabriel" nicht zur konkret gestellten Vorlagefrage geäußert, sondern ist dem Problem der Qualifikation der Gewinnzusage trickreich aus dem Weg gegangen. Statt klar und deutlich eine Zuordnung der Gewinnzusage zu den in Frage kommenden Gerichtsständen vorzunehmen, konstruierte der EuGH vielmehr eine Art Annex-Kompetenz durch das Abstellen auf den mit der Gewinnzusage verbunden Kaufvertrag. Mit diesem Vorgehen scheint sich aber der EuGH selbst ausgetrickst zu haben. Damit ersparte er sich zwar im Zeitpunkt des Urteils eine Qualifikation der Gewinnzusage selbst, jedoch kommt es zu einer kompetenzrechtlichen Spaltung in isolierte Gewinnzusagen auf der einen Seite und verkaufsakzessorische Gewinnzusagen auf der anderen Seite. Spätestens im Falle einer isolierten Gewinnzusage muss der EuGH zur Qualifikation der Gewinnzusage selbst Stellung beziehen, da es dann an einem Vertrag fehlt, auf den er argumentativ ausweichen könnte. Zwangsläufig kommt es daher zu unterschiedlichen Begründungsansätzen und damit zu einer kompetenzrechtlichen Unterscheidung bei § 5j öKSchG bzw. § 661a BGB. Eine derartige Differenzierung steht jedoch im Gegensatz zum Wortlaut des § 5j öKSchG bzw. § 661a BGB. Durch die Formulierung wollte der Gesetzgeber eben gerade nicht zwischen isolierten und verkaufsakzessorischen Gewinnzusagen unterscheiden.

Hätte also der EuGH sofort in dem ersten ihm vorliegenden Gewinnzusage-Fall für klare Verhältnisse gesorgt, hätte er sich auf die einmal vorgenommene Qualifikation der Gewinnzusage in allen weiteren Fällen berufen können – unab-

279 Fetsch, RIW 2002, 936/943.
280 Fetsch, RIW 2002, 936/943.

hängig davon, ob es sich dann um eine verkaufsakzessorische oder isolierte handelt. So aber kam er in der späteren Entscheidung „Engler“[281], die eine isolierte Gewinnzusage betraf, tatsächlich zu einem divergierenden kompetenzrechtlichen Ergebnis: Während er in „Gabriel“ für eine verkaufsakzessorische Gewinnzusage den Gerichtsstand des Art. 13 EuGVÜ bejahte, nahm er in „Engler“ für den Fall einer isolierten Gewinnzusage den Gerichtsstand des Art. 5 Nr. 1 EuGVÜ an. Während der deutsche und der österreichische Gesetzgeber von einem einheitlichen Tatbestand der Gewinnzusage ausgingen, unterscheiden sich die in Frage kommenden Gerichtsstände nach Ansicht des EuGH.

Dieser Umstand ist misslich[282]: Soll nun eine Bestellung über einen Euro darüber entscheiden, ob der – für den Verbraucher meist günstigere – Gerichtsstand des Art. 13 EuGVÜ Anwendung findet oder eben Art. 5 Nr. 1 EuGVÜ? Dann wäre es für den Verbraucher unter Umständen vorteilhafter „weiter in die Falle zu tappen“[283], indem er eine Bestellung aufgibt. Häufig findet sich nämlich auch bei isolierten Gewinnzusagen ein Hinweis auf eine fakultative Bestellmöglichkeit. Diese Überlegungen zeigen, dass sich die Intention der vertragsakzessorischen Einordnung genau ins Gegenteil verkehren kann. Eigentlich begründete der EuGH sein Vorgehen gerade mit dem Gesichtspunkten der Prozessökonomie und des Verbraucherschutz. Die bisherige genauere Analyse zeigt jedoch, dass die vertragsakzessorische Einordnung und die damit einhergehende kompetenzrechtliche Aufspaltung dem Verbraucherschutz zuwiderläuft. Auch das Argument der Prozessökonomie hält einer vertieften Prüfung nicht stand: Eine Sichtung der gesamten Entscheidungen, die bisher zu verkaufsakzessorischen Gewinnzusagen ergangenen sind, brachte keinen einzigen Fall zu Tage, in dem auch die Verpflichtung aus dem Kaufvertrag eingeklagt werden musste. Die in solchen Fällen obligatorisch zu bestellende Ware wurde stets geliefert – nur der angekündigte Gewinn blieb aus. Die Befürchtung des EuGH, bei gleichzeitigen Klagen aus Kaufvertrag und Gewinnzusage könne es zu divergierenden Gerichtsständen kommen, ist daher vollkommen aus der Luft gegriffen. Im Falle verkaufsakzessorischer Gewinnzusagen geht es den unseriösen Anbietern gerade darum, Bestellungen zu generieren, denen sie dann gerne nachkommen, um im Gegenzug einen Anspruch auf Zahlung des Kaufpreises der Kunden zu haben. Meist sind die rechtlich selbständigen Vertriebs-Einheiten der Versender von verkaufsakzesso-

281 EuGH, Urteil vom 20.1.2005 (Rs. C-27/02), NJW 2005, 811 ff. – *Petra Engler/ Janus Versand GmbH.*

282 Ähnlich kritisch: Tamm/Gaedtke, VuR 2006, 169/173; Braun, VuR 2003, 214/217; Feuchtmeyer, NJW 2002, 3598/3599.

283 Diese Kritik teilen: Tamm/Gaedtke, VuR 2006, 169/173; Blobel VuR 2005, 164/168; Feuchtmeyer, NJW 2002, 3598/3599; OLG Dresden, Urteil vom 19.12.2001 (Az. 8 U 2256/01), IPRax 2002, 421 ff.

rischen Gewinnzusagen im Inland angesiedelt, so dass der Kaufpreis problemlos auf ein inländisches Konto überwiesen werden kann, während eine Verfolgung des entsprechenden Gewinnanspruchs meist an den Schwierigkeiten der Zustellung an die hierfür angegebene ausländische Adresse scheitert.

Im Ergebnis ist daher festzuhalten, dass sich der EuGH in seiner ersten Stellungnahme zu Gewinnzusagen mit seinem Trick der vertragsakzessorischen Einordnung selbst ausgetrickst hat.

b) BGH vom 16.10.2003

Nach der Entscheidung Gabriel vom 11.7.2002 nahm der BGH erstmals[284] in seiner Entscheidung vom 16.10.2003 Stellung zur Qualifikation verkaufsakzessorischer grenzüberschreitender Gewinnzusagen[285].

aa) Urteil

Der BGH stellte lediglich lapidar fest, dass das Berufungsurteil der rechtlichen Prüfung standhalte, welches die internationale Zuständigkeit deutscher Gerichte sowohl gemäß Art. 13 f. EuGVÜ als auch gemäß Art. 5 Nr. 3 EuGVÜ bejahte[286]. Die auch unter der Geltung des § 545 Abs. 2 ZPO n.F. von Amts wegen gebotene Prüfung der internationalen Zuständigkeit ergebe keine Bedenken[287].

bb) Reaktion im Schrifttum

In Reaktion auf dieses Urteil wurden in der Literatur lediglich die darin ausführlich erörterte Frage einer etwaigen Verfassungswidrigkeit des § 661a BGB besprochen[288].

---

284 Später im gleichen Sinne: BGH, Urteil vom 19.2.2004 (Az. III ZR 226/03), NJW 2004, 1652 f.

285 BGH, Urteil vom 16.10.2003 (Az. III ZR 106/03), NJW 2003, 3620 f.

286 BGH, Urteil vom 16.10.2003 (Az. III ZR 106/03), NJW 2003, 3620.

287 BGH, Urteil vom 16.10.2003 (Az. III ZR 106/03), NJW 2003, 3620 unter ausdrücklichem Hinweis auf EuGH, Urteil vom 11.7.2002 (Rs. C-96/00), NJW 2002, 2697/2698 f – *Rudolf Gabriel/Schlank & Schick GmbH*, und BGH, Urteil vom 28.11.2002 (Az. III ZR 102/02), NJW 2003, 426 ff., in dem der BGH zur Revisibilität des internationalen Gerichtstandes unter Geltung des § 545 II ZPO n.F. ausführlicher Stellung bezieht.

288 Schneider, BB 2002, 1653 ff. warf diese Frage auf, die in der Folgezeit in der Literatur diskutiert wurde. Zutreffend wird die Verfassungswidrigkeit des § 661a im Einklang mit dem BGH überwiegend abgelehnt: vgl. MünchKomm-Seiler, § 661a,

cc) Stellungnahme

Wie kam es, dass der BGH bei seiner erstmaligen Stellungnahme zur verkaufsakzessorischen Gewinnzusage von einer ausführlichen Begründung seiner Position absah und der prozessuale Aspekt dieses Urteils in der Literatur auf keine Resonanz stieß?

Dies lässt sich aus dem Kontext des Urteils heraus beantworten: Das Urteil vom 16.10.2003 ist vor dem Hintergrund der EuGH-Entscheidung „Gabriel" und der BGH-Entscheidung vom 28.11.2002 zu sehen. Die Entscheidung des BGH vom 28.11.2002 war die erste höchstrichterliche deutsche Stellungnahme zu Gewinnzusagen überhaupt, in der jedoch der spezielle Fall einer isolierten Gewinnzusage erörtert wurde. Darin begründete der BGH ausführlich seine Position zu Gewinnzusagen im allgemeinen und im speziellen zu isolierten Gewinnzusagen. Aufgrund der darin angestellten allgemeinen Erörterungen zur Problematik von Gewinnzusagen an sich, sah der BGH wohl im Falle einer vertragsakzessorischen Gewinnzusage keinen erneuten ausführlichen Begründungsbedarf. Außerdem bezog der EuGH in „Gabriel" bereits umfassend Stellung zur Spielart der vertragsakzessorischen Gewinnzusage, so dass der BGH nicht von einer Annahme des Gerichtsstandes des Art. 13 EuGVÜ abweichen konnte. Es drängt sich daher der Eindruck auf, dass der BGH in seinem Urteil vom 16.10.2003 lediglich die Ergebnisse der beiden vorhergehenden Urteile als Bausteine passend zusammengefügt hat.

Auch für die mangelnde Resonanz der prozessualen Seite des Urteils lassen sich pragmatische Gründe anführen: Ein großer Teil der zu Gewinnzusagen gesichteten Literatur erging als Anmerkung zur EU-prozessualen Seite der BGH-Entscheidung von 28.11.2002. Es drängt sich daher der Eindruck auf, die meisten Autoren hätten bereits damals ihr Pulver verschossen und zum Urteil des BGH vom 16.10.2003 dann nichts Neues mehr hinzuzufügen. Zum anderen handelt es sich bei dem Urteil vom 16.10.2003 vor allem um ein Grundsatz-Urteil in materiellrechtlicher Hinsicht. Die damals heftig diskutierte Frage einer etwaigen Verfassungswidrigkeit wurde in diversen Anmerkungen zum Urteil vom 16.10.2003 aufgegriffen, während der ebenfalls in dem Urteil besprochene prozessuale Aspekt in der einschlägigen Literatur nicht gewürdigt wurde. Dies verwundert: Schließlich beschränkte sich der BGH in seinem Urteil vom 16.10.2003 nicht nur darauf, den verbrauchervertraglichen Gerichtsstandes i.S.d. Art. 13 EuGVÜ zu bejahen, wie der EuGH dies in „Gabriel" vorexerziert hatte. Vielmehr sah der BGH in seiner Entscheidung vom 16.10.2003 hilfsweise auch die Zuständigkeit

---

Rn. 17; Erman-Ehmann, § 661a, Rn. 5; Mankowski, EWiR 2004, 275; Lorenz, LMK 2003, 217; Geisler, jurisPR-BGHZivilR 1/2004, Anm. 1.

nach Art. 5 Nr. 3 EuGVÜ als begründet an. Es scheint als habe sich der BGH hierbei mehr von praktischen als von juristischen Überlegungen leiten lassen. Die für den Kläger günstigsten Gerichtsstände sind in Art. 13 EuGVÜ und Art. 5 Nr. 3 EuGVÜ verankert, da beide bei verkaufsakzessorischen Gewinnzusagen zu einem inländischen Gerichtsstand führen. Lediglich der vertragliche Gerichtsstand des Art. 5 Nr. 1 EuGVÜ kann unter Umständen zu einem für den Kläger misslichen Gerichtsstand im Ausland führen. Hätte der BGH die Systematik der verschiedenen besonderen Gerichtsstände im EuGVÜ ernst genommen, wäre ihm ein – wenn auch nur hilfsweiser – Rückgriff auf Art. 5 Nr. 3 EuGVÜ verwehrt geblieben. Er hätte sich systematisch konsequent höchstens in einem hilfsweisen Rückgriff auf den Vertragsgerichtsstand des Art. 5 Nr. 1 EuGVÜ berufen können, der als „wesensgleiches Minus" zum Verbrauchervertragsgerichtsstand des Art. 13 EuGVÜ geringere Anforderungen stellt. Werden die Voraussetzungen der lex specialis des Art. 13 EuGVÜ verneint, so kann gegebenenfalls immer noch Art. 5 Nr. 1 EuGVÜ bejaht werden. Art. 5 Nr. 1 EuGVÜ und Art. 5 Nr. 3 EuGVÜ schließen sich naturgemäß aus: Ein Anspruch kann entweder einen vertraglichen oder einen deliktischen Gerichtsstand begründen. Diese Überlegung lässt sich auch auf das Verhältnis von Art. 13 EuGVÜ und Art. 5 Nr. 3 EuGVÜ übertragen. Art. 13 EuGVÜ regelt den vertraglichen Spezialfall des Verbrauchervertrags und schließt daher ebenfalls die gleichzeitige Begründung eines deliktischen Gerichtsstandes des Art. 5 Nr. 3 EuGVÜ aus.

Dieses Dilemma scheint dem BGH mittlerweile auch bewusst geworden zu sein: Während er in einem späteren Urteil vom 19.2.2004 lapidar den Verbrauchergerichtsstand und den Gerichtsstand der unerlaubten Handlung noch kumulativ bejahte[289], beschränkte er in seinem Urteil vom 9.12.2004 ohne weitere Erklärung die internationale Zuständigkeit deutscher Gerichte auf den Verbrauchergerichtsstand i.S.d. Art. 13 EuGVÜ[290].

Dieses Ergebnis ist zutreffend und entspricht der Linie des EuGH.

Im Falle verkaufsakzessorischer grenzüberschreitender Gewinnzusagen ist folglich stets ein verbrauchervertraglicher Gerichtsstand i.S.d. Art. 13 EuGVÜ gegeben, so dass der Verbraucher eine darauf basierende Klage gemäß Art. 14 Abs. 1 Var.2 EuGVÜ vor den Gerichten seines Heimatstaates erheben kann.

---

289 BGH, Urteil vom 19.2.2004 (Az. III ZR 226/03), NJW 2004, 1652 f.

290 BGH, Urteil vom 9.12.2004 (Az. III ZR 112/04), NJW 2005, 827.

2) *Isolierte Gewinnzusagen*

In Reaktion auf die Entscheidung „Gabriel" werden nunmehr fast ausschließlich isolierte Gewinnzusagen versandt[291], bei denen der Gewinn ohne das Erfordernis einer Bestellung gewährt wird – meist jedoch unter der Voraussetzung, dass man stattdessen zum Gewinnabruf eine kostenpflichtige „0190"-Nummer anruft.

a) Rechtsprechung

Zur Frage der internationalen Zuständigkeit bei Klagen auf der Basis isolierter grenzüberschreitender Gewinnzusagen bezog der EuGH erstmals am 20.1.2005 in der Entscheidung „Engler" Stellung.

Der BGH konnte sich daher in seiner Entscheidung vom 28.11.2002 lediglich an der zu diesem Zeitpunkt bereits ergangenen Entscheidung „Gabriel" orientieren, die jedoch nur hinsichtlich verkaufsakzessorischer Gewinnzusagen Aussagekraft besitzt.

Nach der Entscheidung Engler vom 20.1.2005 sah sich der BGH dann in seinem Urteil vom 1.12.2005 gezwungen, entgegen seiner vorherigen Entscheidung vom 28.11.2002 auf die Linie des EuGH einzuschwenken.

Ob dieses Revirement seiner Rechtsprechung sachgerecht ist, soll im Folgenden einer genaueren Untersuchung unterzogen werden im Rahmen einer chronologischen Darstellung und Bewertung der höchstrichterlichen Entscheidungen sowie die darauf erfolgten Reaktionen im Schrifttum.

aa) BGH vom 28.11.2002

Der 3. Zivilsenat des BGH[292] hat in einer viel beachteten Entscheidung vom 28.11.2002 zu § 661a BGB einen scheinbar „salomonischen Lösungsweg"[293] eingeschlagen: Die Zuständigkeit deutscher Gerichte im Falle grenzüberschreitender isolierter Gewinnzusagen sei schon nach Art. 13 f. EuGVÜ gegeben, aber hilfsweise bestehe auch die besondere Zuständigkeit nach Art. 5 Nr. 3 EuGVÜ.

---

291 Diese Einschätzung teilen: Jayme/Kohler, IPRax 2002, 461/466 halten den Fall, dass der Verbraucher, die an die Gewinnzusage geknüpfte Bedingung, Waren zu bestellen, erfüllt hat, auch eher für untypisch; Feuchtmeyer, NJW 2002, 3598/3599 spricht von einer Mehrheit der Fälle, in denen die Gewinnempfänger keine Warenbestellung getätigt haben; Mörsdorf-Schulte, ZZPInt 8 (2003), 407/409 ist ebenfalls der Auffassung, dass die Fallkonstellation der isolierten Gewinnzusage die Gerichte häufiger beschäftige als die der verkaufsakzessorischen Gewinnzusagen.

292 BGH, Urteil vom 28.11.2002 (Az. III ZR 102/02), NJW 2003, 426 ff.

293 Staudinger, ZEuP 2004, 767/775.

(1) Urteil

Um überhaupt zur Frage der internationalen Zuständigkeit in der Sache Stellung nehmen zu können, musste der BGH zunächst einmal deren Revisibilität begründen[294]. Durch die Neufassung der §§ 513 Abs. 2, 545 Abs. 2 ZPO im Zuge des Gesetzes zur Reform des Zivilprozesses vom 27.7.2001[295] war fraglich, ob die internationale Zuständigkeit deutscher Gerichte weiterhin im Rahmen einer Berufung oder Revision überprüft werden kann. Der BGH begründete in dem Urteil vom 28.11.2002 ausführlich, warum die Revision weiterhin darauf gestützt werden könne, dass das erstinstanzliche Gericht seine Zuständigkeit zu Unrecht angenommen oder verneint habe[296].

Dementsprechend konnte der BGH im Rahmen der ihm vorliegenden Revision zur Frage der internationalen Zuständigkeit deutscher Gerichte bei grenzüberschreitenden isolierten Gewinnzusagen Stellung beziehen: Zwar handele es sich bei einer Gewinnzusage nicht um einen Vertrag, sondern um ein einseitiges Rechtsgeschäft oder eine geschäftsähnliche Handlung. Auch könne im Streitfall die vertragliche Natur des Klageanspruchs nicht daraus abgeleitet werden, dass zwischen Gewinnzusage und einer Warenbestellung eine untrennbare Verbindung bestanden habe, da nicht ersichtlich sei, dass die Klägerin bei der Beklagten Waren bestellt oder die Beklagte den Gewinn von einer Bestellung abhängig gemacht habe. Jedoch habe die an die Klägerin gerichtete Gewinnzusage auf eine Vertragsanbahnung gezielt. Die Klägerin habe hierdurch veranlasst werden sollen, bei der Beklagtem Waren zu bestellen, denn sie sei durch ein Schreiben der Beklagten aufgefordert worden, doch ihre „Schnäppchen" zu nutzen.

Auch das weitere Erfordernis des Art. 13 I Nr. 3 lit. b EuGVÜ, dass der Verbraucher in seinem Wohnsitzstaat die zum Abschluss des Vertrages erforderlichen Rechtshandlungen vorgenommen hat, sei erfüllt, da die Klägerin den Ziehungsbescheid mit der Zuteilungsmarke versehen und an die Beklagte geschickt habe.

Für den Fall, dass man die Zuständigkeit für Verbrauchersachen nach Art. 13 ff. EuGVÜ nicht für gegeben halten sollte, bejahte der BGH die besondere deliktische Zuständigkeit nach Art. 5 Nr. 3 EuGVÜ. Mit § 661a BGB habe der Gesetzgeber der Praxis entgegenwirken wollen, Gewinn zu versprechen, aber nicht auszuzahlen und damit eine Tendenz der Fernabsatzrichtlinie aufgegriffen, wettbewerbsrechtliche Verstöße allgemein-zivilrechtlich zu ahnden. Der Unternehmer werde für sein täuschendes Versprechen „bestraft", indem er auf Erfül-

294 Mörsdorf-Schulte, ZZPInt 8 (2003), 407/411.
295 Gesetz zur Reform des Zivilprozesses vom 27.7.2001, BGBl I, 1887.
296 BGH, Urteil vom 28.11.2002 (Az. III ZR 102/02), 426 f.

lung hafte. Darin sei eine Haftung wegen unerlaubter Handlung im Sinne des autonomen Begriffs des Art. 5 Nr. 3 EuGVÜ zu sehen.

(2) Reaktion im Schrifttum

Während diese Alternativlösung des BGH (Art. 13 EuGVÜ oder 5 Nr. 3 EuGVÜ) bei den Instanzgerichten[297] einige Zustimmung fand, wurde im Schrifttum am Vorgehen des BGH in seiner Entscheidung vom 28.11.2002 harsche Kritik geübt: Der BGH hätte das Verfahren aussetzen und die seit Januar 2002 anhängige Entscheidung des EuGH in der gleich gelagerten Rechtssache „Engler" abwarten müssen[298] oder selbst dem EuGH zur Vorabentscheidung vorlegen[299]. Nur vereinzelt wird auch Verständnis für das Vorgehen des BGH geäußert.

(a) Kritik an Nichtaussetzung des Verfahrens

In der Literatur wurde zutreffend darauf hingewiesen, dass der Sachverhalt des BGH-Urteils vom 28.11.2002 ratione materiae dem Vorlageverfahren in der Rechtssache Engler entspreche[300]. Bei unterstellter Entscheidungserheblichkeit hätte der Senat deshalb das Verfahren nach § 148 ZPO entsprechend aussetzen können und dies aus europäischer Sicht wohl auch müssen[301].

Die zeitnahe Durchsetzung der Interessen der Klägerin rechtfertige ein „Durchentscheiden" nicht, weil lediglich ein Zwischenurteil nach § 280 ZPO zur Überprüfung gestanden habe[302]. Es hätte daher selbst bei Aussetzung des Revisionsverfahrens oder einer eigenen Vorlage des BGH zeitnah in der Hauptsache gemäß § 280 Abs. 2 S.2 ZPO verhandelt und der Anspruch ggfs. tituliert werden

---

297 Vgl. Thüringer OLG, Urteil vom 18.2.2004 (Az. 2 U 798/03), OLG-NL 2004, 55 ff.; Brandenburgisches OLG, Urteil vom 23.9.2003 (Az. 11 U 33/03), OLG-NL 2004, 199 f.; OLG Oldenburg, Urteil vom 7.3.2003 (Az. 6 U 173/02), NJW-RR 2003, 1564 f.

298 Mörsdorf-Schulte, ZZPInt 8 (2003), 407/409 f.; Piekenbrock/Schulze, IPRax 2003, 328/330.

299 Kerwer, JR 2004, 29/31; Simons, EuLF 2003, 43/44; Mörsdorf-Schulte, ZZPInt 8 (2003), 407/410; Schneider, BGH-Report 2003, 250/251; Timme, JuS 2003, 638/640.

300 Piekenbrock/Schulze, IPRax 2003, 328/330.

301 Piekenbrock/Schulze, IPRax 2003, 328/330 unter Hinweis auf EuGH, Urteil vom 14.12.2000 (Rs. C-344/98), NJW 2001, 1265 ff. – *Masterfoods Ltd/HB Ice Cream Ltd.* Mörsdorf-Schulte, ZZPInt 8 (2003), 407/474 stimmt im Ergebnis zu, äußert sich aber kritisch zu diesem Hinweis, da es dort nur um die Vermeindung einander konkret widersprechender Entscheidungen in Verfahren ging, die denselben Lebenssachverhalt betrafen.

302 Piekenbrock/Schulze, IPRax 2003, 328/330.

können[303]. Der BGH habe eine Aussetzung im Hinblick auf ein beim EuGH anhängiges Vorlageverfahren zu einer entscheidungserheblichen Frage schon selbst praktiziert[304].

(b) Kritik an Nichtvorlage an den EuGH

Die Frage, ob sich aus dem Auslegungsprotokoll zum EuGVÜ eine Pflicht zur Vorlage an den EuGH ergibt, verneinte der BGH kurz unter Bezugnahme auf die EuGH-Entscheidung „CILFIT“[305], wonach die richtige Anwendung des Gemeinschaftsrechts im vorliegenden Fall so offenkundig sei, dass für vernünftige Zweifel kein Raum bleibe. Stimmen in der Literatur äußern allerdings berechtigte Zweifel an dieser knappen Subsumtion ohne Erläuterung: Das Vorliegen der CILFIT-Kriterien werde nur behauptet und nicht unter Beachtung der vom EuGH aufgestellten Regeln begründet[306]. Der BGH beschränke sich lediglich auf die Bekundung seiner – schon sprachlich allzu feierlich, beinahe in der Art eines Glaubenssatzes verkündeten[307] – „Überzeugung“, dass für die Gerichte der übrigen Staaten und den EuGH die gleiche „Gewissheit“ bestehe[308]. Die bereits im Januar 2002 in der EuGH-Vorlage manifest gewordene Ansicht des OLG Innsbruck sei dem BGH hier offenbar entgangen und auch ein Blick auf die deutsche untergerichtliche Rechtsprechung[309] zur internationalen Zuständigkeit bei Gewinnzusagen lasse die „Überzeugung“ des BGH unverständlich erscheinen[310]: Die deutsche Rechtsprechung lasse zwar den festen rechtspolitischen Willen zur Annahme der internationalen Zuständigkeit als Ergebnis erkennen, hinsichtlich

---

303 Piekenbrock/Schulze, IPRax 2003, 328/330 weisen darauf hin, dass der Titel wie ein Vorbehaltsurteil als auflösend bedingtes Endurteil anzusehen wäre, was die Vollstreckbarkeit jedoch nicht beeinträchtige.

304 Mörsdorf-Schulte, ZZPInt 8 (2003), 407/474, Fn. 335 und Piekenbrock/Schulze, IPRax 2003, 328/330 weisen jeweils auf die Vorlage des XI. Zivilsenates in der Rechtssache „Heininger“ hin: EuGH, Urteil vom 13.12.2001 (C-481/99), Slg. 2001 I-9945 – *Georg Heininger und Helga Heininger/Bayerische Hypo und Vereinsbank AG*; BGH, Urteil vom 9.4.2002 (XI ZR 91/99), NJW 2002, 1881 ff.

305 EuGH, Urteil vom 6.10.1982 (Rs. 283/81), NJW 1983, 1257 f. – *SRL C.I.L.F.I.T. und Lanificio di Gavardo S.P.A./Ministero della Sanita.*

306 Kerwer, JR 2004, 29/31.

307 Mörsdorf-Schulte, ZZPInt 8 (2003), 407/472.

308 Mörsdorf-Schulte, ZZPInt 8 (2003), 407/472.

309 Vgl. zur Bejahung des deliktischen Gerichtsstandes unter dezidierter Ablehnung des Verbrauchergerichtsstandes beispielhaft OLG Köln, Urteil vom 16.12.2002 (Az. 16 U 54/02), Langtext über juris abrufbar; Umgekehrt beispielsweise: OLG Nürnberg, Urteil vom 28.8.2002 (Az. 22 U 72/02), NJW 2002, 3637 ff.; LG Braunschweig, Urteil vom 10.1.2002 (Az. 10 O 2753/00), IPRax 2002, 213 ff.

310 Mörsdorf-Schulte, ZZPInt 8 (2003), 407/472.

der Auslegung und Anwendung der europarechtlichen Grundlagen – um die allein es für die Vorlagebedürftigkeit gehe – aber würden sie sich widersprechen[311].

Nicht einleuchtend sei demnach die Schlussfolgerung des BGH, er könne von der Vorlage absehen und diese „durch eigene Hellseherei ersetzen“[312]. Vielmehr treffe den BGH eine Vorlagepflicht, die sich für die obersten Gerichtshöfe des Bundes aus Art. 2 Nr. 1, dritter Spiegelstrich i.V.m. Art. 3 Abs. 1 des Auslegungsprotokolls ergebe[313]. Die vom EuGH in CILFIT zu Art. 177 EGV[314] entwickelte acte-clair-Doktrin gelte zwar auch im Anwendungsbereich des Auslegungsprotokolls zum EuGVÜ, jedoch könne vorliegend von einem acte clair keine Rede sein[315]. Die Frage, wie Ansprüche nach § 661a BGB im Zuständigkeitssystem des EuGVÜ einzuordnen seien, sei vielmehr ein ziemlich komplexes Auslegungsproblem des europäischen Zivilprozessrechts[316]. Dass eine Vorlage an den EuGH im vorliegenden Fall entbehrlich gewesen sein solle, stehe außerdem im Widerspruch dazu, dass der BGH selbst eine endgültige Festlegung im Hinblick auf die Einordnung der Gewinnzusage zwischen verbrauchervertraglicher und deliktischer Qualifikation vermieden habe, und statt dessen alternativ mit beiden argumentiere[317]. Schon diese alternative Ableitung der internationalen Zuständigkeit belege, dass hier weiterer und zwar grundlegender Klärungsbedarf bestehe[318].

(c) Verständnis für das Vorgehen des BGH

Andererseits wird auch Verständnis für das Vorgehen des BGH geäußert, welches die Durchsetzung des § 661a BGB sichere, und auf die mangelnde Entscheidungserheblichkeit in casu hingewiesen.

(aa) Durchsetzung des § 661a BGB als Motiv

Verständnis für das Übergehen des EuGH lasse sich allenfalls vor dem Hintergrund großer Besorgnis um die Entfaltung des noch jungen Pflänzchens des

---

311 So kritisch: Mörsdorf-Schulte, ZZPInt 8 (2003), 407/472.
312 Mörsdorf-Schulte, ZZPInt 8 (2003), 407/477.
313 Mörsdorf-Schulte, ZZPInt 8 (2003), 407/473.
314 Der damalige Art. 177 EGV entspricht dem heutigen Art. 234 EGV.
315 Mörsdorf-Schulte, ZZPInt 8 (2003), 407/473; Oberhammer, ZZP 117 (2004), 92/93.
316 Oberhammer, ZZP 117 (2004), 92/93.
317 Simons, EuLF 2003, 43/44.
318 Simons, EuLF 2003, 43/44.

§ 661a BGB aufbringen[319]. Dieses bedürfe deshalb besonderen Schutzes, weil ausländische Rechtsordnungen – mit Ausnahme der österreichischen[320] und der luxemburgischen[321] – einen vergleichbaren Anspruch auf Auskehr eines mitgeteilten Gewinns nicht kennen[322]. Mit einer Verneinung der internationalen Zuständigkeit der deutschen Gerichte würde § 661a BGB für die Praxis im Keim erstickt[323]; denn die Versandhandelshäuser mit Sitz im Ausland seien dem Anspruch des deutschen Verbrauchers aus § 661a BGB nur ausgesetzt, wenn das Kollisionsrecht des zuständigen Gerichts deutsches Sachrecht berufe[324]. Diese Bedeutung des Forumstaates und damit der internationalen Zuständigkeit für den materiellrechtlichen Ausgang des Verfahrens habe der BGH in der vorliegenden Entscheidung geradezu lehrbuchhaft ausgeführt[325]. Während deutsches Kollisionsrecht unabhängig von der Qualifikation der Gewinnzusage zur Anwendung des § 661a BGB führe, weil es sich hier um eine Eingriffsnorm handele[326], erscheine es zweifelhaft, dass das Kollisionsrecht eines ausländischen Forums am Sitz des beklagten Unternehmens zu demselben Ergebnis komme[327]. Wer sich auf derartige Unwägbarkeiten nicht einlassen wolle, müsse die Zuständigkeit deutscher Gerichte zementieren[328].

---

319 Mörsdorf-Schulte, ZZPInt 8 (2003), 407/477.

320 § 5j Konsumentenschutzgesetz erlassen durch Art. I Nr. 2 Fernabsatz-Gesetz vom 19.8.1999, öBGBl I Nr. 185/1999, der am 1.10.1999 in Kraft getreten ist (Volltext abrufbar unter: http://ris1.bka.gv.at/bgbl-pdf/RequestDoc.aspx?path=bgblpdf/1999/1999a185.pdf&docid=1999a185.pdfn): „Unternehmer, die Gewinnzusagen oder andere vergleichbare Mitteilungen an bestimmte Verbraucher senden und durch die Gestaltung dieser Zusendungen den Eindruck erwecken, dass der Verbraucher einen bestimmten Preis gewonnen habe, haben dem Verbraucher diesen Preis zu leisten; er kann auch gerichtlich eingefordert werden."

321 Art. 21e de la loi du 30.7.2002 réglementant certaines pratiques commerciales, sanctionnant la concurrence déloyale et transposant la directive 97/55/CE du Parlement Européen et du Conseil modifiant la directive 84/450/CEE sur la publicité trompeuse afin d'y inclure la publicité comparative (Volltext abrufbar unter: www.legilux.public.lu/leg/a/archives/2002/0901208/0901208.pdf?SID=4a0f261a3d830f871b5e98cb3861123b#page=2) : „L'annonceur qui fait naître par la conception ou la présentation de la communication, l'impression que le consommateur a gagné un lot, doit fournir ce lot au consommateur.".

322 Mörsdorf-Schulte, ZZPInt 8 (2003), 407/477.

323 Mörsdorf-Schulte, ZZPInt 8 (2003), 407/478.

324 Mörsdorf-Schulte, ZZPInt 8 (2003), 407/478.

325 Mörsdorf-Schulte, ZZPInt 8 (2003), 407/478.

326 Der BGH hat sich mittlerweile dieser Einschätzung von Mörsdorf-Schulte, ZZPInt 8 (2003), 407/478, in seinem Urteil vom 1.12.2005 (Az. III ZR 191/03), NJW 2006, 230 ff., angeschlossen.

327 Mörsdorf-Schulte, ZZPInt 8 (2003), 407/478.

328 Mörsdorf-Schulte, ZZPInt 8 (2003), 407/479.

(bb) Mangelnde Entscheidungserheblichkeit in casu

Es sei außerdem zu bedenken, dass eine Vorlage die Entscheidungserheblichkeit der Frage voraussetze und es für den Ausgang des Prozesses nicht darauf ankomme, ob der Verbraucher- oder der Deliktsgerichtsstand einschlägig gewesen sei[329]. Eine Vorlagepflicht bestehe nur, wenn ernsthaft in Betracht zu ziehen sei, dass *keiner* dieser Wahlgerichtsstände eingreife und eine Klage gemäß Art. 2 I EuGVÜ am Sitz des Beklagten zu erheben sei, was angesichts des gegenwärtigen Meinungsbildes eher fernliegend erschienen habe[330].

(3) Stellungnahme

Zur Frage der internationalen Zuständigkeit im Falle isolierter grenzüberschreitender Gewinnzusagen bezog der EuGH erstmals am 20.1.2005 in der Entscheidung Engler Stellung. Der BGH konnte daher in seiner Entscheidung vom 28.11.2002 sich nur an der zu diesem Zeitpunkt bereits ergangenen Entscheidung „Gabriel" orientieren, die jedoch ausschließlich für verkaufsakzessorische Gewinnzusagen Aussagekraft besitzt. Genau dies wurde allerdings vom BGH verkannt! Deshalb ist der Literatur beizupflichten, dass eine Vorlage an den EuGH wünschenswert gewesen wäre.

Andererseits ist zu bedenken, dass eine derartige Vorlage genau der schon damals anhängigen Vorlage in der Rechtsache „Engler" entsprochen hätte. Vermutlich hätte der EuGH darauf verwiesen und der BGH dann das Verfahren bis zur Entscheidung in der Rechtssache „Engler" ausgesetzt. Dies wäre sicherlich auf der einen Seite im Interesse einer einheitlichen Rechtsprechung gewesen. Denn während der BGH in seinem Urteil vom 28.11.2002 alternativ Art. 13 bzw. Art. 5 Nr. 3 EuGVÜ bejahte, hielt der EuGH im gleichgelagerten Fall „Engler" am 20.1.2005 den Vertragsgerichtsstand i.S.d. Art. 5 Nr. 1 EuGVÜ für einschlägig. Durch sein Vorpreschen sah sich der BGH daher in einem späteren Urteil vom 1.12.2005 gezwungen, seine Rechtsprechung zu isolierten Gewinnzusagen zu revidieren und auf die Linie des EuGH einzuschwenken.

Auf der anderen Seite darf man aber auch die zeitliche Komponente nicht aus den Augen verlieren: Der konkret dem BGH vorliegende Streitfall fand mit der Urteilsverkündung im Jahre 2002 seinen Abschluss, während die Entscheidung des EuGH zum gleichgelagerten Fall „Engler" erst im Jahre 2005 ergangen ist.

Eindrücklich zeigt das Urteil vom 28.11.2002 das Bemühen des BGH, § 661a BGB zu seiner Durchsetzung zu verhelfen: Mit dem Gerichtsstand des Verbrau-

329 Kerwer, JR 2004, 29/31.
330 Kerwer, JR 2004, 29/31.

chervertrages nach Art. 13 EuGVÜ pickt sich der BGH den verbraucherfreundlichsten Gerichtsstand heraus. Dieses Vorgehen mag zwar rechtspolitisch wünschenswert sein, verkennt jedoch den Umfang des verbrauchervertraglichen Gerichtsstandes. Die allein in Betracht kommende Variante des Art. 13 Abs. 1 Nr. 3 EuGVÜ setzt u.a. einen Vertrag voraus, der die Erbringung einer Dienstleistung oder die Lieferung beweglicher Sachen zum Gegenstand hat. Im Falle einer isolierten Gewinnzusage fehlt es an einem solchen Vertrag. Der Vertragsbegriff des Art. 13 Abs. 1 EuGVÜ ist im Gegensatz zu dem des Art. 5 Nr. 1 EuGVÜ eng auszulegen. Während bei dem weit auszulegenden Art. 5 Nr. 1 EuGVÜ eine von einer Person gegenüber einer anderen freiwillig eingegangene Verpflichtung ausreichend ist[331], setzt Art. 13 Abs. 1 EuGVÜ zwingend den Abschluss eines Vertrages mit synallagmatischen Verpflichtungen voraus, woran es bei isolierten Gewinnzusagen fehlt. Außerdem verkennt eine Annahme des Gerichtsstandes der unerlaubten Handlung i.S.d. Art. 5 Nr. 3 EuGVÜ die Gegebenheiten einer isolierten Gewinnzusage. Ein deliktischer Gerichtsstand setzt auch auf europäischer Ebene einen Schaden voraus, an dem es bei Gewinnzusagen fehlt.

Folglich ist es zu begrüßen, dass der in dem BGH-Urteil vom 28.11.2002 zum Ausdruck kommenden Auffassung durch das EuGH-Urteil „Engler" vom 20.1.2005 eine Absage erteilt wurde. Konsequenterweise änderte der BGH danach in dem Urteil vom 1.12.2005 seine Rechtsprechung und schwenkte auf die mittlerweile manifest gewordene Linie des EuGH um.

bb) EuGH „Engler" vom 20.1.2005

Der EuGH entschied in der Rechtssache „Engler" am 20.1.2005, dass im Falle einer grenzüberschreitenden isolierten Gewinnzusage der Verbraucher sich auf Art. 5 Nr. 1 EuGVÜ stützen müsse, um seinen Anspruch einzuklagen[332].

331 EuGH, Urteil vom 17.6.1992 (Rs. C-26/91), Slg. I-3967 – *Jakob Handte & Co GmbH/Traitements mécano-chimiques des surfaces SA*; EuGH, Urteil vom 27.10.1998 (Rs. C-51/97), IPRax 2000, 210/212 – *Réunion européenne SA u.a./Spliethoff's Bevrachtingskantoor BV, Kapitän des Schiffes Alblasgracht V002*; EuGH, Urteil vom 17.9.2002 (Rs. C-334/00), NJW 2002, 3159 – *Officine Meccaniche Tacconi SpA/Heinrich Wagner Sinto Maschinenfabrik GmbH (HWS)*.

332 EuGH, Urteil vom 20.1.2005 (Rs. C-27/02), NJW 2005, 811 ff. – *Petra Engler/Janus Versand GmbH*; vgl. dazu Fussenegger/Matt, ecolex 2004, 697 f., da diese als Beklagtenvertreter am Verfahren beteiligt waren.

(1) Urteil

Der EuGH prüft in dem auf einer Vorlage des OLG Innsbruck beruhenden Fall zunächst ausführlich die Voraussetzungen des Art. 13 EuGVÜ als lex specialis zu Art. 5 Nr. 1 EuGVÜ. Die Begründung eines Gerichtsstandes i.S.d. Art. 13 Abs. 1 Nr. 3 EuGVÜ setze u.a. einen Vertrag voraus, der speziell die Lieferung beweglicher Sachen oder die Erbringung einer Dienstleistung zum Gegenstand habe. Vorliegend stehe jedoch weder ein Dienstleitungs- noch ein Lieferungsvertrag zur Diskussion, weshalb die spezielle Spielart des Verbrauchervertrages zu verneinen sei. Auch der Umstand, dass die Klägerin durch das Formular für eine „unverbindliche Test-Anforderung" zu einer Warenbestellung bei der Beklagten motiviert werden sollte, sei nicht ausreichend, um den Anwendungsbereich des Art. 13 EuGVÜ zu eröffnen. Der Vertragsbegriff in Art. 13 EuGVÜ sei enger als derjenige in Art. 5 Nr. 1 EuGVÜ. Eine restriktive Handhabung des Art. 13 EuGVÜ sei deshalb geboten, weil dieser in Abweichung des Grundsatzes des Art. 2 EuGVÜ eine Zuständigkeit im Wohnsitzstaat des Klägers begründe und Ausnahmen vom Beklagtengerichtsstand möglichst gering zu halten seien.

Die Feststellung, dass die erhobene Klage keine Klage aus einem Vertrag nach Art. 13 Abs. 1 EuGVÜ sei, stehe jedoch nicht dem entgegen, dass es sich bei dieser Klage doch um eine Klage aus Vertrag nach Art. 5 Nr. 1 EuGVÜ handeln könne – schließlich sei der Begriff des „Vertrages oder Ansprüche aus einem Vertrag" i.S.d. Art. 5 Nr. 1 EuGVÜ weit auszulegen.

Die Formulierung des Art. 5 Nr. 1 EuGVÜ „Vertrag oder Ansprüche aus einem Vertrag" setze lediglich eine von einer Person gegenüber einer anderen freiwillig eingegangenen Verpflichtung voraus[333], auf die sich die betreffende Klage stütze, nicht aber zwingend den Abschluss eines Vertrages. Zumindest ab dem Zeitpunkt, in dem der Verbraucher die Gewinnzusage durch ein Auszahlungsverlangen annehme, liege eine Verpflichtung vor, die den Urheber der Gewinnmitteilung wie einen Vertrag binde.

(2) Reaktion im Schrifttum

Die an dieser Entscheidung geübten Kritikpunkte sind mannigfaltig: Neben den misslichen Folgen für die Verbraucher und der fehlenden Stellungnahme durch

---

333 Vgl. EuGH, Urteil vom 17.6.1992 (Rs. C-26/91), Slg. I-3967 – *Jakob Handte & Co GmbH/Traitements mécano-chimiques des surfaces SA* EuGH, Urteil vom 27.10.1998 (Rs. C-51/97), IPRax 2000, 210/212 – *Réunion européenne SA u.a./Spliethoff's Bevrachtingskantoor BV, Kapitän des Schiffes Alblasgracht V002*; EuGH, Urteil vom 17.9.2002 (Rs. C-334/00), NJW 2002, 3159 – *Officine Meccaniche Tacconi SpA/Heinrich Wagner Sinto Maschinenfabrik GmbH (HWS)*.

die Bundesregierung wird das Kritierium der Freiwilligkeit und die Nichtverwendung der „Principles of European Contract Law" (PECL)[334] gerügt, sowie Kritik an der Umdeutung des Gerichtsstandes geübt.

(a) Kritik an Konsequenzen für Verbraucher

Da der vertragliche Gerichtsstand des Art. 5 Nr. 1 EuGVÜ für den Verbraucher u.U. ungünstiger ist, wurde in der Literatur kritisch gefragt, ob der EuGH dem Verbraucher mit seiner Festlegung auf Art. 5 Nr. 1 EuGVÜ Steine statt Brot gegeben habe[335]. Angesichts der Möglichkeiten von Erfüllungsortsvereinbarungen werde den Versendern von Gewinnzusagen ein neues Missbrauchspotential eröffnet[336]. Das Abstellen des EuGH auf den Gerichtsstand des ausländischen Erfüllungsortes führe für die isolierten Gewinnzusagen zu zahlreichen Folgeproblemen[337]. Im Ergebnis werde über diesen zivilprozessualen Fallstrick die Inanspruchnahme der im Ausland ansässigen Gewinnmitteilungsversender für die Empfänger isolierter Gewinnzusagen erheblich erschwert, da sie ihre Klage nunmehr vor einem ausländischen Gericht, d.h. ggfs. auch in einer fremden Sprache führen müssen[338].

(b) Kritik an Nichtstellungnahme durch Bundesregierung

Erstaunlich sei außerdem, dass die deutsche Bundesregierung im Auslegungsverfahren Engler, anders als noch in der ebenfalls aus Österreich stammenden Rechtssache Gabriel, keinen Gebrauch von ihrem Recht auf Stellungnahme gemacht habe[339]. Ungeschickt sei die deutsche Verweigerungshaltung besonders deshalb, weil der EuGH für eine ausgeprägte Neigung zum Festhalten an eigenen Präjudizien bekannt sei[340]. Mit einer bereits entschiedenen Rechtsfrage brauche er sich in einem späteren Verfahren nicht mehr umfassend neu auseinanderzusetzen[341], so dass es auch ohne förmliche Präklusion nicht leicht fallen dürfte, den EuGH in einer künftigen Vorlage noch umzustimmen[342].

334 Volltext abrufbar unter: http://frontpage.cbs.dk/law/commission_on_european_contract_law/pecl_full_text.htm.
335 Mörsdorf-Schulte, JZ 2005, 770/779.
336 Blobel, VuR 2005, 164/166.
337 Tamm/Gaedtke, VuR 2006, 169/173.
338 Tamm/Gaedtke, VuR 2006, 169/173.
339 Mörsdorf-Schulte, JZ 2005, 770/771.
340 Mörsdorf-Schulte, JZ 2005, 770/771.
341 Mörsdorf-Schulte, JZ 2005, 770/771.
342 Mörsdorf-Schulte, JZ 2005, 770/771.

(c) Kritik am Kriterium der Freiwilligkeit

Die Argumentation des EuGH stehe zudem in einem gewissen Spannungsverhältnis zu den üblichen Umständen einer Gewinnzusage und dem materiellrechtlichen Haftungsgrund[343]. Die Versender würden regelmäßig nicht tatsächlich den versprochenen Gewinn leisten wollen, so dass von einer freiwillig eingegangen Verpflichtung eigentlich nicht gesprochen werden könne[344]. Die Vorspiegelung eines Leistungswillens werde vielmehr per Gesetz mit einem Erfüllungsanspruch sanktioniert[345]. Das vom EuGH genannte Kriterium der „Freiwilligkeit" sei eher irreführend[346]. Allein die Kenntnis eines gesetzlichen Haftungstatbestandes mache die Haftung nicht zu einer freiwillig eingegangenen Verpflichtung[347]. Es fehle vielmehr eine natürliche Freiwilligkeit im Sinne des ursprünglichen Verständnisses eines Inkraftsetzens gewollter Rechtsfolgen, weshalb letztlich auf ein rechtliches Konstrukt rekurriert werde[348]. Der EuGH konstruiere in Wahrheit eine „normative Freiwilligkeit", d.h. an die Stelle der fehlenden natürlichen Freiwilligkeit der Rechtsfolge trete deren Anordnung durch unter gewissen Voraussetzungen eingreifende Normen, die in der einen oder anderen Weise in allen Rechtsordnungen der Mitgliedstaaten existieren und deren gemeinsamer Kern für vom EuGH auszulegende Rechtsquellen daher nach der rechtsvergleichenden Auslegung zu berücksichtigen seien[349].

(d) Kritik an Nichtverwendung der PECL

Angesichts der langjährigen Vorarbeiten der Wissenschaft auf dem Gebiet der Vertragsrechtsvergleichung hätte der EuGH sich offen der seit 1999 veröffentlichten Principles of European Contract Law (PECL)[350] bedienen können[351]. Diese Prinzipien übereinstimmenden Vertragsrechts in Europa sind mit Unterstützung der EG-Kommission von einer Expertengruppe aus sämtlichen EU-Mitgliedstaaten erarbeitet worden[352]. In diesem Regelwerk finden sich verschie-

---

343 Blobel, VuR 2005, 164/166.
344 Blobel, VuR 2005, 164/166.
345 Blobel, VuR 2005, 164/166.
346 Blobel, VuR 2005, 164/167.
347 Mörsdorf-Schulte, JZ 2005, 770/776.
348 Mörsdorf-Schulte, JZ 2005, 770/776.
349 Mörsdorf-Schulte, JZ 2005, 770/776.
350 Volltext abrufbar unter: http://frontpage.cbs.dk/law/commission_on_european_contract_law/pecl_full_text.htm
351 Mörsdorf-Schulte, ZZPInt 8 (2003), 407/451; Mörsdorf-Schulte, JZ 2005, 770/776.
352 Vgl. Introduction to the Principles of European Contract Law: „The Principles habe been drawn up by an independent body of experts from each Member State of the

dene Grundsätze, die von Bedeutung sein könnten für die Frage, ob die Rechtsverbindlichkeit von Gewinnversprechen aus euroautonomer Sicht vertragsrechtlichen Prinzipien entspringe[353]. Nach Art. 2:107 PECL ist ein bloßes Versprechen bindend, wenn es auch ohne Annahme rechtlich verbindlich sein soll[354]. Art. 2:101 PECL fordert auch hierfür einen Rechtsbindungswillen[355]. Für den Rechtsbindungswillen sind gemäß Art. 2:102 PECL die Äußerungen der Partei oder ihr Verhalten maßgeblich, wobei darauf abzustellen ist, wie es von der anderen Partei jeweils vernünftigerweise zu verstehen ist[356]. Vernünftig ist nach Art. 1:302 PECL, was Personen, die in gutem Glauben in der Situation der Parteien handeln, als vernünftig empfinden würden; insbesondere sind dabei Natur und Zweck des jeweiligen Vertrages, die Umstände des Einzelfalles sowie Gepflogenheiten und Praktiken des betreffenden Geschäfts oder der beteiligten Berufe zu berücksichtigen[357]. Wichtig ist hierbei, dass die Parteien nach Art. 1:201 PECL unabdingbar verpflichtet sind, nach Treu und Glauben zu handeln[358] und gemäß Art. 1:202 PECL mit der anderen Seite zu kooperieren[359]. Der Grundsatz von Treu und Glauben umfasse auch das Verbot des venire contra factum proprium, mit dessen Hilfe sich das Festhalten des Unternehmers an seinem „lauten Wort“[360] bei Gewinnzusagen erklären lasse[361]. Nur in Verbindung mit diesem zu-

---

European Union under a project supported by the European Commission and many other organisations.“

353 Mörsdorf-Schulte, ZZPInt 8 (2003), 407/451.

354 Art. 2:107 PECL [Promises binding without acceptance] A promise which is intended to be legally binding without acceptance is binding.

355 Art. 2:101 PECL [Conditions für the Conclusion of a Contract]: (1) A contract is concluded If: (a) the parties intent to be legally bound, and (b) they reach a sufficient agreement without any further requirement. [...]

356 Art. 2:102 PECL [Intention]: The intention of a party to be legally bound by contract is to be determined from the party's statements or conduct as they were reasonably understood by the other party.

357 Art. 1:302 PECL [Reasonableness]: Under these Principles reasonableness is to be judged by what persons acting in good faith and in the same situation as the parties would consider to be reasonable. In particular, in assessin what is reasonable the nature and purpose of the contract, the circumstances of the case, and the usages and practices of the trades or professions involved should be taken into account.

358 Art. 1:201 PECL [Good Faith and Fair Dealing]: (1) Each party must act in accordance with good faith and fair dealing. (2) The parties may not exclude or limit this duty.

359 Art. 1:202 PECL [Duty to Co-operate]: Each party owes to the other a duty to cooperate in order to give full effect to the contract.

360 Vgl. BGH, Urteil vom 16.10.2003 (Az. III ZR 106/03), NJW 2003, 3620/3621; BGH, Urteil vom 7.10.2004 (Az. III ZR 158/04), NJW 2004, 3555/3556 im Anschluss an Mankowski, EWiR 2002, 873/874.

361 Vgl. Mörsdorf-Schulte, ZZPInt 8 (2003), 407/464.

sätzlichen Aspekt sei der Auffassung des EuGH zuzustimmen, bei der Haftung aus Gewinnzusage handele es sich um eine freiwillige Selbstbindung[362].

(e) Kritik an Umdeutung des Gerichtsstandes

Weiterhin wird moniert, der EuGH habe auf etwas holprige Weise die in Art. 5 Nr. 1 EuGVÜ normierte Voraussetzung „Vertrag oder Ansprüche aus einem Vertrag“ durch „eine von einer Person gegenüber einer anderen freiwillig eingegangene Verpflichtung“ ersetzt[363]. Letztlich laufe das auf eine Umdeutung des vertraglichen in einen rechtsgeschäftlichen Gerichtsstand hinaus[364]. Statt eine Definition des Vertragsbegriffs zu unternehmen, entledige der EuGH sich also in Wahrheit dieses Begriffes[365]. Dies wirke insbesondere deshalb inkonsequent, weil er noch wenige Sätze zuvor den Gerichtsstand des Art. 13 EuGVÜ gerade daran habe scheitern lassen, dass er als besonderer Gerichtsstand eng und wortgetreu auszulegen sei[366].

(3) Stellungnahme

Die Bejahung des Vertragsgerichtsstands bei gleichzeitiger Ablehnung des Verbrauchergerichtsstandes mag auf den ersten Blick überraschen, da schließlich beide Vorschriften einen „vertraglichen“ Gerichtsstand begründen. Jedoch reicht zur Begründung eines verbrauchervertraglichen Gerichtsstandes nicht die einfache Formel „Vertrag + Verbraucher“. Vielmehr beschränkt der Wortlaut des Art. 13 Abs. 1 EuGVÜ die Annahme dieses Gerichtsstandes abschließend auf drei Fallgruppen: Nr. 1 behandelt den Fall des Kaufes beweglicher Sachen auf Teilzahlung, Nr. 2 normiert die Konstellation des in Raten zurückzuzahlendes Darlehens bzw. anderer Kreditgeschäfte, die zur Finanzierung eines Kaufs derartiger Sachen bestimmt sind. Nr. 3 ist als eine Art Auffang-Tatbestand formuliert, der allerdings durch eine Vielzahl von Voraussetzungen stark eingeschränkt wird: Zunächst muss es sich bei dem Kläger um einen nicht berufs- oder gewerbebezogenen handelnden privaten Endverbraucher handeln. Diese Voraussetzung dürfte bei klagenden Empfängern von Gewinnzusagen stets problemlos zu bejahen sein. Weiterhin muss die Klage an einen zwischen diesem Verbraucher und einem gewerbsmäßigen Verkäufer geschlossenen Vertrag anknüpfen, der die Lieferung beweglicher Sachen oder die Erbringung einer Dienstleistung zum Ge-

---

362 Mörsdorf-Schulte, JZ 2005, 770/777.
363 Mörsdorf-Schulte, JZ 2005, 770/775.
364 Mörsdorf-Schulte, JZ 2005, 770/775.
365 Mörsdorf-Schulte, JZ 2005, 770/774.
366 Mörsdorf-Schulte, JZ 2005, 770/774.

genstand hat und der gegenseitige, von einander abhängende Pflichten zwischen den beiden Parteien des Vertrages hat entstehen lassen. Zutreffend hat der EuGH in seiner Entscheidung „Engler" das Vorliegen bereits dieser Voraussetzung verneint, so dass er die weiterhin erforderlichen Voraussetzungen des Nr. 3 lit. a und lit. b nur noch kurz abhandelte. Dass dabei der EuGH von einem Angebot ausgeht, das in der Zusendung der Gewinnzusage liegen soll, mag deutsche Leser verwundern. Letztlich ist jedoch die Divergenz zwischen dem deutschen und dem euroautonomen Verständnis des Begriffs des „Angebots" logische Konsequenz einer strikt autonomen Auslegung der Begrifflichkeiten des EuGVÜ[367].

Die abschließende Enumerierung der verschiedenen Fallgruppen in Art. 13 EuGVÜ zeigt, dass es unter der Geltung des EuGVÜ keinen Verbraucherschutz um jeden Preis geben kann. Das EuGVÜ begünstigt den Verbraucher gegenüber seinem Vertragspartner eben nicht schlechthin, sondern nur in den von Art. 13 umschriebenen Fällen. Zwar mag es rechtspolitisch wünschenswert sein, den Verbrauchergerichtsstand auch für isolierte Gewinnzusagen eingreifen zu lassen, doch widerspräche das dem eindeutigen Wortlaut von Art. 13 Abs. 1 Nr. 3 EuGVÜ. Außerdem würde eine erweiternde Auslegung das in dem EuGVÜ fein austarierte Verhältnis der verschiedenen Gerichtsstände zueinander aus dem Gleichgewicht bringen. Konsequenterweise legt der EuGH alle besonderen und ausschließlichen Gerichtsstände eng aus und beschränkt sie auf die dort jeweils geregelten Fallgruppen[368].

Nach der Konzeption des EuGVÜ ist von dem in Art. 2 Abs. 1 EuGVO verankerten Prinzip des „actor sequitur forum rei" als Normalfall auszugehen. Alle Sonderzuständigkeiten beruhen auf einer besonderen Beziehung zwischen der Streitigkeit und dem jeweiligen Gericht, die aus Gründen einer geordneten Rechtspflege und einer sachgerechten Gestaltung des Prozesses eine Zuständigkeit dieser Gerichte rechtfertigt[369]. Ziel der Regelungen über den Verbrauchergerichtsstand beispielsweise ist es, den Verbraucher als den wirtschaftlich schwächeren und rechtlich weniger erfahrenen Vertragspartner zu schützen, dem daher der Entschluss zur gerichtlichen Wahrnehmung seiner Rechte nicht dadurch er-

---

367 Vgl. in diesem Sinne auch: McGuire, ecolex 2005, 489/491.

368 Vgl. EuGH, Urteil vom 27.9.1988 (Rs. C-189/87), NJW 1988, 3088 – *Kalfelis*; EuGH, Urteil vom 27.10.1998 (Rs. C-51/97), IPRax 2000, 210/212 – *Réunion européenne SA u.a./Spliethoff's Bevrachtingskantoor BV, Kapitän des Schiffes Alblasgracht V002*.

369 Vgl. EuGH, Urteil vom 7.3.1995 (Rs. C-68/93), NJW 1995, 1881 – *Fiona Shevill, Ixora Trading Inc., Chequepoint SARL und Chequepoint International Ltd/Presse Alliance SA*.

schwert werden darf, dass er bei den Gerichten des Staates klagen muss, in dessen Hoheitsgebiet sein Vertragspartner seine Niederlassung hat[370].

Dieser Erschwernis ist der Verbraucher im Falle einer Verneinung des Art. 13 EuGVÜ bei isolierten Gewinnzusagen ausgesetzt. Dieses missliche Ergebnis darf gleichwohl nicht dazu führen, sich über den Wortlaut und das Zusammenspiel der Zuständigkeitsvorschriften hinwegzusetzen.

Im Übrigen fällt bei der Lektüre des Urteils auf, dass sich der EuGH wiederholt erfolgreich um eine Qualifikation der Gewinnzusage drückt. Der EuGH legt nämlich Wert auf die Feststellung, dass die Einordnung des Anspruchs als vertragliche Verpflichtung „vorbehaltlich der endgültigen Qualifikation dieser Verpflichtung, *die Sache des vorlegenden Gerichts ist*" [371] ergehe. Damit entledigt sich der EuGH elegant einer sonst notwendigen Auseinandersetzung mit deutschsprachiger Literatur und Rechtsprechung zu diesem Thema. Zumindest eine Auseinandersetzung mit dem Urteil des BGH vom 28.11.2002 hätte wegen der Wortgleichheit von § 661a BGB und § 5j öKSchG nahegelegen.

So aber lag nun wieder der Ball beim BGH, der auch prompt sein nächstes Urteil dazu nutzte, um sich den Spielzügen des EuGH anzupassen.

cc) BGH vom 1.12.2005

Dementsprechend sprach sich der BGH[372] in seinem Urteil vom 1.12.2005 auch für den Vertragsgerichtstand des Art. 5 Nr. 1 EuGVÜ aus.

(1) Urteil

In seinem Urteil vom 1.12.2005 vollzieht der 3. Zivilsenat ausdrücklich eine Kehrtwendung: Nachdem der Senat im gleichgelagerten Fall in seinem Urteil vom 28.11. den Verbrauchergerichtsstand – alternativ zum Gerichtsstand der unerlaubten Handlung – befürwortet habe[373], sei daran nicht festzuhalten. Vielmehr sei nach Art. 5 Nr. 1 EuGVÜ das Gericht des Ortes international zuständig, an dem die Verpflichtung erfüllt worden sei oder zu erfüllen gewesen wäre. Die Anschlussfrage, wo die aus der Gewinnzusage erwachsende Verpflichtung zu erfüllen sei, sei nicht übereinkommensautonom zu beantworten. Maßgeblich sei hier-

---

370 Vgl. EuGH, Urteil vom 19.1.1993 (Rs. C-89/91), Slg. 1993 I-139 – *Shearson Lehmann Hutton Inc./TVB Treuhandgesellschaft für Vermögensverwaltung und Beteiligungen mbH.*

371 EuGH, Urteil vom 20.1.2005 (Rs. C-27/02), NJW 2005, 811/813 – *Petra Engler/Janus Versand GmbH.*

372 BGH, Urteil vom 1.12.2005 (Az. III ZR 191/03), NJW 2006, 230 ff.

373 BGH, Urteil vom 28.11.2002 (Az. III ZR 102/02), NJW 2003, 426 ff.

für das nach dem internationalen Privatrecht des angerufenen Gerichts zu bestimmende nationale Recht. Der nach Art. 34 EGBGB nach deutschem Recht zu bestimmende maßgebliche Erfüllungsort liege im Falle der Gewinnzusage am Wohnsitz des Empfängers der Zusage.

(2) Reaktion im Schrifttum

Erstaunlicherweise fand dieses Urteil vergleichsweise geringen Widerhall in der Literatur[374].

(3) Stellungnahme

Dies erstaunt ob der plötzlichen Kehrtwendung, die der BGH in dieser Entscheidung vollzogen hat. In seinem Eifer, sich dem EuGH anzuschließen, hat der BGH ganze Passagen von „Engler" nahezu wortgetreu abgeschrieben. Dies fällt insbesondere auf bei den Ausführungen zur Auslegung von Art. 13 EuGVÜ und des in Art. 5 Nr. 1 EuGVÜ verwandten Begriffes des „Vertrages oder Ansprüche aus einem Vertrag". Konsequenterweise geht der BGH nun auch davon aus, dass die in Rede stehende Klage als Klage aus einem Vertrag i.S.d. Art. 5 Nr. 1 EuGVÜ anzusehen sei, womit dahinstehen könne, ob der Gerichtsstand des Art. 5 Nr. 3 EuGVÜ eröffnet sei, den er in seinem Urteil vom 28.11.2002 noch zumindest hilfsweise bejaht hatte.

Interessant ist auch ein Hinweis des BGH: Nach der Verneinung des Art. 13 I Nr. 3 EuGVÜ weist er ausdrücklich darauf hin, dass hier nicht zu entscheiden sei, ob das auch für die Auslegung des weitergefassten Art. 15 Abs. 1 lit. c EuGVO gelte. Der BGH lässt sich damit ein Hintertürchen offen mit der Ankündigung, unter Geltung der EuGVO möglicherweise zu einem anderen Ergebnis zu kommen.

Den meisten Raum des Urteils nehmen Erörterungen zur Feststellung des Erfüllungsortes nach Art. 5 Nr. 1 EuGVÜ ein. Die Frage, welches Gericht nach dem mithin eröffneten Art. 5 Nr. 1 EuGVÜ international zuständig ist, wird vom BGH mittels einer sehr ergebnisorientierten Argumentation mit dem Gericht am Wohnsitz des Empfängers beantwortet. Wo die aus der Gewinnzusage erwachsende Verpflichtung zu erfüllen ist, bestimmt der EuGH in ständiger Rechtsprechung nicht übereinkommensautonom, sondern nach dem internationalen Privat-

374 Vgl. nur Schäfer, JZ 2006, 522 f.; Meller-Hannich, NJW 2006, 2516/2519; Lorenz, NJW 2006, 472/473; Felke, BGH-Report 2006, 254/255; Magnus, WuB VII B. Art. 5 EuGVVO 2.06; Tamm/Gaedtke, VuR 2006, 169/173.

recht des angerufenen Gerichts[375]. Vorliegend soll deshalb nach Ansicht des BGH über das EGBGB Sonderanknüpfung nach Art. 34 EGBGB einschlägig sein. Zwar sehe das Gesetz in § 661a BGB nicht ausdrücklich den internationalen Geltungsanspruch vor, jedoch seien für die Einordnung einer Bestimmung als zwingende Norm i.S.d. Art. 34 EGBGB die mit ihr verfolgten ordnungspolitischen Interessen maßgebend. Indem § 661a BGB den ausufernden Geschäftspraktiken zu begegnen suche, verfolge er neben dem Verbraucherschutz ein darüber hinausreichendes öffentliches Interesse an der Lauterkeit des Geschäftsverkehrs.

Auch im weiteren Verlauf der Argumentation stützt sich der BGH auf Sinn und Zweck des § 661a BGB und überschreitet dabei – von ihm selbst erkannt (!) – die Wortlautgrenze, damit § 661a BGB als Regelung des Leistungsortes am Wohnsitz des Empfängers verstanden werden kann. Zutreffend wird erkannt, dass eine Bringschuld nicht vereinbart wurde, jedoch wird durch die Hintertür aus Sinn und Zweck des § 661a BGB gefolgert, dass der Unternehmer den zugesagten Preis am Wohnsitz des Verbrauchers zu leisten habe. Nach Ansicht des BGH würde die Zielsetzung des Gesetzgebers, die wettbewerbswidrige Praxis der Gewinnzusagen zurückzudrängen, durchkreuzt, wenn der Unternehmer nicht am Wohnsitz des Empfängers der Gewinnmitteilung, sondern an seinem Wohnsitz zu leisten hätte. § 661a BGB wäre dann obsolet. Wenn der Leistungsort am Wohnsitz des Unternehmers läge, müsste der Verbraucher den Anspruch auf den Gewinn an dessen, meist im Ausland liegenden Sitz durchzusetzen versuchen, wozu er aber nur selten bereit und in der Lage sei. Die unlautere Werbung wirksam abwehren, indem die täuschenden Gewinnzusagen tatsächlich mit einem Haftungsrisiko belastet würden, könne der neu geschaffene Verbraucheranspruch nach § 661a BGB nur dann, wenn der Empfänger an seinem Wohnsitz den Unternehmer auf Zahlung des Gewinns „belangen" könne. § 661a BGB müsse daher – über seinen Wortlaut hinaus – als Regelung des Leistungsortes am Wohnsitz des Empfängers verstanden werden.

Dieses Überschreiten der Wortlautgrenze aus rechtspolitischen Gründen ist kritisch zu sehen. Wieder einmal zeigt sich an dieser Stelle, dass die begrüßenswerte Intention des Gesetzgebers mit der Schaffung des § 661a BGB an der praktischen prozessualen Umsetzung scheitert – sofern man nicht wie der BGH in fragwürdiger Weise ergebnisorientiert das wünschenswerte Ergebnis aus dem Hut zaubert.

---

375 EuGH, Urteil vom 6.10.1976 (Rs. C-12/76), Slg. 1976, 1473 – *Industrie Tessili Italiana Como/Dunlop AG*; EuGH, Urteil vom 28.9.1999 (Rs. C-440/97), Slg. 1999 I-6307 – *GIE Groupe Concorde u.a./Kapitän des Schiffes „Suhadiwarno Panjan"*; EuGH, Urteil vom 20.1.2005 (Rs. C-27/02), NJW 2005, 811 ff. – *Petra Engler/Janus Versand GmbH.*

Ganz besonders entlarvend kommt diese Vorgehensweise in dem Urteil dort zum Tragen, wo der BGH eine kollisionsrechtliche Behandlung wie die einseitigen Rechtsgeschäfte zu vermeiden sucht. Nach der Feststellung, dass die systematische Stellung des § 661a BGB eine solche kollisionsrechtliche Behandlung nahe lege und daher das Vertragsstatut der Art. 27, 28 EGBGB demgemäß entsprechend gelte, wird eine argumentative Kehrtwendung vollzogen: Eine solche Annahme würde zu gänzlich unangemessenen Ergebnissen führen, da die Haftung nach § 661a BGB dann praktisch in die Hände des Versenders gelegt werde, der sich durch die Gestaltung der Gewinnzusage freizeichnen könnte mittels Berufung nichtdeutschen Rechts. Hierbei zeigt sich anschaulich, wie das Erzielen eines wünschenswerten Ergebnisses über anerkannte Regeln der systematischen Auslegung gestellt wird. Damit es im Falle einer Gewinnzusage nicht zu einem ausländischen Erfüllungort i.S.d. Art. 5 Nr. 1 EuGVÜ kommt als Auszahlungsort am Sitz des Schuldners, zäumt der BGH das Pferd von hinten auf, indem er zuerst nach der passenden Rechtsfolge schielt und danach den eigentlich davor zu erledigenden Subsumtionsschritt passend macht.

Das Urteil mag im Ergebnis zu begrüßen sein, jedoch zeigt es erneut, welche argumentative Flickschusterei nötig ist, um der mit der Einführung des § 661a BGB verbundenen Intention des Verbraucherschutzes des Gesetzgebers gerecht zu werden.

b) Literatur

Die verschiedenen Stimmen in der Literatur beschränken sich nicht nur darauf, die Rechtsprechung von EuGH und BGH kritisch zu kommentieren, sondern vertreten auch jeweils dezidiert eigene Auffassungen zur Anwendbarkeit der in Betracht kommenden Art. 5 Nr. 3, Art. 5 Nr. 1 und Art. 13 EuGVÜ für grenzüberschreitende isolierte Gewinnzusagen.

aa) Anwendbarkeit des Art. 5 Nr. 3 EuGVÜ

Im Schrifttum halten einige Vertreter den deliktischen Gerichtsstand nach Art. 5 Nr. 3 EuGVÜ für einschlägig, während andere Stimmen das Fehlen eines Schadens monieren und auf die Indifferenz hinsichtlich des Haftungsgrundes hinweisen.

(1) Stimmen für eine Anwendbarkeit des Art. 5 Nr. 3 EuGVÜ

Nach einer Ansicht soll im Falle grenzüberschreitender isolierter Gewinnzusagen allein der deliktische Gerichtsstand gemäß Art. 5 Nr. 3 einschlägig sein[376]. Schließlich beziehe sich Art. 5 Nr. 3 EuGVÜ nach ständiger Rechtsprechung des EuGH auf „alle nicht an einen Vertrag i.S.v. Art. 5 Nr. 1 EuGVÜ anzuknüpfenden Klagen, mit denen eine Schadenshaftung geltend gemacht wird"[377]. Der Anwendungsbereich des Art. 5 Nr. 3 EuGVÜ sei demnach weit auszulegen[378] und erfasse auch Ansprüche aus unlauterem Wettbewerb[379]. Vorschriften wie § 661a BGB und § 5j öKSchG seien aus der Erkenntnis entstanden, dass sich allein mit den Mitteln des Wettbewerbsrechts eine Verhinderung derartiger, als unerwünscht angesehener Werbemaßnahmen nicht erreichen lasse[380]. Der Gesetzgeber wolle mit § 661a BGB wettbewerbswidriges Verhalten, das der Fallgruppe des übermäßigen Anlockens zuzuordnen sei[381], unterbinden und den Verstoß gegen die Marktordnung mit den Mitteln des Zivilrechts sanktionieren[382]. Der Verbraucher werde durch die Einräumung eines Anspruchs auf Auskehr des versprochenen Gewinns zur Unterbindung marktstörenden Verhaltens „instrumentalisiert"[383] als „Verfolgungsorgan für Wettbewerbsverstöße" [384]. Nehme man die

---

376 Leible, IPRax 2003, 28/30; Leible, NJW 2003, 407; Staudinger, ZEuP 2004, 762/775; Staudinger, JZ 2003, 852/856; Schneider, BGH-Report 2003, 250/251; Koch, ZZPInt 7 (2002), 272/277; Fetsch, RIW 2002, 938/942; Felke/Jordans, IPRax 2004, 409/411 f.; Kerwer, JR 2004, 29/31; Rauscher/Schülke, EuLF 2000/01, 334/337.

377 Vgl. EuGH, Urteil vom 27.9.1988 (Rs. 189/87), NJW 1988, 3088 – *Athanasios Kalfelis/Bankhaus Schröder, Münchmeyer, Hengst & Co. u.a.*; EuGH, Urteil vom 26.3.1992 (Rs. C-261/90), Slg. 1992, I-2149 – *Mario Reichert, Hans-Heinz Reichert und Ingeborg Kockler/Dresdner Bank AG*; EuGH, Urteil vom 27.10.1998 (Rs. C-51/97), IPRax 2000, 210/212 – *Réunion européenne SA u.a./Spliethoff's Bevrachtingskantoor BV, Kapitän des Schiffes Alblasgracht V002*; EuGH, Urteil vom 17.9.2002 (Rs. C-334/00), NJW 2002, 3159 – *Officine Meccaniche Tacconi SpA/Heinrich Wagner Sinto Maschinenfabrik GmbH (HWS)*.

378 Vgl. EuGH, Urteil vom 30.11.1976, (Rs. 21/76), Slg. 1976, 1735 – *Handelskwekerij G.J. Bier B.V./Mines de Potasse d'Alsace SA*; EuGH, Urteil vom 1.10.2002 (Rs. C-167/00), NJW 2002, 3617 – *Verein für Konsumteninformation/Karl Heinz Henkel*.

379 Leible, IPRax 2003, 28/30; BGH, 11.2.1988, (Az. 1 ZR 201/86), IPRax 1989, 98/99; Mansel, IPRax 1989, 84; Staudinger, JZ 2003, 852/857; Kropholler, Art. 5 EuGVÜ, Rn. 66; Schlosser, Art. 5 EuGVÜ, Rn. 16; Fetsch, RIW 2002, 936/942; MünchKomm-*Gottwald*, Art. 5 EUGVÜ, Rn. 37.

380 Leible, IPRax 2003, 28/30.

381 Fetsch, RIW 2002, 936/942.

382 Staudinger, JZ 2003, 852/857; Leible, IPRax 2003, 28/30.

383 Leible, IPRax 2003, 28/30; vgl. auch Staudinger, JZ 2003, 852/857.

384 Staudinger, JZ 2003, 852/857.

generalpräventive Zielsetzung des § 661a BGB in den Blick, so spreche dies für eine Anwendbarkeit des Art. 5 Nr. 3 EuGVÜ[385].

Halte man den Art. 5 Nr. 3 EuGVÜ für einschlägig, so liege der Vorzug dieser Lösung darin, dass die Zuständigkeitsregel nicht nur die internationale, sondern auch die örtliche Zuständigkeit bestimme[386]. Gehe man von einer deliktsrechtlichen Qualifikation aus, so würden als „Ort, an dem das schädigende Ereignis eingetreten ist", sowohl der Handlungs- als auch der Erfolgsort in Betracht kommen[387]. Der Erfolg trete mit dem Empfang der Gewinnzusage und damit am Wohnsitz des Verbrauchers ein[388]. Die internationale und die von Art. 5 Nr. 3 EuGVÜ mitgeregelte örtliche Zuständigkeit seien damit am Wohnsitz des Empfängers gegeben[389].

(2) Stimmen gegen eine Anwendbarkeit des Art. 5 Nr. 3 EuGVÜ

Andere Stimmen sprechen sich gegen den deliktischen Gerichtsstand i.S.d. Art. 5 Nr. 3 EuGVÜ aus, da es im Falle von Gewinnzusagen an einem Schaden fehle und der deliktische Gerichtsstand indifferent hinsichtlich des Haftungsgrundes sei.

(a) Fehlendes Vorliegen eines Schadens

In ständiger Rechtsprechung stelle der EuGH für ein Eingreifen des Art. 5 Nr. 3 EuGVÜ darauf ab, dass mit der betreffenden Klage eine „Schadenshaftung" des Beklagten geltend gemacht werde[390], d.h. für den EuGH sei der „Schaden" der Kern des deliktischen Gerichtsstandes[391].

---

385 Leible, IPRax 2003, 28/30; Staudinger, JZ 2003, 852/857; Koch, ZZPInt 7 (2002), 272/277.

386 Staudinger, JZ 2003, 852/857.

387 Leible, IPRax 2003, 28/31 unter Hinweis auf EuGH, Urteil vom 30.11.1976, (Rs. 21/76), Slg. 1976, 1735 – *Handelskwekerij G.J. Bier B.V./Mines de Potasse d'Alsace SA;* EuGH, Urteil vom 11.1.1990 (Rs. C-220/88), Slg. 1990 I-49/79, Rn. 10 – *Dumez France SA und Tracoba SARL/Hessische Landesbank u.a.*; EUGH, Urteil vom 7.3.1995 (Rs. C-68/93), Slg. 1995, I-415/459, Rn. 20 – *Fiona Shevill, Ixora Trading Inc., Chequpoint SARL und Chequepoint International Ltd/Presse Alliance SA*; EuGH, Urteil vom 19.9.1995, Slg. 1995 I-2719/2738, Rn. 11 – *Antonio Marinari/Lloyds Bank plc und Zubaidi Trading Company*; EuGH, Urteil vom 27.10.1998 (Rs. C-51/97), Slg. 1998, I-6511/6544, Rn. 28 – Réunion européenne.

388 Vgl. Fetsch, RIW 2002, 936/942; Leible, IPRax 2003, 28/31 ; Rauscher/Schülke, EuLF 2000/01, 334/338.

389 Fetsch, RIW 2002, 936/942.

390 Vgl. beispielsweise: EuGH, Urteil vom 27.9.1988 (Rs. 189/87), NJW 1988, 3088/3089 – *Athanasios Kalfelis/Bankhaus Schröder, Münchmeyer, Hengst & Co.*

(aa) Kein Vermögensschaden

Wie im deutschen Recht werde das Vorliegen eines Vermögensschadens überall in Europa im Ausgangspunkt mittels der Differenzhypothese festgestellt[392]. Ein Vermögensschaden des Empfängers, der auszugleichen wäre, liege bei isolierten Gewinnzusagen nicht vor[393]: Als Schaden käme bei der Gewinnmitteilung nur eine Vermögenseinbuße in Betracht, die dadurch entstehen könnte, dass der Adressat im Vertrauen auf die in Aussicht gestellte Vermögensmehrung eine entsprechende Bestellung aufgäbe[394]. Ein solchermaßen definierter Schaden werde durch § 661a BGB aber weder ersetzt noch positiv oder negativ festgestellt[395].

(bb) Kein Nichtvermögensschaden

Bei Verneinung eines Vermögensschadens ließe sich der Anspruch aus § 661a BGB nur noch als deliktisch einordnen, wenn der durch diese Norm zuerkannte Gewinn sich als Ersatz für einen Nichtvermögensschaden verstehen ließe[396]. Dafür müsste man annehmen, dass § 661a BGB ein Recht des Verbrauchers schaffe, keine Gewinne vorgetäuscht zu bekommen[397]. Gegen eine solche Annahme sprächen jedoch die im Vergleich zu anderen immateriellen Schäden auch im europäischen Vergleich unverhältnismäßige absolute Höhe des Ersatzes[398] und die wenig plausible proportionale Verknüpfung der Ersatzhöhe mit der Höhe des zugesagten Gewinns[399].

---

u.a.; EuGH, Urteil vom 27.10.1998 (Rs. C-51/97), IPRax 2000, 210/212 – *Réunion européenne SA u.a./Spliethoff's Bevrachtingskantoor BV, Kapitän des Schiffes Alblasgracht V002*; EuGH, Urteil vom 17.9.2002 (Rs. C-334/00), NJW 2002, 3159 – *Officine Meccaniche Tacconi SpA/Heinrich Wagner Sinto Maschinenfabrik GmbH (HWS)*;EuGH, Urteil vom 1.10.2002 (Rs. C-167/00), NJW 2002, 3617– *Verein für Konsumenteninformation/Karl Heinz Henkel.*

391 Mörsdorf-Schulte, ZZPInt 8 (2003), 407/427.

392 Vgl. von Bar, Gemeineuropäisches Deliktsrecht, 2. Band, § 1, Rn. 148.

393 Häcker, ZVglRWiss 103 (2004), 464/488.

394 Angedacht von Mörsdorf-Schulte, ZZPInt 8 (2003), 407/428, die jedoch sofort darauf hinweist, dass einer solchen Schadensdefinition sich freilich schon entgegenhalten ließe, dass es sich angesichts der Vermögensverfügung des Geschädigten um eine Selbstschädigung handele.

395 Mörsdorf-Schulte, ZZPInt 8 (2003), 407/428.

396 Häcker, ZVglRWiss 103 (2004), 464/488.

397 Häcker, ZVglRWiss 103 (2004), 464/488.

398 Häcker, ZVglRWiss 103 (2004), 464/488 unter Hinweis auf die Rechtsprechungsnachweise bei von Bar, Gemeineuropäisches Deliktsrecht, 2. Band, § 1, Rn. 155 – 165.

399 Häcker, ZVglRWiss 103 (2004), 464/488.

(cc) Kein drohender Schaden

Des weiteren lasse sich mit Blick auf die auch in europäischer Sicht die Grundfunktion bildende Aufgabe des Deliktsrechts als Recht der Verlustkompensation nicht sagen, es sei gemeinsamer europäischer Standard des Deliktsrechts, dass der Präventionsgedanke allein schadensersatzrechtliche Normen rechtfertigen könnte[400]. Allerdings ließe sich angesichts der generalpräventiven Zielrichtung des § 661a BGB an eine Vorbeugung gegen das Drohen eines solchen Schadens denken[401]. Die Neufassung des Art. 5 Nr. 3 EuGVÜ in der EuGVO beseitige die insoweit bislang bestehenden Zweifel und stelle ausdrücklich klar, dass bereits das Drohen eines Schadens ausreiche[402]. Diese Klarstellung beziehe der EuGH auf das EuGVÜ zurück[403]. Jedoch drohe gerade in den von § 661a BGB erfassten Fällen niemals ein Schaden[404]. Denn der Gewinnauskehrungsanspruch entstehe bereits mit dem Empfang der Gewinnmitteilung, also zeitlich vor Aufgabe einer hiervon etwa veranlassten Bestellung[405]. Ein Vermögensschaden sei also von vornherein ausgeschlossen, weil der Gewinnauskehrungsanspruch einen mit einer etwaigen Bestellung zu saldierenden Vermögenswert darstelle[406].

Der Versuch, das Erfordernis der Schadenshaftung unter Hinweis auf die Zulassung der vorbeugenden Unterlassungsklage des EuGH in dem Urteil „Verein für Konsumenteninformation/Henkel" insgesamt auszuhebeln[407], könne auch nicht überzeugen, weil der EuGH die ständige Rechtsprechung zum Erfordernis der Schadenshaftung in der Entscheidung keineswegs aufgegeben, sondern ausdrücklich bekräftigt habe[408]. Die dort gemachte Äußerung, dass die Anwendbarkeit des Art. 5 Nr. 3 EuGVÜ „nicht vom tatsächlichen Vorliegen eines Schadens" abhänge, könne nicht als Verzicht auf das Schadenserfordernis verstanden werden[409]. Der Kontext der Entscheidung lasse vielmehr keinen Zweifel daran, dass

---

400 Häcker, ZVglRWiss 103 (2004), 464/489.

401 Mörsdorf-Schulte, ZZPInt 8 (2003), 407/429.

402 Mörsdorf-Schulte, ZZPInt 8 (2003), 407/429.

403 Mörsdorf-Schulte, ZZPInt 8 (2003), 407/429 unter Hinweis auf EuGH, Urteil vom 1.10.2002 (Rs. C-167/00), NJW 2002, 3617 ff., Rn. 39 – *Verein für Konsumteninformation/Karl Heinz Henkel.*

404 Mörsdorf-Schulte, ZZPInt 8 (2003), 407/429.

405 Mörsdorf-Schulte, ZZPInt 8 (2003), 407/429.

406 Mörsdorf-Schulte, ZZPInt 8 (2003), 407/429.

407 Wie dies von Leible, IPRax 2003, 28/31 versucht wird.

408 Mörsdorf-Schulte, ZZPInt 8 (2003), 407/437 unter Hinweis auf EuGH, Urteil vom 1.10.2002 (Rs. C-167/00), NJW 2002, 3617 ff., Rn. 36 und 41 – *Verein für Konsumteninformation/Karl Heinz Henkel.*

409 Mörsdorf-Schulte, ZZPInt 8 (2003), 407/437 f.; a.A. aber Leible, IPRax 2003, 28/31.

die Einschränkung nur den *Zeitpunkt* des Schadenseintritts betreffe, nicht aber einen Verzicht auf einen konkreten Schaden überhaupt darstelle[410]. Es werde nämlich auch in dieser Entscheidung als Grund für den besonderen deliktischen Gerichtsstand die Nähe des Gerichts am Ort des Schadenseintritts zum Streitgegenstand und die leichtere Beweisaufnahme angegeben[411]. Dies gelte unabhängig davon, ob der Schaden bereits eingetreten oder noch zu verhindern sei[412].

(b) Indifferenz hinsichtlich des Haftungsgrundes

Überhaupt sei unverständlich, wieso der BGH auf den verhaltensregulierenden Gesetzeszweck des § 661a BGB abstelle[413]. Dies würde Art. 5 Nr. 3 EuGVÜ in eine falsche Richtung einengen[414]. Der deliktische Gerichtsstand sei nämlich hinsichtlich des Haftungsgrundes indifferent, solange dieser nur nicht vertraglich sei[415]. Dass es nicht auf den Rechtsgrund der geltend gemachten Verpflichtung, sondern stattdessen auf das Anspruchsziel Schaden ankomme, bestätige auch der Umstand, dass weder Vindikations- noch Wertersatzansprüche erfasst seien, und zwar auch dann nicht, wenn der Bereicherte etwa das Geleistete böswillig zurückbehalte[416].

Wenn eine Haftung entscheidend von Sanktionsgedanken geprägt sei, spreche dies zudem unter dem Gesichtspunkt des Beklagtenschutzes ganz im Gegenteil eher dafür, es bei dem allgemeinen Gerichtsstand des Art. 2 EuGVÜ zu belassen[417]. Denn dieser allgemeine Gerichtsstand solle dem Beklagten die Verteidigung erleichtern[418]. Das sei der Grund, warum hiervon abweichende Zuständig-

---

410 Mörsdorf-Schulte, ZZPInt 8 (2003), 407/438.

411 Mörsdorf-Schulte, ZZPInt 8 (2003), 407/437 unter Hinweis auf EuGH, Urteil vom 1.10.2002 (Rs. C-167/00), NJW 2002, 3617 ff., Rn. 46 – *Verein für Konsumteninformation/Karl Heinz Henkel.*

412 Mörsdorf-Schulte, ZZPInt 8 (2003), 407/437 unter Hinweis auf EuGH, Urteil vom 1.10.2002 (Rs. C-167/00), NJW 2002, 3617 ff., Rn. 48 – *Verein für Konsumteninformation/Karl Heinz Henkel.*

413 Mörsdorf-Schulte, ZZPInt 8 (2003), 407/430.

414 Mörsdorf-Schulte, ZZPInt 8 (2003), 407/430.

415 Mörsdorf-Schulte, ZZPInt 8 (2003), 407/430.

416 Mörsdorf-Schulte, ZZPInt 8 (2003), 407/431 unter Hinweis auf Schlosser, Art. 5 EuGVO, Rn. 16 m.w.N.

417 Mörsdorf-Schulte, ZZPInt 8 (2003), 407/431.

418 Mörsdorf-Schulte, ZZPInt 8 (2003), 407/431 unter Hinweis auf EuGH, Urteil vom 17.6.1992 (Rs. C-26/91), Slg. 1992 I-3967 – *Jakob Handte & Co GmbH/Traitements mécano-chimiques des surfaces SA*; EuGH, Urteil vom 19.2.2002 (Rs. C-256/00), Slg. 2002 I-1699 – *Besix SA/Wasserreinigungsbau Alfred Kretzschmar GmbH & Co. KG (WABAG) und Planungs- und Forschungsgesellschaft Dipl. Ing. W. Kretzschmar GmbH & KG (Plafog).*

keitsregeln nicht extensiv ausgelegt werden dürften[419] und die Auslegung sich eng an ihrem jeweiligen Zweck orientieren müsse[420]. Das vom EuGVÜ angestrebte Zuständigkeitsgleichgewicht unter den Parteien verlange im Hinblick auf Art. 5 Nr. 3 EuGVÜ, den Beklagten auch vor möglicherweise unberechtigten Angriffen in Schutz zu nehmen[421].

Nur unter engen Voraussetzungen müsse der favor defensoris weichen[422]. Der EuGH mute dem Beklagten die Belastung mit dem besonderen deliktischen Gerichtsstand ausschließlich im Hinblick auf die anzunehmende größere Sachnähe des Gerichts am Ort der Schadensverursachung oder des Schadenserfolges zu[423]. Ausschließlich diese begründe die das Abweichen vom allgemeinen Gerichtsstand rechtfertigende besonders enge Beziehung zwischen einer Streitigkeit und dem zu ihrer Entscheidung berufenen Gericht[424]. Gebe es aber keinen Schaden, so könne auch kein Gericht eine besondere Sachnähe zu dessen Vorliegen, Verursachung, Drohen oder diesbezüglichen Nebenansprüchen aufweisen[425].

(3) Stellungnahme

Das fehlende Vorliegen eines Schadens wird zutreffend moniert und steht der Annahme eines deliktischen Gerichtsstandes i.S.d. Art. 5 Nr. 3 EuGVÜ entgegen. Hinsichtlich der wettbewerbsrechtlichen Qualifikation, die zu einer Anwendbarkeit des Art. 5 Nr. 3 EuGVÜ führen würde, lässt sich ergänzend Folgendes kritisch anmerken: Obwohl das Versenden einer Gewinnzusage wettbewerbswidrig ist, spricht gegen eine wettbewerbsrechtliche Qualifikation der Standort des § 661a im BGB statt im ebenfalls denkbaren UWG. Außerdem werden nach der Konzeption des Wettbewerbsrechts die Wettbewerber instrumentalisiert, gegen unlauteres Vorgehen einzuschreiten und eben nicht der einzelne Verbraucher.

Der Gerichtsstand des Art. 5 Nr. 3 EuGVÜ ist daher bei Gewinnzusagen nicht einschlägig.

---

419 Mörsdorf-Schulte, ZZPInt 8 (2003), 407/431 unter Hinweis auf EuGH, Urteil vom 27.9.1988 (Rs. 189/87), NJW 1988, 3088 – *Athanasios Kalfelis/Bankhaus Schröder, Münchmeyer, Hengst & Co. u.a.*

420 Mörsdorf-Schulte, ZZPInt 8 (2003), 407/431.

421 Mörsdorf-Schulte, ZZPInt 8 (2003), 407/431.

422 Mörsdorf-Schulte, ZZPInt 8 (2003), 407/431.

423 Mörsdorf-Schulte, ZZPInt 8 (2003), 407/431 unter Hinweis auf EuGH, Urteil vom 30.11.1976, (Rs. 21/76), Slg. 1976, 1735 – *Handelskwekerij G.J. Bier B.V./Mines de Potasse d'Alsace SA.*

424 Mörsdorf-Schulte, ZZPInt 8 (2003), 407/431.

425 Mörsdorf-Schulte, ZZPInt 8 (2003), 407/431.

bb) Anwendbarkeit des Art. 13 Abs. 1 Nr. 3 EuGVÜ

Des weiteren finden sich im Schrifttum Stimmen, die sich für bzw. gegen eine Anwendbarkeit des Art. 13 Abs. 1 EuGVÜ aussprechen.

(1) Stimmen für eine Anwendbarkeit des Art. 13 Abs. 1 Nr.3 EuGVÜ

Die verschiedenen Ansichten, die eine direkte oder analoge Anwendung des Art. 13 EuGVÜ auch im Falle isolierter Gewinnzusagen bejahen, setzen mit ihren Begründungen unterschiedlich an.

(a) Direkte Anwendung des Art. 13 Abs. 1 Nr. 3 EuGVÜ

Eine Auffassung gelangt zu dem Ergebnis einer direkten Anwendung des Art. 13 Abs. 1 Nr. 3 EuGVÜ unter Bezugnahme auf den im Zusammenhang mit isolierten Gewinnzusagen häufig anzutreffenden Telephon-Dienstleistungsvertrag. Hierbei wird erwogen, die Inanspruchnahme der „0190-Nummer“ als Dienstleistung i.S.v. Art. 13 Abs. 1 Nr. 3 EuGVÜ zu qualifizieren, und dann den Anspruch nach § 661a BGB entsprechend der in Gabriel gewählten Argumentation mit Blick auf diesen Dienstleistungsvertrag, um den es dem Unternehmer ja auch ausschließlich gehe, unter Art. 13 EuGVÜ zu subsumieren[426].

(b) Analoge Anwendung des Art. 13 Abs. 1 Nr. 3 EuGVÜ

Nach anderen Stimmen soll Art. 13 Abs. 1 Nr. 3 EuGVÜ im Falle von Gewinnzusagen zumindest analog anwendbar sein.

Nach einer Ansicht hätte die Möglichkeit einer Anwendung des Art. 13 Abs. 1 Nr. 3 EuGVÜ für alle Formen von Gewinnzusagen offengestanden[427]– also auch für isolierte Gewinnzusagen. Der rechtsgeschäftliche Ursprung der Haftung führe dazu, dass die Einstandspflicht des Gewinnmitteilungsversenders auf der Grundlage des deutschen Zivilrechtsverständnisses zumindest „verbrauchervertragsähnliche“ Züge trage[428]. Schließlich handele es sich um eine geschäftsähnliche Handlung, die nur im Verhältnis zwischen Verbraucher und Unternehmer besondere Folgen für den Unternehmer auslöse[429]. Die Vornahme einer geschäftsähnlichen Handlung, die im Bereich des nationalen Rechts den Haftungs-

426 Oberhammer, ZZP 117 (2004), 92/96.
427 Tamm/Gadtke, VuR 2006, 169/175.
428 Tamm/Gaedtke, VuR 2006, 169/175.
429 Tamm/Gaedtke, VuR 2006, 169/174.

grund des § 661a BGB ausmache, decke sich auf der Ebene des supranationalen Rechts mit dem (Verbraucher-) Vertragsbegriff des EuGH[430]. Auf der Grundlage des weiten Vertragsverständnisses des EuGH und im Hinblick auf Verbraucher und Unternehmer als agierende Parteien sei die Möglichkeit einer Anwendung des Art. 13 EuGVÜ zumindest auf Grund einer Analogie eröffnet[431].

Eine weitere Ansicht nimmt ebenfalls eine analoge Anwendung des Art. 13 Abs. 1 EuGVÜ bei isolierten Gewinnzusagen an[432], unterscheidet sich jedoch in der Begründung: Der Zweck des Art. 13 Abs.1 Nr. 3 EuGVÜ greife schon dann ein, wenn die Gewinnzusage insofern in Zusammenhang mit einem angestrebten Vertrag i.S.v. Art. 13 Abs. 1 Nr. 3 EuGVÜ stehe, da durch die Gewinnzusage die Bereitschaft des Verbrauchers zum Abschluss eines solchen Vertrages gefördert werden sollte[433].

(2) Stimmen gegen eine Anwendbarkeit des Art. 13 Abs. 1 Nr. 3 EuGVÜ

Die Gegenansicht folgert aus der Argumentation des EuGH das Erfordernis einer Entgeltlichkeit als weitere Voraussetzung für ein Vorliegen des Art. 13 Abs. 1 Nr. 3 EuGVÜ: Der EuGH gehe in seiner Entscheidung „Engler" davon aus, dass in den sachlichen Anwendungsbereich der Norm überhaupt nur Verträge fallen könnten, in deren Rahmen die Parteien „synallagmatische Verpflichtungen" eingegangen seien. Gefordert sei also Entgeltlichkeit[434]. Daran fehle es jedoch bei den meisten Gewinnzusagen, da die Einforderung von „Bearbeitungsgebühren" das Risiko des Versenders, sich nicht nur wettbewerbsrechtlichen Ansprüchen, sondern vor allem strafrechtlicher Verfolgung auszusetzen, eklatant erhöhe[435].

(3) Stellungnahme

Der Verbrauchervertragsbegriff in Art. 13 Abs. 1 Nr. 3 EuGVÜ ist sehr viel enger als der von Art. 5 Nr. 1 EuGVÜ erfasste Vertragsbegriff. Um eine Anwendbarkeit des Art. 13 Abs. 1 Nr. 3 EuGVÜ bejahen zu können, muss ein synallagmatischer Vertrag vorliegen. Von diesem ein Erfordernis der Entgeltlichkeit ableiten zu wollen, führt jedoch zu weit. Vielmehr sind lediglich wechselseitige

430 Tamm/Gaedtke, VuR 2006, 169/175.
431 Tamm/Gaedtke, VuR 2006, 169/175.
432 Leipold, FS-Musielak, 317/332.
433 Leipold, FS-Musielak, 317/332.
434 Leible, NJW 2005, 796/797; vgl. bereits Piekenbrock/Schulze, IPRax 2003, 328/330.
435 Leible, NJW 2005, 796/797.

Verpflichtungen unabdingbar, ob diese dabei entgeltlicher Natur sind oder nicht, kann allerdings dahinstehen.

Durch eine Gewinnzusage wird lediglich der Versender verpflichtet. Die teilweise geforderten Mitwirkungshandlungen wie das Anfordern des Gewinnes sind keine entsprechenden wechselseitigen Verpflichtungen der Adressaten. Vielmehr besteht der Anspruch nach § 661a BGB stets ab dem Zugang beim Empfänger. Folglich mangelt es bei isolierten Gewinnzusagen an synallagmatischen Verpflichtungen, die einen enger gefassten Verbrauchervertrag gemäß Art. 13 Abs. 1 Nr. 3 EuGVÜ begründen könnten.

Die verschiedenen Ansichten, die sich für die direkte bzw. analoge Anwendung des Art. 13 Abs. 1 Nr. 3 EuGVÜ aussprechen, verkennen daher in ihrer Argumentation die unterschiedliche Tragweite des Vertragsbegriffs bei Art. 13 Abs. 1 Nr. 3 EuGVÜ und Art. 5 Nr. 1 EuGVÜ. Nur ein Vertrag i.S.d. Art. 5 Nr. 1 EuGVÜ beschränkt sich auf das Erfordernis einer freiwillig eingegangenen Verpflichtung[436], während Art. 13 Abs. 1 Nr. 3 EuGVÜ synallagmatische Verpflichtungen voraussetzt, an denen es bei einer isolierten Gewinnzusage fehlt.

Die Erwägung, auf den Telephon-Dienstleistungsvertrag Bezug zu nehmen, stützt sich auf die Überlegung, dass es dem Versender eigentlich auf diesen ankomme und daher auch die isolierte Gewinnzusage akzessorisch zu behandeln sei. Ein solch akzessorischer Gleichlauf mag für den Fall einer Bestell-Verpflichtung im Zusammenhang mit einer Gewinnzusage aus Gründen der Prozessökonomie angemessen sein, läuft hingegen bei isolierten Gewinnzusagen ins Leere. Außerdem fehlt es an einem vergleichbaren inneren untrennbaren Zusammenhang, der eine akzessorische Behandlung rechtfertigen würde.

Auch die Auffassung, die einen solchen Zusammenhang aus der ratio der Gewinnzusage ableiten möchte, ist abzulehnen. Während bei verkaufsakzessorischen Gewinnzusagen eine Bestellung ausdrücklich Voraussetzung für den Erhalt des Gewinnes ist, fehlt bei isolierten Gewinnzusagen solch ein Erfordernis. Teilweise liegt bei isolierten Gewinnzusagen trotzdem ein Bestell-Katalog bei mit der Ermunterung, eine „unverbindliche Test-Anforderung" zu tätigen. Die Annahme, die Gewinnzusage fördere die Bereitschaft des Verbrauchers zum Abschluss eines solchen – nicht zwingend erforderlichen – Vertrages, erscheint eher fragwürdig. In den meisten Fällen wird sich der glückliche „Gewinner" wohl darauf beschränken, seinen Preis anzufordern.

---

436 EuGH, Urteil vom 17.6.1992 (Rs. C-26/91), Slg. I-3967 – *Jakob Handte & Co GmbH/Traitements mécano-chimiques des surfaces SA*; EuGH, Urteil vom 27.10.1998 (Rs. C-51/97), IPRax 2000, 210/212 – *Réunion européenne SA u.a./Spliethoff's Bevrachtingskantoor BV, Kapitän des Schiffes Alblasgracht V002*; EuGH, Urteil vom 17.9.2002 (Rs. C-334/00), NJW 2002, 3159 – *Officine Meccaniche Tacconi SpA/Heinrich Wagner Sinto Maschinenfabrik GmbH (HWS).*

Die direkte bzw. analoge Annahme des verbrauchervertraglichen Gerichtsstandes i.S.d. Art. 13 I EuGVÜ ist daher für den Fall isolierter Gewinnzusagen abzulehnen.

cc) Anwendbarkeit des Art. 5 Nr. 1 EuGVÜ

Während sich eine Vielzahl von Stimmen für eine Anwendbarkeit des Vertragsgerichtsstandes i.S.d. Art. 5 Nr. 1 EuGVÜ ausspricht, wird auch daran Kritik geäußert.

(1) Stimmen für eine Anwendbarkeit des Art. 5 Nr. 1 EuGVÜ

Ein Teil des Schrifttums[437] hält den Vertragsgerichtsstand i.S.d. Art. 5 Nr. 1 EuGVÜ für anwendbar. In Übereinstimmung mit dem EuGH[438] wird davon ausgegangen, dass für Art. 5 Nr. 1 EuGVÜ kein Vertrag im Sinne der klassischen Definition abgeschlossen sein müsse, sondern eine von einer Partei gegenüber einer anderen freiwillig eingegangene Verpflichtung ausreiche. Es komme folglich darauf an, ob § 661a BGB einen Anspruch begründe, der auf einer freiwillig eingegangenen Verpflichtung beruhe[439].

Zwar habe der Unternehmer regelmäßig nicht den Willen, die Gewinnzusage auch einzuhalten. Zutreffend gehe jedoch der EuGH in Übereinstimmung mit dem Schlussantrag des Generalanwalts[440] davon aus, dass die Frage, ob der Unternehmer tatsächlich leisten wolle oder nicht, für die Einordnung der Gewinnzusage als vertraglich keine Rolle spiele. Liege der äußere Tatbestand einer vertragskonstitutiven Erklärung vor, könne es gerade für die Einordnung im Rahmen

---

437 Häcker, ZVglRWiss 103 (2004), 464/489; Micklitz, EWS 2006 1/12; Pfeiffer, LMK 2003, 79/80; Lorenz, IPRax 2002, 192/193 f.; Dörner, FS-Kollhosser, 75/84; Feuchtmeyer, NJW 2002, 3598/3599; Piekenbrock/Schulze, IPRax 2003, 328/332.

438 Vgl. etwa EuGH, Urteil vom 21.6.1978 (Rs. C-150/77), Slg. 1978, 1431 – *Société Bertrand/Paul Ott KG*; EuGH, Urteil vom 17.6.1992 (Rs. C-26/91), Slg. I-3967 – *Jakob Handte & Co GmbH/Traitements mécano-chimiques des surfaces SA*; EuGH, Urteil vom 3.7.1997 (Rs. C-269/95), Slg. 1997 I-3767 – *Francesco Benincasa/Dentalkit Srl.*; EuGH, Urteil vom 27.10.1998 (Rs. C-51/97), IPRax 2000, 210/212 – *Réunion européenne SA u.a./Spliethoff's Bevrachtingskantoor BV, Kapitän des Schiffes Alblasgracht V002*; EuGH, Urteil vom 17.9.2002 (Rs. C-334/00), NJW 2002, 3159 – *Officine Meccaniche Tacconi SpA/Heinrich Wagner Sinto Maschinenfabrik GmbH (HWS)*; EuGH, Urteil vom 20.1.2005 (Rs. C-27/02), NJW 2005, 811 ff. – *Petra Engler/Janus Versand GmbH.*

439 Pfeiffer, LMK 2003, 79/80.

440 Vgl. Schlussantrag des Generanwalts Jacobs vom 8.7.2004 (Rs. C-27/02), Slg. 2005 I-481 – *Petra Engler/Janus Versand GmbH.*

des auf formale Anknüpfungspunkte angewiesenen EuGVÜ nicht darauf ankommen, ob der Erklärende das Erklärte insgeheim vielleicht gar nicht wollte[441]. Entscheidend sei allein, das der Versender freiwillig eine den Anforderungen an den äußeren Anschein einer vertragskonstitutiven Erklärung genügende Erklärung abgegeben habe, die der Verbraucher zumindest konkludent angenommen habe[442].

(2) Stimmen gegen eine Anwendbarkeit des Art. 5 Nr. 1 EuGVÜ

Dem wird allerdings entgegengehalten, dass die Haftung aus einer Gewinnzusage nicht auf einem freiwilligen Leistungsversprechen des Unternehmers beruhe, sondern auf der gesetzlichen Anordnung des § 661a BGB[443]. Der Unternehmer hafte nicht, weil er wolle, sondern weil er solle[444]. Eine solche Handlung könne kaum als freiwillige Verpflichtung angesehen werden[445].

(3) Stellungnahme

Dieser Kritik lässt sich freilich Folgendes entgegnen: Durch die gesetzliche Verankerung des § 661a BGB weiß der Unternehmer von vornherein genau, worauf er sich einlässt. Vergleichbar dem Gesetzlichkeits-Prinzip im Strafrecht kann er sich folglich nicht mit der Begründung, er habe nichts von der gesetzlich angeordneten Haftung gewusst, der Haftung entziehen. Jeder potentielle Versender kann vielmehr schwarz auf weiß in einfachen Worten formuliert in § 661a BGB nachlesen, was ihn erwartet, wenn er den Eindruck erweckt, er wolle freiwillig etwas leisten. Außerdem wird in einschlägigen Schreiben stets der unbedingte Wille zur Auszahlung durch schwülstige Formulierungen explizit beschworen. Oft wird auf geradezu überschwängliche Weise der Freude Ausdruck verliehen, dem Adressat schnellstmöglich seinen „Gewinn" zukommen lassen zu wollen. Im Gegensatz dazu finden sich etwaige Einschränkungen der Freiwilligkeit nur sehr klein an versteckter Stelle. Versender von Gewinnzusagen bemühen sich demnach durch Inhalt und Gestaltung der Gewinnmitteilung bei Empfänger den Eindruck hervorzurufen, an ihn freiwillig leisten zu wollen. Die gesetzliche Verankerung steht der Freiwilligkeit nicht entgegen. Vielmehr „erinnert" die Norm den Versender an sein lauthals propagiertes Freiwillig-Leisten-Wollen.

---

441 Häcker, ZVglRWiss 103 (2004), 464/486.
442 Häcker, ZVglRWiss 103 (2004), 464/486.
443 Felke/Jordans, EWS 2005, 229.
444 Felke/Jordans, EWS 2005, 229.
445 Felke/Jordans, EWS 2005, 229.

Somit ist im Falle einer Gewinnzusage von einer freiwillig eingegangenen Verpflichtung des Versenders auszugehen. Demnach ist im Ergebnis der Vertragsgerichtsstand i.S.d. Art. 5 Nr. 1 EuGVÜ zu bejahen.

c) Zwischenergebnis

Wird für Klagen aus grenzüberschreitenden isolierten Gewinnzusagen der Vertragsgerichtsstand i.S.d. Art. 5 Nr. 1 EuGVÜ bejaht, so steht damit noch nicht fest, welches konkrete Gericht international und örtlich zuständig ist. Art. 5 Nr. 1 EuGVÜ spricht von dem Gericht des Ortes, an dem die Verpflichtung erfüllt worden ist oder zu erfüllen wäre. Zur Feststellung des konkret international und örtlich zuständigen Gerichtes muss folglich in einem weiteren Schritt der hierfür relevante Erfüllungsort lokalisiert werden.

aa) Anwendbarkeit des Art. 5 Nr. 1 EuGVÜ

Nach dem mithin eröffneten Art. 5 Nr. 1 HS 1 EuGVÜ ist das Gericht des Ortes international und örtlich zuständig, an dem die Verpflichtung erfüllt worden ist oder zu erfüllen wäre[446]. Die Anschlussfrage, wo die aus der Gewinnzusage erwachsende Verpflichtung zu erfüllen ist, ist nicht einkommensautonom zu beantworten; maßgeblich ist vielmehr das – nach dem internationalen Privatrecht des angerufenen Gerichts – zu bestimmende nationale Recht[447]. Trotz kritischer Vorlagefragen nationaler Gerichte[448] und abweichender Schlussanträge seiner Gene-

---

446 Die Verfasser des EuGVÜ orientierten sich bei der Formulierung des Art. 5 Nr. 1 an dem deutschen Vorbild des § 29 ZPO.

447 Ständige Rechtsprechung des EuGH seit EuGH, Urteil vom 6.10.1976 (Rs. C-12/76), Slg. 1976, 1473 – *Industrie Tessili Italiana Como/Dunlop AG*; vgl. etwa EuGH, Urteil vom 15.1.1987 (Rs. C-266/85), Slg. 1987, 239 – *H. Shenavai/K. Kreischer*; EuGH, Urteil vom 29.6.1994 (Rs. C-288/92), Slg. 1994 I-2913 – *Custom Made Commercial Ltd/Stawa Metallbau GmbH*; EuGH, Urteil vom 5.10.1999 (Rs. C-420/97), Slg. 1999 I-6747 – *Leathertex Divisione Sintetici SpA/Bodetex* BVBA; EuGH, Urteil vom 28.9.1999 (Rs. C-440/97), Slg. 1999 I-6307 – *GIE Groupe Concorde u.a./Kapitän des Schiffes „Suhadiwarno Panjan" u.a.*; EuGH, Urteil vom 19.2.2002 (Rs. C-256/00), Slg. 2002 I-1699 – *Besix SA gegen Wasserreinigungsbau Alfred Kretzschmar GmbH & C. KG (WABAG) und Planungs- und Forschungsgesellschaft Dipl. Ing. W. Kretzschmar GmbH & KG (Plafog)*; vgl. auch BGH, Urteil vom 1.12.2005 (Az. III ZR 191/03), JZ 2006, 519/521; BGH vom 31.1.1991 (Az. III ZR 150/88), NJW 1991, 3095 ff.

448 BGH, Vorlagebeschluss vom 26.3.1992 (Az. VII ZR 258/91), IPRax 1992, 373 ff.; Cour de cassation (Chambre commerciale), Vorlagebeschluss vom 9.12.1997, Revue critique de droit international privé 1998, 117 ff.

ralanwälte[449], beharrt der EuGH auf einer Qualifikation des Erfüllungsortes nach der lex causae[450]. Zur Begründung für eine derartige Qualifikation wird angeführt, dass die Unterschiede zwischen den nationalen Regelungen des Vertragsrechts nach wie vor zu groß seien und eine einheitliche autonome Bestimmung des Erfüllungsortes deshalb nicht möglich sei[451]. Ein Teil der Literatur[452] und die deutsche Rechtsprechung[453] folgen aus diesem Grunde zu Recht dem EuGH und sprechen sich ebenfalls für eine Qualifikation des Erfüllungsortes nach der lex causae aus.

bb) Lokalisierung des Erfüllungsortes

Ist ein deutsches Gericht angerufen, so sind bei der Frage des Erfüllungsortes demnach zwei Problemkreise zu unterscheiden: Zunächst ist umstritten, welche Norm aus dem EGBGB bei grenzüberschreitenden Gewinnzusagen Anwendung findet.

Sollte die betreffende Norm des EGBGB deutsches Recht berufen, so ist dann in einem zweiten Schritt zu überlegen, wo bei grenzüberschreitenden Gewinnzusagen nach deutschem Recht der Leistungsort zu lokalisieren ist.

---

449 Vgl. beispielsweise Generanwalt Lenz, Schlussantrag vom 8.3.1994 (Rs. C-288/92), Slg. 1994, I-2913 – *Custom Made Commercial Ltd/Stawa Metallbau GmbH*.

450 EuGH, Urteil vom 29.6.1994 (Rs. C-288/92), Slg. 1994 I-2913 – *Custom Made Commercial Ltd/Stawa Metallbau GmbH*. So nahm der EuGH es im Interesse der Rechtssicherheit ausdrücklich hin, dass die Maßgeblichkeit des Einheitskaufrechts bei Geldschulden zu einem Klägergerichtsstand des Verkäufers führt und setzte sich damit über die Bedenken des vorlegenden BGH und des Generalanwalts hinweg; vgl. auch EuGH, Urteil vom 28.9.1999 (Rs. C-440/97), Slg. 1999 I-6307 – *GIE Groupe Concorde u.a./Kapitän des Schiffes „Suhadiwarno Panjan“ u.a.*; EuGH, Urteil vom 5.10.1999 (Rs. C-420/97), Slg. 1999 I-6747 – *Leathertex Divisione Sintetici SpA/Bodetex* BVBA.

451 Vgl. EuGH, Urteil vom 29.6.1994 (Rs. C-288/92), Slg. 1994, I-2913 – *Custom Made Commercial Ltd/Stawa Metallbau GmbH*.

452 Vgl. etwa Schlosser, Art. 5 EuGVÜ, Rn. 10; MünchKommZPO-*Gottwald*, Art. 5 EuGVÜ, Rn. 20; Wieczorek/Schütze-*Hausmann*, Art. 5 EuGVÜ, Rn. 23; Kropholler, Art. 5 EuGVÜ, Rn. 19.

453 Vgl. beispielsweise BGH, Beschluss vom 28.3.1979 (Az. VIII ZB 1/78), MDR 1979, 931; BGH, Urteil vom 16.1.1981 (Az. I ZR 84/78), NJW 1981, 1905 f.; BGH, Urteil vom 11.12.1996 (Az. VIII ZR 154/95), BGHZ 134, 201 ff.; BGH, Urteil vom 2.10.2002 (Az. VIII ZR 163/01), NJW-RR 2003, 192 ff.

(1) Die für Gewinnzusagen maßgebliche Kollisionsnorm

Die konkret streitige Verpflichtung[454] bei isolierten Gewinnmitteilungen ist die Verpflichtung zur Auszahlung der zugesagten Summe[455]. Folglich ist die Qualifikation dieser Verpflichtung entscheidend für die maßgebliche Kollisionsnorm im deutschen IPR. Auf internationalprivatrechtlicher Ebene spiegeln sich natürlich auch die unterschiedlichen Positionen bei der Bestimmung der Rechtsnatur des § 661a BGB wieder[456]. Dementsprechend werden hinsichtlich der für Gewinnzusagen maßgeblichen Kollisionsnorm unterschiedliche Auffassungen vertreten. Sachgerecht erscheint jedoch lediglich die dogmatische Verortung im nationalen Recht als geschäftsähnliche Handlung, so dass nur eine auf diesem Verständnis basierende Qualifikation zu einem angemessenen Ergebnis führen kann[457].

(a) Anwendbarkeit der Art. 27 ff. EGBGB

Sollten die Art. 27 ff. EGBGB direkt[458] bzw. analog[459] Anwendung finden, so kämen Art. 28 EGBGB und Art. 29 EGBGB als maßgebliche Kollisionsnormen in Betracht.

454 Nach EuGH, Urteil vom 6.10.1976 (Rs. 14/76), Slg. 1976, 1497 – *ETS. A. de Bloos SPRL/Société en commandite par actions Bouyer* ist stets auf die konkret zwischen den Parteien streitige Verpflichtung abzustellen; seitdem ständige Rechtsprechung des EuGH: EuGH, Urteil vom 15.1.1987 (Rs. C-266/85), Slg. 1987, 239 – *H. Shenavai/K. Kreischer*; EuGH, Urteil vom 29.6.1994 (Rs. C-288/92), Slg. 1994 I-2913 – *Custom Made Commercial Ltd/Stawa Metallbau GmbH*; EuGH, Urteil vom 28.9.1999 (Rs. C-440/97), Slg. 1999 I-6307 – *GIE Groupe Concorde u.a./Kapitän des Schiffes „Suhadiwarno Panjan" u.a.*; EuGH, Urteil vom 19.2.2002 (Rs. C-256/00), Slg. 2002 I-1699 – *Besix SA/Wasserreinigungsbau Alfred Kretzschmar GmbH & C. KG (WABAG) und Planungs- und Forschungsgesellschaft Dipl. Ing. W. Kretzschmar GmbH & KG (Plafog).*

455 Blobel, VuR 2005, 164/167; Leible, IPRax 2003, 28/30; Lorenz, IPRax 2002, 192/194 m. Fn. 23.

456 Dörner, FS-Kollhosser, 75/85.

457 Eine Erörterung der deliktischen Qualifikation mit Art. 40 EGBGB als maßgeblicher Kollisionsnorm kann daher aus den bereits dargestellten Gründen unterbleiben.

458 MünchKomm-*Martiny*, Art. 28 EGBGB, Rn. 430.

459 Lorenz/Unberath, IPRax 2005, 219/223, Lorenz, LMK 2003, 217/218 sprechen sich für eine analoge Anwendung aus, da Gegenstand der Anknüpfung nicht ein Rechtsgeschäft, sondern eine geschäftsähnliche Handlung ist. Ebenfalls für Art. 27 ff. entsprechend: Looschelders, Vorbem. zu Art. 27-37 EGBGB, Rn. 9.

(aa) Anwendbarkeit des Art. 28 EGBGB

Vorbehaltlich einer wirksamen Rechtswahl[460] unterliegt der Vertrag nach Art. 28 Abs. 1 S.1 EGBGB dem Recht des Staates, mit dem er die engsten Verbindungen aufweist. Nach Art. 28 Abs. 2 S.1 EGBGB wird vermutet, dass der Vertrag die engsten Verbindungen mit dem Staat aufweist, in dem die Partei, welche die charakteristische Leistung zu erfüllen hat, im Zeitpunkt des Vertragsschlusses ihre Hauptverwaltung hat. Bedenkt man, dass sich bei grenzüberschreitenden Gewinnzusagen die Hauptverwaltung bzw. die Hauptniederlassung i.S.d. Art. 28 Abs. 2 S.2 EGBGB meist im EU-Ausland befindet, so gelangt man in den meisten Fällen zu einer Anwendung ausländischen Sachrechts als Heimatrecht des Versenders.

Nur in einem Fall wie „Engler“, bei dem ein deutscher Versender der Erbringer der charakteristischen Leistung i.S.d. Art. 28 EGBGB war, wäre deutsches Rechts als Recht des ständigen Aufenthaltes des Leistungserbringers anzuwenden[461]. Mittlerweile werden deshalb grenzüberschreitende Gewinnzusagen meist aus EU-Ländern versandt, in denen keine § 661a BGB vergleichbare Regelung besteht, so dass Klagen mangels Anspruchsgrundlage im Recht des relevanten ausländischen EU-Staates abzuweisen wären. Ist das Vertragsrecht eines dieser Länder anwendbar, so ist die Chance, über Art. 5 Nr. 1 EuGVÜ zu einem deutschen Gerichtsstand zu kommen, daher gering[462].

Abhilfe könnte möglicherweise Art. 28 Abs. 5 EGBGB schaffen, wonach die Vermutung des Abs. 2 nicht gilt, wenn sich aus der Gesamtheit der Umstände ergibt, dass der Vertrag engere Verbindungen mit einem anderen Staat aufweist[463].

Gegen ein solches Vorgehen wird jedoch zutreffend eingewandt, dass man eine engere Verbindung zum Staat des gewöhnlichen Aufenthalts des Verbrauchers nur dann annehmen könnte, wenn es möglich wäre, direkt mit dem Verbraucherschutz zu argumentieren[464]. Damit würde man allerdings die in Art. 29 Abs. 2 EGBGB enthaltende Spezialregelung ganz überspielen[465].

Art. 28 EGBGB ist daher als maßgebliche Kollisionsnorm für grenzüberschreitende Gewinnzusagen abzulehnen.

---

460 Vgl. zur Rechtswahl im Zusammenhang mit Gewinnzusagen: Häcker, ZVglRWiss 103, 464/496 ff.; MünchKomm-*Martiny*, Art. 28 EGBGB, Rn. 431.

461 Blobel, VuR 2005, 164/167.

462 Vgl. ausführlich dazu: Mörsdorf-Schulte, JZ 2005, 770/777.

463 Dies erwägend: Blobel/Rösler, JR 2006, 441/442; Lorenz/Unberath, IPRax 2005, 219/223; MünchKomm-*Martiny*, Art. 28 EGBGB, Rn. 432.

464 Häcker, ZVglRWiss 103 (2004), 464/496.

465 Häcker, ZVglRWiss 103 (2004), 464/496.

(bb) Anwendbarkeit des Art. 29 EGBGB

Es findet sich außerdem der Ansatz, Art. 29 EGBGB bei grenzüberschreitenden Gewinnzusagen anzuwenden[466].

Es ist jedoch zu bedenken, dass eine Gewinnzusage weder die Lieferung einer beweglichen Sache, noch die Erbringung einer Dienstleistung bzw. die Finanzierung eines Verbrauchervertrages zum Gegenstand hat und damit nicht die Voraussetzungen des Art. 29 Abs. 1 EGBGB erfüllt[467].

Einige Stimmen in der Literatur sprechen sich trotzdem für eine zumindest analoge Anwendung des Art. 29 EGBGB aus[468]. In Anbetracht der notwendigen Grenzen für die Analogiebildung sei hierfür lediglich erforderlich, dass der Vertrieb durch den Unternehmer bei dem in Bezug genommenen Verhalten gegenüber dem Verbraucher ebenso starke und spezifische Bezüge zum Aufenthaltsland des Verbrauchers aufweise, wie in den von Art. 29 EGBGB direkt angesprochenen Fällen und ein kollisionsrechtliches Schutzbedürfnis des Verbrauchers unabweisbar sei[469]. Diese Voraussetzungen seien bei isolierten Gewinnzusagen mit Auslandsbezug zweifellos erfüllt[470].

Dagegen wird allerdings zutreffend eingewandt, dass eine analoge Anwendung des Art. 29 EGBGB nicht hinreichend berücksichtige, dass der Gesetzgeber mit dieser Bestimmung ein spezifisches, in sich abgeschlossenes Regelungsziel verfolgt habe, das die Gerichte nicht nach Gutdünken erweitern sollten[471]. Außerdem sei zu bedenken, dass im Rahmen einer konventionsgleichen Auslegung Art. 29 EGBGB parallel zu dem zuständigkeitsrechtlichen Pendant in Art. 13 EuGVÜ auszulegen sei[472]. Wie bereits ausführlich dargelegt, ist allerdings Art. 13 EuGVÜ bei grenzüberschreitenden isolierten Gewinnzusagen zuständigkeitsrechtlich nicht einschlägig, so dass auch in materiellrechtlicher Hinsicht ein Anknüpfung an Art. 29 EGBGB abzulehnen ist.

---

466 Vgl. beispielsweise aus der Rechtsprechung: OLG Hamm, Urteil vom 25.11.2002 (Az. 8 U 65/02), IPRspr 2002, Nr. 155, 403 ff.

467 Vgl. Lorenz/Unberath, IPRax 2005, 219/223; Felke/Jordans, IPRax 2004, 409/411.

468 Tamm/Gaedtke, VuR 2006, 169/176; Leipold, FS-Musielak, 317/334; Dörner, FS-Kollhosser, 75/86.

469 Tamm/Gaedtke, VuR 2006, 169/176.

470 Tamm/Gaedtke, VuR 2006, 169/176.

471 Vgl. BGH, Urteil vom 1.12.2005 (Az. III ZR 191/03), JZ 2006, 519/522; Lorenz/Unberath, IPRax 2005, 219/223. Eine analoge Erstreckung der Vorschrift auf andere als die erfassten Vertragstypen wird grundsätzlich abgelehnt: Vgl. BGH, Urteil vom 19.3.1997 (Az. VIII ZR 316/96), BGHZ 135, 133; Staudinger-*Magnus*, Art. 29 EGBGB, Rn. 45.

472 Vgl. Blobel, VuR 2005, 164/168; Leible, NJW 2005, 796/798.

(b) Anwendbarkeit des Art. 34 EGBGB

Überwiegend wird eine Qualifikation des § 661a BGB als Eingriffsnorm nach Art. 34 EGBGB befürwortet[473]. Für die Einordnung einer Bestimmung als zwingende Norm i.S.d. Art. 34 EGBGB sind die mit ihr verfolgten ordnungspolitischen Interessen maßgebend[474]. Solche seien nach Ansicht des BGH in der lauterkeitsrechtlichen und sozialpolitischen Zielsetzung des § 661a BGB zu sehen[475]. Indem § 661a BGB unlauteren Geschäftspraktiken zu begegnen suche, verfolge er neben dem Verbraucherschutz ein darüber hinausreichendes öffentliches Interesse an der Lauterkeit des Geschäftsverkehrs[476].

Vor dem Hintergrund der ratio des § 661a BGB ist dieser Auffassung beizupflichten: Durch die Einführung von § 661a BGB wollte der Gesetzgeber der verbreiteten und wettbewerbsrechtlich ganz zweifellos unzulässigen Praxis entgegenwirken, Verbraucher durch die Mitteilung von angeblich gemachten Gewinnen zu Warenbestellungen zu veranlassen.

§ 661a BGB ist folglich als eine zwingende Vorschrift i.S.d. Art. 34 EGBGB einzuordnen.

(2) Der für Gewinnzusagen maßgebliche Leistungsort

Bei unterstellter Anwendbarkeit des deutschen Rechts wäre demnach der Erfüllungsort am Ort der gewerblichen Niederlassung des Schuldners als maßgeblichem Leistungsort gemäß §§ 270 Abs. 4, 269 Abs. 1, 2 BGB.

---

473 BGH, Urteil vom 1.12.2005 (Az. III ZR 191/03), JZ 2006, 519/521; Mörsdorf-Schulte, JZ 2005, 770/777, Fn. 93; Wagner/Potsch, Jura 2006, 401/409; Schäfer, JZ 2006, 522/523; Magnus, WuB VII B. Art. 5 EuGVVO 2.06; Lorenz, NJW 2006, 472/474; Lorenz/Unberath, IPRax 2005, 219/223; Lorenz, IPRax 2002, 192/196; Lorenz, LMK 2003, 217/218; Mörsdorf-Schulte, ZZPInt 8 (2003), 407/478; Häcker, ZVglRWiss 103 (2004), 464/498 f.; Hohloch, JuS 2006, 561/563; Felke/Jordans, IPRax 2004, 409/411; Palandt-*Heldrich*, Art. 34 EGBGB, Rn. 3a; Erman-*Hohloch*, Art. 34 EGBGB, Rn. 15; Jauernig-*Mansel*, § 661a BGB, Rn. 3; von Hoffmann/Thorn, § 10, Rn. 96; Kropholler, IPR, § 52 IX 3; Looschelders, Art. 34 EGBGB, Rn. 23; Thüringer OLG, Urteil vom 18.2.2004 (Az. 2 U 798/03), OLG-NL 2004, 55/56.

474 BGH, Urteil vom 1.12.2005 (Az. III ZR 191/03), JZ 2006, 519/521; Staudinger-*Magnus*, Art. 34 EGBGB, Rn. 2, 68; Erman-*Hohloch*, Art. 34 EGBGB, Rn. 15; Palandt-*Heldrich*, Art. 34 EGBGB, Rn. 3.

475 BGH, Urteil vom 1.12.2005 (Az. III ZR 191/03), JZ 2006, 519/521.

476 BGH, Urteil vom 1.12.2005 (Az. III ZR 191/03), JZ 2006, 519/521 f.; Felke/Jordans, IPRax 2004, 409/411.

Bei Gewinnmitteilungen aus dem Ausland würde also Art. 5 Nr. 1 EuGVÜ gerade nicht die internationale Zuständigkeit der Gerichte am Wohnort des Verbrauchers begründen[477].

Nach Stimmen in der Literatur soll sich deshalb § 661a BGB eine von der Regel des § 269 BGB abweichende besondere gesetzliche Bestimmung des Erfüllungsortes entnehmen lassen– und zwar dorthin, wo der Verbraucher die Gewinnzusage bestimmungsgemäß erhalten habe[478]. Es würde dem verbraucherschützenden Zweck des § 661a BGB widersprechen, wenn der Verbraucher nach der Grundregel des § 269 BGB verpflichtet wäre, seinen Gewinn bei der Niederlassung des Versenders abzuholen[479]. Hierbei sei nämlich zu bedenken, dass § 661a BGB nicht auf versprochene Gewinne in Geld beschränkt sei, sondern alle Arten von versprochenen Leistungen erfasse[480]. Würde der Erfüllungsort beim Versender liegen, hätte es dieser in der Hand, Gewinne zu versprechen, von denen er von vornherein wisse, dass es sich für den Verbraucher nicht lohnen würde, sie abzuholen und könnte § 661a BGB so entschärfen[481]. Deshalb müsse § 661a BGB so interpretieren werden, dass er zugleich eine gesetzliche Regelung des Erfüllungsortes enthalte[482]. Dieser solle dort liegen, wo den Verbraucher die Gewinnzusage bestimmungsgemäß erreicht habe, d.h. am Wohnsitz des Verbrauchers[483]

Auch der BGH sieht bei grenzüberschreitenden Gewinnzusagen den Erfüllungsort am Wohnsitz des Empfängers der Zusage[484]. Der BGH argumentiert ebenfalls mit Sinn und Zweck des § 661a BGB, der durchkreuzt würde, wenn der Leistungsort am Wohnsitz des Unternehmers läge und der Verbraucher deshalb den Anspruch auf den Gewinn an dessen, meist im Ausland liegenden Sitz durchzusetzen versuchen müsste[485]. Die unlautere Werbung wirksam abzuwehren, könne der neu geschaffene Verbraucheranspruch nach § 661a BGB nur dann, wenn der Empfänger an seinem Wohnsitz den Unternehmer auf Zahlung des Ge-

---

477 Diese Einschätzung teilen: Lorenz, NJW 2006, 472/474; Lorenz/Unberath, IPRax 2005, 219/222; Blobel, VuR 2005, 164/167 f.; Dörner, FS Kollhosser, 75/84; Lorenz, IPRax 2002, 192/193 f. Anders etwa im Fall von OLG Nürnberg, Urteil vom 28.8.2002 (Az. 4 U 641/02), IPRax 2003, 54 ff., in dem ausdrücklich eine Gewinnübergabe in bar vor der Haustür zugesagt war.

478 Häcker, ZVglRWiss 103 (2004), 464/490; Magnus, WuB VII B. Art. 5 EuGVVO 2.06.

479 Häcker, ZVglRWiss 103 (2004), 464/490.

480 Häcker, ZVglRWiss 103 (2004), 464/490.

481 Häcker, ZVglRWiss 103 (2004), 464/490.

482 Häcker, ZVglRWiss 103 (2004), 464/490.

483 Häcker, ZVglRWiss 103 (2004), 464/490 f.

484 BGH, Urteil vom 1.12.2005 (Az. III ZR 191/03), JZ 2006, 519/522.

485 BGH, Urteil vom 1.12.2005 (Az. III ZR 191/03), JZ 2006, 519/522.

winns „belangen" könne[486]. § 661a BGB müsse daher – über seinen Wortlaut hinaus – als Regelung des Leistungsortes am Wohnsitz des Empfängers verstanden werden[487].

An dieser stark ergebnisgeleiteten Argumentation wird jedoch zu Recht scharfe Kritik geäußert[488]: Wenn das betreffende Gewinnversprechen keinen besonderen Erfüllungsort nenne, bestehe kein Anlass, dem Verbraucher über das hinaus entgegenzukommen, was das Gesetz generell für Verpflichtungen vorsehe[489]. Ohne weitere Anhaltspunkte in Text oder Aufmachung der Zusage sei nicht ersichtlich, warum ein Verbraucher sich ausgerechnet bei einer Gewinnzusage einen vom gesetzlichen Erfüllungsort abweichenden Erfüllungsort vorstellen sollte; allein die vermeintliche Freigiebigkeit des Unternehmers begründe nicht ohne weiteres die Annahme eines zusätzlichen Entgegenkommens hinsichtlich des Leistungsortes[490]. Die Vorschrift des § 661a BGB biete keinerlei Anhaltspunkte für eine Regelung des Erfüllungsortes[491]. § 661a BGB über seinen Regelungsgegenstand hinaus auch eine Verlagerung des Erfüllungsortes entnehmen zu wollen[492], sei ein Beispiel für das offenbar weit verbreitete Bedürfnis, ein verbraucherschützendes Ergebnis über alle dogmatischen Bedenken hinweg zu erzielen[493]. Das offenkundige Versäumnis des Gesetzgebers, den durch die Einführung von § 661a BGB in Bezug auf das europäische Recht vorgenommenen „Alleingang" zuständigkeitsrechtlich und kollisionsrechtlich abzusichern, könne nicht um den Preis der Aufgabe der dogmatischen Strukturen des geltenden Rechts behoben werden[494].

Dieser Kritik ist uneingeschränkt beizupflichten. Ergänzend lässt sich noch folgende Überlegung anmerken: Würden der EuGH und der BGH den Verbraucherschutz nicht nur beschwören, sondern auch ernst nehmen, so hätten sie statt des internationalen Gerichtsstandes nach Art. 5 Nr. 1 EuGVÜ den Verbrauchergerichtsstand des Art. 13 EuGVÜ bejahen sollen. Ein solch verbraucherfreundliches Vorgehen scheitert jedoch an der vom EuGH postulierten engen Konzeption des Verbrauchervertragsbegriffes in der EuGVÜ. Sind einmal die Würfel in zi-

486 BGH, Urteil vom 1.12.2005 (Az. III ZR 191/03), JZ 2006, 519/522.

487 BGH, Urteil vom 1.12.2005 (Az. III ZR 191/03), JZ 2006, 519/522.

488 Vgl. Lorenz, NJW 2006, 472/474; Blobel/Rösler, JR 2006, 441/442; Benicke, LMK 2006, 169779; Jordans, IPRax 2006, 582/584; Prütting/Wegen/Weinreich-*Mörsdorf-Schulte*, § 661a, Rn. 14; Staudinger-*Bergmann*, § 661a, Rn. 61.

489 Mörsdorf-Schulte, JZ 2005, 770/778.

490 Mörsdorf-Schulte, JZ 2005, 770/778.

491 Lorenz, NJW 2006, 472/475; Lorenz/Unberath, IPRax 2005, 219/222.

492 So neben BGH, Urteil vom 1.12.2005 (Az. III ZR 191/03), NJW 2006, 230 ff. auch Häcker, ZVglRWiss 103 (2004), 464/490.

493 Lorenz, NJW 2006, 472/475; Lorenz/Unberath, IPRax 2005, 219/222.

494 Lorenz/Unberath, IPRax 2005, 219/222.

vilprozessualer Hinsicht gefallen, so sind auch Ergebnisse zu Ungunsten des Verbrauchers zu akzeptieren. Hierbei zeigt sich wiederum anschaulich, dass die materiellrechtliche Neuschöpfung des § 661a BGB zwar gut gemeint, aber nicht bis zur letzten verfahrensrechtlichen Konsequenz durchdacht ist.

d) Endergebnis

Somit ist bei aus dem EU-Ausland versandten isolierten Gewinnzusagen der Vertragsgerichtsstand nach Art. 5 Nr. 1 EuGVÜ einschlägig. Damit ist das zumeist im Ausland gelegene Gericht am Sitz des Senders für Klagen aus *isolierten* grenzüberschreitenden Gewinnzusagen international und örtlich zuständig.

Bei Klagen aus *vertragsakzessorischen* grenzüberschreitenden Gewinnzusagen können diese hingegen im vorteilhafteren Verbrauchervertragsgerichtsstand nach Art. 13 Abs. 1 Nr. 3 EuGVÜ geltend gemacht werden, der sich stets im Inland befindet.

Obwohl der Gesetzgeber im Wortlaut des § 661a BGB materiellrechtlich nicht zwischen diesen beiden Arten von Gewinnzusagen unterscheidet, kommt es unter Geltung des EuGVÜ zu unterschiedlichen einschlägigen Gerichtsständen. Fraglich ist, ob diese kompetenzrechtliche Unterscheidung auch künftig unter Geltung der EuGVO aufrecht zu erhalten ist.

B. Rechtslage unter der EuGVO

Nach der „Vergemeinschaftung" des Sektors der justiziellen Zusammenarbeit in Zivilsachen durch den Vertrag von Amsterdam erließ der Rat gestützt auf die Art. 61 lit.c, 67 Abs. 1 EG die Verordnung Nr. 44/2001[495]. Diese als EuGVO bezeichnete Verordnung, die am 1.3.2002 in Kraft trat und das EuGVÜ ersetzen soll, übernimmt im Wesentlichen dessen Bestimmungen, nimmt jedoch einige Änderungen und Anpassungen vor. Die EuGVO gilt unmittelbar und direkt für alle EU-Mitgliedsstaaten[496], während bisher neue europäische Mitgliedstaaten einzeln dem EuGVÜ in der jeweils aktuellen Fassung extra beitreten mussten.

Die Vorschriften der EuGVO sind gemäß Art. 66, 76 EuGVO nur auf solche Klagen anzuwenden, die nach dem 1.3.2002 erhoben worden sind. Auf Klagen,

---

495 Verordnung (EG) Nr. 44/2001 des Rates vom 22.12.2000 über die gerichtliche Zuständigkeit und die Anerkennung und Vollstreckung von Entscheidungen in Zivil- und Handelssachen, ABl. EG L 12/01, geänd. Abl. EG L 225/02 und Abl. L 236/03.

496 Außer für und im Verhältnis der Mitgliedstaaten zu Dänemark gemäß Art. 1 Abs. 3 EuGVO sowie einigen überseeischen Gebieten, für die das EuGVÜ gemäß Art. 68 Abs. 1 EuGVO weiterhin beachtlich bleibt.

die vor diesem Datum erhoben wurden, ist weiterhin das EuGVÜ anzuwenden. Dies erklärt, warum sich bisher noch keine Entscheidung des BGH mit der Problematik der Gewinnzusagen unter Geltung der EuGVO beschäftigten musste. Ausgehend von einer kritischen Analyse der erst- und zweitinstanzlichen Rechtsprechung und des Schrifttums soll eine eigene Prognose für die Behandlung grenzüberschreitender Gewinnzusagen unter Geltung der EuGVO formuliert werden.

I. Ausgangssituation

Zunächst ist zu untersuchen, ob es durch die Änderung der normativen Grundlage auch zu einer legislativen Neukonzeption der in Frage kommenden besonderen internationalen Gerichtsstände gekommen ist.

1) Die in Betracht kommenden besonderen internationalen Gerichtsstände

Wie bereits unter Geltung des EuGVÜ sind auch unter Geltung der EuGVO der deliktische, vertragliche und verbrauchervertragliche Gerichtsstand bei grenzüberschreitenden Gewinnzusagen in Betracht zu ziehen.

a) Art. 5 Nr. 3 EuGVO

Art. 5 Nr. 3 EuGVO ist im Vergleich zu Art. 5 Nr. 3 EuGVÜ im Wortlaut unverändert übernommen und lediglich um den Zusatz „[das schädigende Ergebnis eingetreten ist] oder einzutreten droht" ergänzt worden. Dadurch wird der bisherige Anwendungsbereich auch um vorbeugende Unterlassungsklagen ergänzt[497]. Bei dieser Ergänzung handelt es sich lediglich um eine legislative Klarstellung, die durch die Rechtsprechung des EuGH bereits vorgezeichnet war[498]. Auch unter Geltung der EuGVO ist der Begriff der unerlaubten Handlung in Art. 5 Nr. 3

---

497 Kropholler, Art. 5 EuGVO, Rn. 76; Klauser, Art. 5 EuGVO, Rn. 12; Geimer/Schütze-*Geimer*, Art. 5 EuGVO, Rn. 228; Zöller-*Geimer*, Art. 5 EuGVO, Rn. 25; MünchKomm-*Gottwald*, Art. 5 EuGVO, Rn. 20; Czernich/Tiefenthaler/Kodek-*Czernich*, Art. 5, Rn. 78.

498 Vgl. bereits unter Geltung des EuGVÜ: EuGH, Urteil vom 1.10.2002 (Rs. C-167/00), IPRax 2003, 341 – *Verein für Konsumenteninformation/Karl Heinz Henkel*, wonach es sich bei der Klage eines Verbraucherschutzverbandes nach nationalem Verbraucherschutzrecht auf *Unterlassung* der Verwendung von gesetzwidrigen oder gegen die guten Sitten verstoßenden Allgemeinen Geschäftsbedingungen um eine Klage i.S.d. Art. 5 Nr. 3 EuGVÜ handelt.

als gemeinschaftsrechtlich autonomer Begriff anzusehen, der sich auf alle Klagen bezieht, mit denen eine Schadenshaftung des Beklagten geltend gemacht wird und die nicht an einen Vertrag i.S.d. Art. 5 Nr. 1 anknüpfen[499]. In Grenzfällen ist folglich zuerst zu prüfen, ob es sich um eine Klage aus Vertrag i.S.d. Art. 5 Nr. 1 EuGVO handelt[500].

b) Art. 5 Nr. 1 EuGVO

Mit der Überführung des EuGVÜ in die EuGVO ist es zu einer legislativen Neukonzeption des Vertragsgerichtsstands gekommen[501]: Art. 5 Nr. 1 lit. b EuGVO sieht für die Fälle des Verkaufs beweglicher Sachen und der Erbringung von Dienstleistungen nunmehr eine autonome Bestimmung des Erfüllungsortes vor[502], die auf rein faktischen Kriterien beruht[503].

Für den Fall, dass der sachliche Anwendungsbereich von lit.b nicht eröffnet ist, d.h. kein Kauf- oder Dienstleistungsvertrag vorliegt, verweist lit.c auf lit.a. Der Erfüllungsort wird dann nicht autonom, sondern wie bisher entsprechend der Tessili-Formel nach der lex causae bestimmt[504]. Damit entspricht der für alle übrigen Verträge maßgebliche Auffangtatbestand in Art. 5 Nr. 1 lit.a EuGVO dem Art. 5 Nr. 1 HS 1 EuGVÜ, für den daher vermutlich die frühere Rechtsprechung fortgeführt werden wird[505].

c) Art. 15 EuGVO

Auch unter Geltung der EuGVO sind die Regelungen über den Gerichtstand für Klagen in Verbrauchersachen leges speciales zu Art. 5 Nr. 1 EuGVO[506]. Art. 15 Abs. 1 lit.c EuGVO erfasst anders als noch Art. 13 Abs. 1 Nr.3 EuGVÜ nicht nur Dienstleistungs- und Lieferverträge, sondern jede Art von Vertrag, den der Vertragspartner des Verbrauchers in Ausübung einer beruflichen oder gewerblichen

---

499 Kropholler, Art. 5 EuGVO, Rn. 72; Thomas/Putzo-*Hüßtege*, Art. 5 EuGVO, Rn. 17; Zöller-*Geimer*, Art. 5 EuGVO, Rn. 23; Rauscher-*Leible*, Art. 5 EuGVO, Rn. 78.

500 Kropholler, Art. 5 EuGVO, Rn. 72.

501 Lorenz/Unberath, IPRax 2005, 219/222.

502 Rauscher-*Leible*, Art. 5 EuGVO, Rn. 45; Kropholler, Art. 5 EuGVO, Rn. 4.

503 Geimer/Schütze-*Geimer*, Art. 5 EuGVO, Rn. 83.

504 Rauscher-*Leible*, Art. 5 EuGVO, Rn. 58; Kropholler, Art. 15 EuGVO, Rn. 50; Geimer/Schütze-*Geimer*, Art. 5 EuGVO, Rn. 93; Thomas/Putzo-*Hüßtege*, Art. 5 EuGVO, Rn. 11; MünchKomm-*Gottwald*, Art. 5 EuGVO, Rn. 16; Czernich/Tiefenthaler/Kodek-*Czernich*, Art. 5, Rn. 43.

505 Kropholler, Art. 5 EuGVO, Rn., 29; Lorenz/Unberath, IPRax 2005, 219/223; Rauscher-*Leible*, Art. 5 EuGVO, Rn. 33.

506 Vgl. Rauscher-*Leible*, Art. 5 EuGVO, Rn. 10.

Tätigkeit abschließt. Nunmehr genügt es nach Art. 15 Abs. 1 lit.c Var.1 EuGVO, wenn der Vertragspartner im Heimatstaat des Verbrauchers eine berufliche oder gewerbliche Tätigkeit ausübt. Nach Art. 15 Abs. 1 lit.c Var. 2 EuGVO ist es ausreichend, wenn der Vertragspartner seine Tätigkeit auf den Heimatstaat des Verbrauchers ausrichtet und der Vertrag in den Bereich seiner beruflichen oder gewerblichen Tätigkeit fällt.

Im Zuge der Vergemeinschaftung des EUGVÜ wurde damit ein weit reichender Auffangtatbestand geschaffen[507]. Der Sekundärrechtsgeber hat die Anforderungen an den Inlandsbezug erheblich gelockert, um neuen Vermarktungstechniken durch moderne, grenzüberschreitende Kommunikationsmittel Rechnung zu tragen[508]. Folglich ist festzuhalten, dass Art. 15 Abs. 1 lit.c EuGVO im Vergleich zu Art. 13 Abs. 1 Nr.3 EuGVÜ den Verbrauchergerichtsstand sowohl in sachlicher als auch in situativer Hinsicht erheblich erweitert[509].

2) *Auslegung*

An einer autonomen Qualifikation ist auch und gerade nach der Überführung des EuGVÜ in eine EuGVO festzuhalten[510]. Dem Erwägungsgrund 19 der EuGVO ist zu entnehmen, dass dem Gemeinschaftsgesetzgeber an einer „Kontinuität zwischen dem Brüsseler Übereinkommen und dieser Verordnung" gelegen ist[511]. Bereits im Verordnungsvorschlag vom 28.12.1999 betonte die Kommission die „weitgehende Übereinstimmung zwischen dem Brüsseler Übereinkommen und dem vorliegenden Verordnungsvorschlag" [512]. Die Auslegung des EuGVÜ durch den EuGH geht demnach in diejenige der seit 1.3.2002 in Kraft befindlichen EuGVO ein[513] und hat insofern auch für die Zukunft Bedeutung[514].

---

507 Rauscher-*Staudinger*, Art. 15 EuGVO, Rn. 7; Kropholler, Art. 15 EuGVO, Rn. 20.

508 Rauscher-*Staudinger*, Art. 15 EuGVO, Rn. 7; Kropholler, Art. 15 EuGVO, Rn. 21; vgl. auch Klauser, Art. 15 EuGVO, Rn. 13.

509 Lorenz, IPRax 2002, 192/194; Rauscher-*Staudinger*, Art. 15 EUGVO, Rn. 13; Leible, NJW 2003, 407/408. Eine weitere Neuerung des Verbrauchergerichtsstandes des Art. 16 EuGVO besteht darin, dass die Norm auch die örtliche Zuständigkeit bestimmt. Art. 14 EuGVÜ verwies hingegen nur auf die Gerichte des Wohnsitzstaates.

510 Rauscher-*Leible*, Art. 5 EuGVO, Rn. 15.

511 Vgl. Staudinger, ZEuP 2004, 767/773.

512 Vgl. Verordnungsvorschlag zur EuGVO vom 28.12.1999, ABl. EG C 376/1.

513 Vgl. Staudinger, ZEuP 2004, 767/773.

514 Mörsdorf-Schulte, JZ 2005, 770/772.

II. Meinungsstand

Eine Analyse der bisher ergangenen Entscheidungen unter Geltung der EuGVO und des Meinungsbildes in der Literatur zu verkaufsakzessorischen und isolierten grenzüberschreitenden Gewinnzusagen soll die Frage beantworten, ob sich unter Geltung der EuGVO an der Zuständigkeit für Klagen aus Gewinnmitteilungen im Vergleich zur Rechtslage unter dem EuGVÜ Grundlegendes geändert hat.

1) Verkaufsakzessorische Gewinnzusagen

Für den Fall einer verkaufsakzessorischen Gewinnzusage ist die Rechtssache Gabriel als „persuasive precedent"[515] auch unter Geltung der EuGVO heranzuziehen[516]. Der EuGH[517] bejahte damals den Verbrauchergerichtsstand aufgrund der durch die Bedingung geschaffenen engen Verbindung des Gewinnversprechens zu den Kaufverträgen als eigentlichen Verbraucherverträgen. Aus Gründen der Prozessökonomie und des Verbraucherschutzes sei eine akzessorische Geltendmachung des Gewinnanspruchs im Gerichtsstand der Kaufverträge angebracht. Diese Argumentation behält auch unter Geltung der EuGVO ihre Gültigkeit. In der Literatur wird deshalb die Behandlung verkaufsakzessorischer Gewinnzusagen unter der EuGVO nicht diskutiert[518], sondern das Augenmerk lediglich auf den problematischeren Fall der isolierten Gewinnzusage gelegt.

Während der BGH unter Geltung der EuGVO bisher noch keine Möglichkeit zu einer Stellungnahme hatte, entschied das LG Hagen[519] beispielhaft mit Urteil vom 10.2.2003 über die Behandlung einer verkaufsakzessorischen Gewinnzusage unter Geltung der EuGVO. Es nahm seine internationale Zuständigkeit auf der Grundlage der Art. 15 Abs. 1 lit.c, 16 EuGVO für eine nach dem 1.3.2002 erhobene Klage an. Nach Ansicht des LG sei es entscheidend, dass der Verbraucher tatsächlich auf Grund der Gewinnmitteilung zu einer Bestellung, d.h. einem Vertragsschluss veranlasst worden sei. Diese Voraussetzung sei im Streitfall gegeben gewesen: Die Klägerin bestellte sich ein Schmuckstück, um sich den Gewinnbetrag zu sichern, da in der Gewinnmitteilung als Bedingung gefordert wurde, ein Produkt aus dem beigefügten Prospekt auszuwählen und auf der Gewinn-

515 Vgl. Staudinger, ZEuP 2004, 767/773.

516 Vgl. Mörsdorf-Schulte, ZZPInt 8 (2003), 407/409; Rauscher-*Staudinger*, Art. 15 EuGVO, Rn. 9.

517 EuGH, Urteil vom 11.7.2002 (Rs. C-96/00), NJW 2002, 2697/2699 – *Rudolf Gabriel/Schlank & Schick GmbH.*.

518 Lediglich *Leible* äußert sich explizit dazu: Leible, NJW 2003, 407/408, Leible, IPRax 2003, 28/33; Rauscher-*Leible*, Art. 5 EuGVO, Rn. 9.

519 LG Hagen, Urteil vom 10.2.2003 (Az. 4 O 207/02), NJOZ 2004, 562 ff.

Anforderung einzutragen. Durch diese Warenbestellung sei es zu einem Vertrag zwischen den Parteien gekommen. Dieser Zusammenhang zwischen dem Gewinn und der Bestellung begründe eine enge Beziehung zum Hoheitsgebiet des Verbrauchers, so dass das LG Hagen als Gericht des Wohnsitzes der Klägerin nach Art. 16 Abs. 1 EuGVO international zuständig sei.

Dieser Einschätzung ist beizupflichten. Folglich sind Klagen aus *verkaufsakzessorischen* grenzüberschreitenden Gewinnzusagen auch unter Geltung der EuGVO im Verbrauchergerichtsstand geltend zu machen.

2) Isolierte Gewinnzusagen

Problematischer ist die Behandlung *isolierter* grenzüberschreitender Gewinnzusagen unter der Rechtslage der EuGVO. Eine diesbezüglich dem EuGH vorgelegte Anfrage des LG Innsbruck blieb unbeantwortet[520] und ein Vorabentscheidungsersuchen des OLG Wien ist derzeit noch anhängig[521]. An einer Stellungnahme des BGH fehlt es bisher, es finden sich lediglich Entscheidungen der ersten und zweiten Instanz. Diese Urteile sowie die verschiedenen Auffassungen in der Literatur sollen kritisch hinterfragt werden und darauf basierend eine eigene Prognose formuliert werden, wie grenzüberschreitende isolierte Gewinnzusagen künftig unter Geltung der EuGVO zu behandeln sind.

a) Rechtsprechung

Zunächst wird eingehend die Rechtssache „Kapferer“[522] erörtert, in welcher eine nach dem 1.3.2002 erhobene Klage aus einer grenzüberschreitenden isolierten Gewinnzusage vorlag. Daran schließt sich eine genauere Untersuchung der erst- und zweitinstanzlichen Rechtsprechung deutscher Gerichte an.

aa) EuGH „Kapferer“ vom 16.3.2006

Das LG Innsbruck hat dem Gerichtshof die Frage zur Entscheidung vorgelegt, ob unter Geltung der EuGVO im Gegensatz zum EuGVÜ auch isolierte Gewinnzusagen im Verbrauchergerichtsstand geltend gemacht werden können.

---

520 EuGH, Urteil vom 16.3.2006 (Rs. C-234/04), NJW 2006, 1577 ff. – *Rosmarie Kapferer/Schlank & Schick GmbH.*

521 Vorabentscheidungsersuchen vom 7.4.2006 (Rs. C-180/06), ABl. EU 2006 C 165/12 – *Renate Ilsinger/Martin Dreschers (Insolvenzverwalter der Schlank & Schick GmbH).*

522 EuGH, Urteil vom 16.3.2006 (Rs. C-234/04), NJW 2006, 1577 ff. – *Rosmarie Kapferer/Schlank & Schick GmbH.*

(1) Vorlageverfahren

Im Streitfall war ein deutsches Unternehmen von einer österreichischen Verbraucherin wegen einer Gewinnzusage beim Bezirksgericht Hall in Tirol verklagt worden. Dieses bejahte auf der Grundlage des Art. 15 EuGVO seine Zuständigkeit, wies die Klage jedoch ab, woraufhin die Klägerin Berufung einlegte. Losgelöst von der Beurteilung der Klageabweisung, hielt es das LG Innsbruck für fraglich, ob das Bezirksgericht die Regeln der EuGVO über die Zuständigkeit richtig angewendet hatte. Allerdings war die Entscheidung des Bezirksgerichts über seine Zuständigkeit mangels Berufung durch die Beklagte rechtskräftig geworden und konnte daher nach österreichischem Prozessrecht vom Berufungsgericht nicht mehr aufgegriffen werden.

Das LG Innsbruck setzte das Verfahren aus und legt dem EuGH zwei Fragen zur Vorabentscheidung vor: Die erste Vorlagefrage bezog sich auf die Zuständigkeitsentscheidung des Erstgerichts, während die zweite Vorlagefrage Klarheit über die Anwendbarkeit von Art. 15 Abs. 1 lit.c EuGVO auf isolierte Gewinnzusagen verschaffen sollte.

(a) Zur Zuständigkeitsentscheidung des Erstgerichts

Das LG Innsbruck legte dem EuGH im Vorlageverfahren konkret die Frage vor, inwieweit sich aus europäischem Recht eine Verpflichtung des Gerichts ergebe, eine als europarechtswidrig erkannte Entscheidung trotz eingetretener Rechtskraft zu korrigieren. Es bezog sich dabei auf Art. 10 EG-Vertrag, nach dem die Mitgliedstaaten „alle geeigneten Maßnahmen [...] zur Erfüllung der Verpflichtungen, die sich aus diesem Vertrag oder aus Handlungen der Organe der Gemeinschaft ergeben“, zu treffen haben. Zusätzlich verwies es auf die Entscheidung „Kühne & Heitz“[523], in welcher der EuGH unter bestimmten Voraussetzungen eine Verpflichtung von Verwaltungsbehörden angenommen hatte, europarechtswidrige Behördenentscheidungen auch nach Eintritt der Bestandskraft zu überprüfen.

(b) Zum Verbrauchergerichtsstand des Art. 15 Abs. 1 lit.c EuGVO

Die zweite Vorlagefrage beschäftigte sich damit, ob im Falle einer isolierten Gewinnzusage der Verbrauchergerichtsstand i.S.d. Art. 15 Abs. 1 lit.c EuGVO zur Verfügung steht.

---

523 EuGH, Urteil vom 13.10.2004 (Rs. C-453/00), Slg. 2004, I-873, *Kühne & Heitz/ Productschap voor Pluimvee en Eieren.*

Für den Fall, dass diese Frage verneint würde, formulierte das Vorlagegericht die Anfrage, ob der Verbrauchergerichtsstand auch für Ansprüche aus einem vorvertraglichen Schuldverhältnis zur Verfügung stehe, und ob isolierte Gewinnzusagen zu diesem eine ausreichend enge Verknüpfung aufweisen würden. Sollte auch diese Frage verneint werden, möge der EuGH doch Stellung beziehen, ob der Verbrauchergerichtsstand für einen speziellen gesetzlich normierten vertraglichen Erfüllungsanspruch sui generis bzw. für einen fingierten vertragsähnlichen Erfüllungsanspruch sui generis zur Verfügung stehe, der durch das Gewinnversprechen des Unternehmers und die Gewinnanforderung des Verbrauchers entstehe. Im Übrigen wird auch die Frage aufgeworfen, ob der Verbrauchergerichtsstand nur dann zur Verfügung stehe, wenn die vom Unternehmer für die Teilnahme am Gewinnspiel aufgestellten Bedingungen erfüllt sind, auch wenn dies Bedingungen für den materiellen Anspruch nach § 5j öKSchG gar nicht beachtlich seien.

(2) Stellungnahme des EuGH

Der EuGH äußerte sich ausführlich zur ersten Vorlagefrage, welche die Zuständigkeitsentscheidung des Erstgerichts bedarf. Zur zweiten Vorlagefrage als Anschlussfrage bezog er keine Stellung, da er bereits die erste Vorlagefrage verneinte und deshalb von einer Beantwortung der zweiten Vorlagefrage zum Verbrauchergerichtsstand des Art. 15 Abs. 1 lit.c EuGVO absah.

(a) Zur Zuständigkeitsentscheidung des Erstgerichts

Der EuGH betont ausdrücklich die Bedeutung, die der Grundsatz der Rechtskraft sowohl in der Gemeinschaftsrechtsordnung als auch in den nationalen Rechtsordnungen habe. Unanfechtbar gewordene Gerichtsentscheidungen sollten zur Gewährleistung des Rechtsfriedens und der Beständigkeit rechtlicher Beziehungen sowie einer geordneten Rechtspflege nicht mehr in Frage gestellt werden können[524]. Deshalb lehnt der EuGH eine europarechtliche Verpflichtung nationaler Gerichte ab, eine rechtskräftig gewordene Entscheidung wieder aufzurollen – und zwar ausdrücklich auch dann, wenn dadurch ein Verstoß dieser Entscheidung gegen Gemeinschaftsrecht abgestellt werden könnte.

Die Entscheidung „Kühne & Heitz" stehe nach Auffassung des EuGH dieser Beurteilung nicht entgegen. Dabei lässt der EuGH die Frage offen, ob die dort für bestandskräftige Entscheidungen von Verwaltungsbehörden aufgestellten Grund-

524 Vgl. EuGH, Urteil vom 30.9.2003 (Rs. C-224/01), Slg. 2003 I-10239 – *Gerhard Köbler/Republik Österreich.*

sätze überhaupt auf rechtskräftige Urteile übertragen werden können. Der EuGH weist lediglich darauf hin, dass auch die Entscheidung in der Rechtssache „Kühne & Heitz" die Pflicht zur Überprüfung bestandskräftiger Entscheidungen u.a. von der Voraussetzung abhängig mache, dass die betreffende Behörde nach nationalem Recht zur Rücknahme dieser Entscheidung befugt sei und diese Voraussetzung im vorliegenden Fall nicht erfüllt sei.

Aufgrund dessen lautet die Antwort des EuGH auf die erste Vorlagefrage folgendermaßen: Der sich aus Art. 10 EG ergebende Grundsatz der Zusammenarbeit gebiete es einem nationalen Gericht nicht, von der Anwendung innerstaatlicher Verfahrensvorschriften zu dem Zweck abzusehen, eine in Rechtskraft erwachsene gerichtliche Entscheidung zu überprüfen und aufzuheben, falls sich zeige, dass sie gegen Gemeinschaftsrecht verstoße.

(b) Zum Verbrauchergerichtsstand des Art. 15 Abs. 1 lit.c EuGVO

Lapidar verweist der EuGH am Ende des Urteils auf die Entbehrlichkeit einer Stellungnahme zum Verbrauchergerichtsstand i.S.d. Art. 15 Abs. 1 lit. c EuGVO. In Anbetracht der Antwort auf die erste Vorlagefrage sowie des Umstandes, dass das vorlegende Gericht zu verstehen gegeben habe, dass es ihm nach innerstaatlichem Recht verwehrt wäre, die Entscheidung über die Zuständigkeit des Bezirksgerichts zu überprüfen, seien die Fragen 2a bis 2d nicht zu beantworten. Folglich enthält das Urteil keine Antwort auf die Fragen zur Auslegung des Verbrauchergerichtsstandes i.S.d. Art. 15 Abs. 1 lit.c EuGVO.

Die Behandlung isolierter Gewinnzusagen unter Geltung der EuGVO durch den EuGH ist daher weiter offen.

(3) Stellungnahme des Generalanwalts

Erste Anhaltspunkte kann jedoch möglicherweise die Stellungnahme des Generalanwalts in der Rechtssache „Kapferer" geben, die dem Urteil voranging und sich zu allen Vorlagefragen äußerte[525].

(a) Zur Zuständigkeitsentscheidung des Erstgerichts

Der EuGH hat die Ausführungen des Generalanwalts teilweise wörtlich aufgegriffen. Dieser wies bereits in seinem Schlussantrag auf die grundlegende Bedeutung hin, die dem Grundsatz der Rechtskraft sowohl im Gemeinschaftsrecht als

525 Schlussantrag des Generalanwalts Tizzano vom 10.11.2005 (Rs. C-234/05), Slg. 2006, I 2585.

auch in den nationalen Rechtsordnungen zukomme. Außerdem war auch bereits der Generalanwalt der Auffassung, dass das Gemeinschaftsrecht ein nationales Gericht nicht verpflichte, eine rechtskräftige gerichtliche Entscheidung zu überprüfen und aufzuheben. Nachdem derart ausgeschlossen wurde, dass das vorlegende Gericht die Entscheidung des ersten Rechtszuges überprüfen muss, erschien dem Generalanwalt eine Antwort auf die zweite Vorlagefrage für die Entscheidung des Ausgangsverfahrens nicht zweckdienlich und er war deshalb der Auffassung, der Gerichtshof brauche darüber nicht zu befinden.

(b) Zum Verbrauchergerichtsstand des Art. 15 Abs. 1 lit.c EuGVO

Für den Fall jedoch, dass der Gerichtshof diesem Gedankengang nicht folgen möchte, sowie aus Gründen der Vollständigkeit der Untersuchung, hielt es der Generalanwalt aber doch für angebracht, auch zur Frage nach der Auslegung von Art. 15 Abs. 1 lit.c EuGVO eine Stellungnahme abzugeben.

Der Generalanwalt stützte sich bei seinen Ausführungen in weiten Teilen auf das Urteil „Engler", das hinsichtlich des Sachverhalts und der aufgeworfenen Rechtsfragen sehr ähnlich war. Allerdings wurde dieses Urteil erst nach der Einleitung des Verfahrens in der Rechtssache „Kapferer" verkündet, so dass das vorlegende Gericht keine Kenntnis davon haben konnte. Wegen der Ähnlichkeit zwischen den beiden Rechtssachen rief der Generalanwalt zunächst die Erwägungen ins Gedächtnis, die der EuGH in seinem Urteil „Engler" angestellt hatte, da sich seiner Meinung nach die vom EuGH im Urteil „Engler" aufgeführten Grundsätze unschwer entsprechend auch in der Rechtssache „Kapferer" anwenden lassen.

Nach Generalanwalt Tizzano scheitere eine Anwendung des Art. 15 lit. c EuGVO aus den gleichen Gründen wie denen, die zur Ablehnung der Anwendung des Art. 13 EuGVÜ geführt hätten. Entgegen der Auffassung der deutschen und österreichischen Regierung[526] habe die Einführung des Art. 15 Abs. 1 lit. c EuGVO nichts daran geändert, dass die Zuständigkeit für Verbrauchersachen, wie der EuGH in der Entscheidung Engler festgestellt habe, den Abschluss eines Vertrages voraussetze. Die Rechte des Verbrauchers seien lediglich dahingehend verstärkt worden, dass Art. 15 EuGVO nicht nur Verträge, welche die Erbringung von Dienstleistungen oder die Lieferung beweglicher Sachen zum Gegenstand haben, sondern alle Arten von Verträgen erfasse.

---

526 Die übrigen am Verfahren beteiligten Regierungen haben zu dieser Frage nicht Stellung genommen und es vorgezogen, ihre Erklärungen auf die erste Vorlagefrage zu beschränken. In dem Verfahren haben neben der Beklagten und der Kommission insgesamt sieben nationale Regierungen schriftliche Erklärungen eingereicht sowie neun Regierungen in der mündlichen Verhandlung vom 8.9.2005 mündliche Ausführungen gemacht.

Eine Verneinung des verbrauchervertraglichen Gerichtsstandes i.S.d. Art. 15 EuGVO schließe jedoch nicht die Annahme eines vertraglichen Gerichtsstandes i.S.d. Art. 5 Nr. 1 EuGVO aus. Der Generalanwalt prüft deshalb, ob Art. 5 Nr. 1 lit.a EuGVO in der Rechtssache „Kapferer" einschlägig ist. Er bejaht dies und schließt Überlegungen zur Lokalisierung des Erfüllungsortes an. Der Generalanwalt weist hierbei ausdrücklich darauf hin, dass nicht der EuGH, sondern das vorlegende Gericht prüfen müsse, welches Recht nach den Kollisionsnormen des österreichischen IPR die Gewinnzusage regle. Auf der Grundlage dieses Ergebnisses müsse das vorlegende Gericht schließlich den Erfüllungsort dieser Verpflichtung ermitteln und prüfen, ob dieser Ort im Bereich seiner örtlichen Zuständigkeit liege.

Für den Fall, das die Prüfung zu einem anderen Ergebnis führen sollte, wäre daraus nach Ansicht des Generalanwalts nicht notwendigerweise die Unzuständigkeit des österreichischen Gerichts abzuleiten. Vielmehr greife dann Art. 24 EuGVO ein, der die Zuständigkeit des angerufenen Gerichts bei rügeloser Einlassung normiere. Die Zuständigkeit der österreichischen Gerichte sei im Streitfall lediglich im ersten Rechtszug, aber nicht mehr im Berufungsverfahren gerügt worden. Daher könne angenommen werden, dass die unterbliebene Anfechtung der erstinstanzlichen Entscheidung in diesem Punkt als Anerkennung der Zuständigkeit i.S.d. Art. 24 EuGVO zu betrachten sei.

Nach Auffassung des Generalanwalts könne daher ausgeschlossen werden, dass in der Rechtssache „Kapferer" eine Verletzung des Gemeinschaftsrechts wegen Unzuständigkeit des angerufenen Gerichts vorliege.

(4) Eigene Stellungnahme

Der Klagegegner in der Rechtssache „Kapferer" ist die „Schlank & Schick GmbH". Neben dem bezeichnenden Namen, der zu Rückschlüssen über die Sehnsüchte der Empfänger einlädt, lässt dies auch aus einem zweiten Grund aufhorchen. Bereits in der Rechtssache „Gabriel" war ebenfalls die „Schlank & Schick GmbH" der Klagegegner. Auch in der derzeit anhängigen Rechtssache „Ilsinger"[527] wendet sich Renate Ilsinger gegen Martin Dreschers als den Insolvenzverwalter der „Schlank & Schick GmbH". Die gesetzgeberische Überlegung, wonach gerade derartige Sender abgeschreckt werden sollen, scheint folglich nicht aufgegangen zu sein.

527 Vorabentscheidungsersuchen vom 7.4.2006 (Rs. C-180/06), ABl. EU C 165/12 – *Renate Ilsinger/Martin Dreschers (Insolvenzverwalter der Schlank & Schick GmbH).*

So wie „Gabriel“ die erste Leitentscheidung zur Rechtslage unter dem EuGVÜ darstellte, hätte „Kapferer“ diese Vorreiter-Rolle für die Rechtslage unter der EuGVO übernehmen können. Da der EuGH jedoch hinsichtlich der Zuständigkeitsentscheidung des Erstgerichts den Ausführungen des Generalanwalts folgte, schnitt er sich die Möglichkeit einer Stellungnahme zur Auslegung des Art. 15 EuGVO ab. Das klare Bekenntnis des EuGH zur Bedeutung der Rechtskraft gerichtlicher Urteile mag zwar für den Rechtsfrieden und die Funktionsfähigkeit des Justizwesens richtig und begrüßenswert sein. Allerdings bleibt damit offen, ob der EuGH die Einschätzungen des Generalanwalts über den Gerichtsstand von Gewinnzusagen unter Geltung der EuGVO teilt.

Der Generalanwalt geht lediglich von einer *sachlichen* Erweiterung des Geltungsbereichs des Art. 15 Abs. 1 lit.c EuGVO im Vergleich zu Art. 13 Abs. 1 Nr. 3 EuGVÜ aus. Tatsächlich ist in Art. 15 Abs. 1 lit.c der Anwendungsbereich in sachlicher Hinsicht nicht mehr nur auf Dienstleistungs- und Lieferverträge beschränkt. Mit der sachlichen Erweiterung geht gleichwohl auch eine *situative* Erweiterung einher. Nunmehr genügt es nach Art. 15 Abs. 1 lit.c Var.1 EuGVO bereits, dass der Vertragspartner im Heimatstaat des Verbrauchers eine berufliche oder gewerbliche Tätigkeit ausübt. Nach Art. 15 Abs. 1 lit.c Var. 2 EuGVO ist es ausreichend, wenn der Vertragspartner seine Tätigkeit auf den Heimatstaat des Verbrauchers ausrichtet und der Vertrag in den Bereich seiner beruflichen oder gewerblichen Tätigkeit fällt. Im Zuge der Vergemeinschaftung des EUGVÜ wurde damit ein weit reichender Auffangtatbestand geschaffen, um neuen Vermarktungstechniken Rechnung zu tragen. Der Generalanwalt konterkariert hingegen durch seine Argumentation diese begrüßenswerte Intention des Sekundärrechtsgebers.

Die in dem Urteil „Engler“ erfolgte Subsumtion einer isolierten Gewinnzusage unter Art. 5 Nr. 1 EuGVÜ statt unter Art. 13 EuGVÜ hatte ihren Grund in der unterschiedlichen Weite des Vertragsbegriffs: Art. 13 EuGVÜ setzte nach ständiger Rechtsprechung des EuGH einen abgeschlossenen Vertrag mit synallagmatischen Verpflichtungen voraus, während Art. 5 Nr. 1 EuGVÜ sehr viel weiter auszulegen war und bereits dann einschlägig war, wenn eine von einer Person gegenüber einer anderen freiwillig eingegangene Verpflichtung vorlag. Mittlerweile ist jedoch der Begriff des Verbrauchervertrages i.S.d. Art. 15 Abs. 1 lit.c EuGVO sehr viel weiter zu verstehen, so dass selbst isolierte grenzüberschreitende Gewinnzusagen unter diese lex specialis für Verbraucherstreitigkeiten fallen.

Auch ist auf den in Nr. 13 der Präambel verankerten Grundgedanken der EuGVO hinzuweisen, wonach bei Verbrauchersachen die schwächere Partei durch Zuständigkeitsvorschriften geschützt werden sollte, die für sie günstiger sind als die allgemeine Regelung. Zutreffend haben die deutschen und österreichischen Regierungen auf die Notwendigkeit einer weiten Auslegung des Art. 15

Abs. 1 lit.c EuGVO hingewiesen, um den Verbraucher als schwächeren Beteiligten der Beziehung zu schützen.

Nachdem der Generalanwalt unzutreffend die Voraussetzungen des Art. 15 EuGVO verneint hat, untersucht er die Einschlägigkeit des Art. 5 Nr. 1 EuGVO. Diese Prüfung ist an sich nicht mehr von der Vorlagefrage gedeckt, die sich explitizit auf die Auslegung von Art. 15 Abs. 1 lit.c EuGVO bezog. Der Generalanwalt erkennt selbst den Rechtfertigungsbedarf für dieses Vorgehen und stellt deshalb als Erstes klar, dass sich gegen diese Prüfung nicht einwenden lasse, dass das vorlegende Gericht die genannte Bestimmung in seinem Beschluss nicht ausdrücklich erwähnt habe: Wie nämlich die Gemeinschaftsrechtsprechung[528] klargestellt habe, sei es Aufgabe des Gerichtshofes, alle Bestimmungen des Gemeinschaftsrechts auszulegen, die für die Entscheidung der bei den staatlichen Gerichten anhängigen Rechtsstreitigkeiten erforderlich seien, auch wenn diese Bestimmungen in den vorgelegten Fragen nicht ausdrücklich genannt seien. Der Generalanwalt beantwortete folglich paradoxerweise eine Vorlagefrage, die sich ausschließlich auf Art. 15 Abs. 1 lit.c EUGVO bezog, indem er Art. 5 Nr. 1 EuGVO bejahte.

Auch verwundern die daran anschließenden Äußerungen des Generalanwalts. Als argumentative Volte bringt er am Ende seiner Ausführungen die rügelose Einlassung nach Art. 24 EuGVO ins Spiel. Die Anwendung dieser Vorschrift führt dazu, dass im Ergebnis unabhängig von der Qualifikation des auszulegenden Gerichts das „gewünschte" Ergebnis der internationalen Zuständigkeit eines österreichischen Gerichts herbeigeführt werden kann. Wieder einmal zeigt sich hier die verbreitete Praxis, ergebnisorientiert ein bestimmtes Resultat herzuleiten. Vorliegend überrascht dies jedoch: Falls die österreichischen Gerichte international nicht zuständig wären, so käme alternativ lediglich eine internationale Zuständigkeit deutscher Gerichte in Betracht. Schließlich verklagt Frau Kapferer als Österreicherin das deutsche Unternehmen „Schlank & Schick GmbH". Im deutschen materiellen Recht käme als Pendant zu § 5j öKschG die Norm des § 661a BGB zur Anwendung. Folglich würde es selbst dann in der Rechtssache „Kapferer" an einer Schutzlücke fehlen, die für gewöhnlich als Rechtfertigung für eine solche ergebnisorientierte Argumentation herangezogen wird.

---

528 Vgl. EuGH, Urteil vom 18.2.1993 (Rs. C-280/91), Slg. 1993, I-971 – *Finanzamt Kassel-Goethestrasse/Vießmann KG*; EuGH, Urteil vom 11.12.1997 (Rs. C-42/96), Slg. 1997, I-7098 – *Società Immobiliare SIF SpA/Amministrazione delle finanze dello Stato*; EuGH, Urteil vom 20.3.1986 (Rs. 35/85), Slg. 1986, 1207 – *Procureur de la République/ Gérard Tissier*; EuGH, Urteil vom 18.11.1999 (Rs. C-107/98), Slg. 1999, I-8121 – *Teckal Srl/Comune di Viano und Azienda Gas-Acqua Consorziale (AGAC) die Reggio Emilia.*

Im Ergebnis bleibt nach der Lektüre des Urteils festzustellen, dass der EuGH nicht die ihm auf dem Silberteller präsentierte Gelegenheit genutzt hat, seinen Einfluss zu erweitern durch die Überprüfbarkeit bestandskräftiger nationaler Urteile auf ihre Europarechtskonformität. Außerdem ist zu bedauern, dass dadurch offen bleibt, ob sich der EuGH den Ausführungen des Generalanwalts zu Art. 15 Abs. 1 lit.c EuGVO bzw. Art. 5 Nr. 1 EuGVO angeschlossen hätte.

Hinsichtlich der Frage, in welchem Gerichtsstand Gewinnzusagen unter der Geltung der EuGVO eingeklagt werden können, bieten lediglich die Überlegungen des Generalanwalts erste Anhaltspunkte.

Weitere Klarheit wird ein derzeit anhängiges Vorabentscheidungsersuchen des OLG Wien verschaffen, das am 7.4.2006 beim EuGH eingereicht wurde[529]. In dieser Rechtssache „Ilsinger" wendet sich die Empfängerin einer isolierten Gewinnzusage gegen den Insolvenzverwalter der Schlank & Schick GmbH. Durch die Vorlagefrage an den EuGH soll geklärt werden, ob es sich auch bei isolierten Gewinnzusagen nach § 5j öKSchG um einen vertraglichen Anspruch nach Art. 15 Abs. 1 lit.c EuGVO handelt. Es ist zu hoffen, dass der EuGH in der vergleichbar gelagerten Rechtssache „Ilsinger" nicht auf die Erwägungen des Generalanwalts in der Rechtssache „Kapferer" zurückgreift, sondern sich für einen verbrauchervertraglichen Gerichtsstand nach Art. 15 Abs. 1 lit.c EuGVO entscheidet.

bb) BGH

Da die EuGVO gemäß Art. 66, 76 EuGVO erst auf nach dem 1.3.2002 erhobene Klagen Anwendung findet, bot sich dem BGH bisher noch keine Möglichkeit einer diesbezüglichen höchstrichterlichen Stellungnahme.

cc) Oberlandesgerichtliche Rechtsprechung

Es haben sich hingegen bereits die OLG Stuttgart, Brandenburg, Braunschweig und Rostock zur Behandlung isolierter Gewinnzusagen unter Geltung der EuGVO geäußert.

---

529 Vorabentscheidungsersuchen vom 7.4.2006 (Rs. C-180/06), ABl. EU C 165/12 – *Renate Ilsinger/Martin Dreschers (Insolvenzverwalter der Schlank & Schick GmbH).*

(1) OLG Stuttgart vom 25.11.2002

Drei Tage vor der Leitentscheidung des BGH vom 28.11.2002 zur Behandlung isolierter Gewinnzusagen unter Geltung des *EuGVÜ*, erließ das OLG Stuttgart[530] bereits ein Urteil über eine isolierte Gewinnzusage unter Geltung der *EuGVO*.

(a) Urteil

Das OLG Stuttgart ist der Auffassung, dass auf der Basis des § 513 Abs. 2 ZPO n.F. in der Berufungsinstanz die internationale Zuständigkeit nicht mehr zu prüfen sei. Selbst wenn man jedoch von der gegenteiligen Auffassung ausgehe, hätte die Berufung keinen Erfolg, da die Vorinstanz zu Recht ihre internationale Zuständigkeit angenommen habe. Die Klage aus einer Gewinnzusage könne gemäß Art. 15 Abs. 1 lit. c, Art. 16 EuGVO im Gerichtsstand des Verbrauchers auch dann erhoben werden, wenn eine gleichzeitige Warenbestellung nicht vorliege und für die Teilnahme am Gewinnspiel auch nicht vorausgesetzt wurde. Die Klägerin sei als Verbraucherin anzusehen, und der Beklagte trete vom EU-Ausland aus mit in Deutschland ansässigen Endverbrauchern in Kontakt und richte damit die gewerbliche Tätigkeit auf Deutschland aus. Allein fraglich sei, ob es sich bei der Forderung auf Auszahlung eines zugesagten Gewinns auch um einen Anspruch „aus einem Vertrag" nach Art. 15 EuGVO handele. Dass es sich bei einem Anspruch aus § 661a BGB nach deutschem Recht um einen gesetzlichen Anspruch handele, hindere jedoch nicht im Hinblick auf den Sinnzusammenhang und den Schutzzweck der Art. 15 f. EuGVO im Rahmen einer autonomen Auslegung den Anspruch aus § 661a BGB als vertraglichen Anspruch nach Art. 15 f. EuGVO einzuordnen.

Weiterhin nahm das OLG Stuttgart für den Fall, dass man dieser Ansicht nicht folgen wolle, eine entsprechende Zuständigkeit unter dem Gesichtspunkt eines Wettbewerbsverstoßes als unerlaubte Handlung und somit eine Zuständigkeit gemäß Art. 5 Nr. 3 EuGVO an.

(b) Stellungnahme

Zunächst verwundert, warum in einem Streitfall, in dem die Klägerin die fragliche Gewinnzusage bereits im Sommer 2001 erhielt, die EuGVO Anwendung finden soll, die gemäß Art. 76 EuGVO erst am 1.3.2002 in Kraft getreten ist. Die EuGVO ist gemäß ihrem Art. 66 nur auf solche Klagen anzuwenden, die erhoben worden sind, nachdem diese Verordnung in Kraft getreten ist, also ab dem

530 OLG Stuttgart, Urteil vom 25.11.2002 (Az. 6 U 135/02), MDR 2003, 350 f.

1.3.2002. Die Frage, wann die Klage als „erhoben" gilt, beurteilt sich nach dem Recht des angerufenen Gerichts[531]. Vorliegend bestimmt sich dies nach deutschem Zivilprozessrecht und damit nach § 253 Abs. 1 ZPO. Maßgeblich ist somit die Zustellung der Klageschrift in der Vorinstanz, die im Streitfall am 28.3.2002 erfolgte. Folglich ist im Streitfall für die Frage der internationalen Zuständigkeit zutreffend die EuGVO zugrunde gelegt worden.

Während die Vorinstanz Art. 5 Nr. 3 EuGVO bejahte und hilfsweise Art. 15 f. EuGVO annahm, kehrte das Berufungsgericht dieses Alternativ-Verhältnis um und ging von einem verbrauchervertraglichen Gerichtsstand an erster Stelle aus. Damit lag das OLG Stuttgart in seinem Urteil vom 25.11.2002 inhaltlich bereits auf einer Linie mit dem drei Tage später ergangenen Urteil des BGH vom 28.11.2002, das damals Art. 13 EuGVÜ und alternativ Art. 5 EuGVÜ bejahte.

Der BGH und das OLG Stuttgart vertreten allerdings unterschiedliche Ansichten, was die Überprüfbarkeit der internationalen Zuständigkeit nach der ZPO-Reform angeht: Während das OLG Stuttgart eine derartige Überprüfung in der Berufungsinstanz unter Hinweis auf § 513 Abs. 2 ZPO n.F. ablehnt, gelangt der BGH in seinem Urteil vom 28.11.2002 für den parallel gelagerten § 545 Abs. 2 ZPO n.F. zu dem Ergebnis der Revisibilität.

Obwohl das OLG Stuttgart unzutreffend nicht von einer Überprüfbarkeit der internationalen Zuständigkeit in der Berufungsinstanz ausgeht, erörtert es für den Fall einer gegenteiligen Annahme ungewöhnlich ausführlich die internationale Zuständigkeit bei Klagen aus isolierten Gewinnzusagen. Das Gericht untersucht das Vorliegen der verschiedenen in Art. 15 f. EuGVO normierten Voraussetzungen, wobei der Schwerpunkt auf der Erörterung liegt, ob es sich bei einem Anspruch aus einer Gewinnzusage um einen Anspruch „aus einem Vertrag handeln" kann. Hierbei nimmt das OLG Stuttgart die Grundsätze einer autonomen Auslegung ernst und damit in Kauf, dass es zu divergierenden Ergebnissen auf nationaler und europäischer Ebene kommt. So erkennt es zutreffend, dass einer dogmatischen Einordnung als *gesetzlichem* Anspruch im deutschen Recht nicht die Annahme eines *vertraglichen* Anspruchs im Rahmen des EuGVO entgegensteht. Auch wird zu Recht darauf hingewiesen, dass sich das damals bereits ergangene EuGH-Urteil „Gabriel" als Entscheidung zu verkaufsakzessorischen Gewinnzusagen nicht unmittelbar auf die Behandlung isolierter Gewinnzusagen übertragen lässt.

531 Vgl. BGH, Urteil vom 28.2.1996 (Az. XII ZR 181/93), BGHZ 132, 105 ff.; Thomas/Putzo-Hüßtege, Art. 66 EuGVO.

Im Ergebnis ist dem OLG Stuttgart beizupflichten und der unter Geltung der EuGVO erweiterte Verbrauchergerichtsstand auch bei grenzüberschreitenden isolierten Gewinnzusagen als eröffnet anzusehen.

(2) OLG Brandenburg vom 13.1.2004

Auch das Brandenburgische OLG[532] sprach sich in seinem Urteil vom 13.1.2004 bei einer isolierten Gewinnzusage für die internationale Zuständigkeit im Verbrauchergerichtsstand des Art. 15 Abs. 1 lit.c EuGVO aus.

(a) Urteil

Um überhaupt im Rahmen der Berufung Stellung beziehen zu können, musste auch das OLG Brandenburg zunächst die Hürde des § 513 Abs. 2 ZPO n.F. überwinden, wonach die Berufung nicht darauf gestützt werden kann, dass das Gericht des ersten Rechtszuges seine Zuständigkeit zu Unrecht angenommen hat. Unter Verweis auf das Urteil des BGH vom 28.11.2002, das von einer Revisibilität der Entscheidung über die internationale Zuständigkeit auch nach der ZPO-Reform ausgeht, bejaht das Brandenburgische OLG die Möglichkeit, in der Berufungsinstanz die internationale Zuständigkeit des Gerichts rügen zu können.

Hinsichtlich der internationalen Zuständigkeit des erstinstanzlichen LG Potsdam schließt sich das Brandenburgische OLG dessen Ausführungen und Ergebnis an, wonach dies aus Art. 15 EuGVO folge. Die örtliche Zuständigkeit bestimme demnach der Wohnsitz des Klägers.

Trotzdem lässt das Brandenburgische OLG die Revision zu, da die Voraussetzungen des § 543 Abs. 2 ZPO erfüllt seien: Zum einen sei davon auszugehen, dass angesichts der zahlreichen Entscheidungen der Instanzgerichte zu § 661a BGB und der hierzu bislang fehlenden Rechtsprechung des BGH die Sache grundsätzlich Bedeutung habe, zum anderen fordere die Sicherung einer einheitlichen Rechtsprechung eine Entscheidung des Revisionsgerichts.

(b) Stellungnahme

Während sich die zuvor besprochene Entscheidung des OLG Stuttgart durch ausführliche Erörterungen auszeichnet, fehlen derartige Überlegungen im Urteil des Brandenburgischen OLG gänzlich. Das Brandenburgische OLG statuiert ledig-

---

532 Brandenburgisches OLG, Urteil vom 13.1.2004 (Az. 6 U 79/03), Langtext über juris abrufbar.

lich, dass die Voraussetzungen des Art. 15 EuGVO erfüllt seien und begnügt sich mit einem Hinweis auf die zutreffenden Ausführungen des Landgerichtes.

Die Frage der Qualifikation des Anspruchs aus § 661a BGB wird vom Berufungsgericht nur im Rahmen der Frage des anwendbaren Rechts erörtert. Hierbei werden nur zwei der verschiedenen denkbaren Ansätze dargestellt und selbst eine Entscheidung zwischen diesen Auffassungen wird offen gelassen.

Auch findet sich dabei der in der untergerichtlichen Rechtsprechung sehr verbreitete Hinweis auf einen Aufsatz von Lorenz[533] aus dem Jahre 2000, in dem dieser eine Einordnung von § 661a BGB als Fall einer Rechtsscheinhaftung angedacht hat. Mittlerweile hat selbst er jedoch diese Überlegung in einem Aufsatz aus dem Jahre 2002 verworfen[534]. Es drängt sich beim Leser deshalb der Eindruck auf, dass der 6. Zivilsenat des Brandenburgischen OLG sich bei der Urteilsfindung weder ein umfassendes, noch ein aktuelles Bild vom Stand der Rechtsprechung und Literatur zu Problemen der Gewinnzusage gemacht hat, sondern sich anscheinend nur von einem Aufsatz und einigen bereits ergangenen Urteilen hat leiten lassen. Beispielhaft veranschaulicht damit dieses Urteil die Notwendigkeit einer umfassenden Aufarbeitung des aktuellen Meinungsstandes zu Gewinnzusagen in Literatur und Rechtsprechung.

(3) OLG Braunschweig vom 4.7.2005

In seinem Urteil vom 4.7.2005 übertrug das OLG Braunschweig[535] unbesehen die Grundsätze des noch unter Geltung des EuGVÜ ergangenen EuGH-Urteils „Engler" vom 20.1.2005 auf die Rechtslage unter Geltung der EuGVO.

(a) Urteil

Vorliegend stellte sich neben dem Problem des § 513 II ZPO n.F. zunächst die Frage, ob das OLG überhaupt für die Berufung gegen das Urteil eines Amtsgerichts zuständig ist. Da die Beklagte ihren Sitz nicht in Deutschland hat, wird diese Frage unter Hinweis auf § 119 Abs. 1 Nr. 1 lit.b GVG vom OLG bejaht.

Das OLG Braunschweig verweist dann auf die Entscheidung „Engler", in welcher der EuGH in einer vergleichbaren Sache unter der Geltung des EuGVÜ entschieden hat und ruft dessen Überlegungen ins Gedächtnis. Das Berufungsgericht geht von einer inhaltlichen Identität der damals einschlägigen Vorschrift des

---

533 Lorenz, NJW 2000, 3305 – 3310.

534 Lorenz, IPRax 2002, 192/195, Fn. 42: „[...] meine in NJW 2000, 3305/3307 geäußerten Bedenken sowie die dort vorgeschlagene Anknüpfung als Rechtsscheintatbestand halte ich nicht mehr aufrecht."

535 OLG Braunschweig, Urteil vom 4.7.2005 (Az. 7 U 105/04), NJW 2006, 161 f.

Art. 5 Nr. 1 EuGVÜ mit Art. 5 Nr. 1 lit.a EuGVO aus. Voraussetzung für die internationale Zuständigkeit sei demnach die Antwort auf die Frage, an welchem Ort die Verpflichtung der Beklagten zu erfüllen wäre. Unter Zugrundelegung der deutschen IPR-Regeln gelangt das OLG Braunschweig zu dem Ergebnis, dass sowohl nach deutschem als auch nach österreichischem Recht die Gewinnzusage im vorliegenden Fall in Wien zu erfüllen wäre. Eine internationale Zuständigkeit deutscher Gerichte sei demnach nicht gegeben, weshalb die Klage aus diesem Grund abzuweisen sei.

(b) Stellungnahme

Zutreffend zieht das OLG Braunschweig die ein halbes Jahr zuvor ergangene EuGH-Entscheidung „Engler" heran, in welcher die Frage der internationalen Zuständigkeit bei grenzüberschreitenden isolierten Gewinnzusagen erörtert wurde. Zu Recht geht das OLG Braunschweig davon aus, dass der damals einschlägige Art. 5 Nr. 1 EuGVÜ mit Art. 5 Nr. 1 lit.a EuGVO inhaltlich identisch ist.

Zu kritisieren ist allerdings, dass das OLG Braunschweig im Gegensatz zum EuGH keine andere Möglichkeit außer dem Vertragsgerichtsstand erörtert. Überlegungen zum ebenfalls denkbaren Verbrauchergerichtsstand bzw. deliktischem Gerichtsstand fehlen völlig. Lediglich am Ende des Urteils wird die Zulassung der Revision mit einem Hinweis auf bereits ergangene Rechtsprechung gerechtfertigt, die abweichend vom Berufungsgericht den verbrauchervertraglichen bzw. deliktischen Gerichtsstand annahm. Das Fehlen von Erörterungen diesbezüglich ist umso mehr zu bedauern, da auch unter Geltung der EuGVO der einschlägige Gerichtsstand gerade durch eine Abgrenzung der drei in Betracht kommenden besonderen internationalen Gerichtsstände herzuleiten ist.

Außerdem äußert das Berufungsgericht überhaupt keine international-prozessualen Überlegungen zur autonomen Auslegung des von ihm favorisierten Vertragsgerichtsstandes, sondern vertieft sofort die Frage des Erfüllungsortes. Für die Bestimmung des Erfüllungsortes ist das anwendbare Recht entscheidend, das sich nach Maßgabe international-privatrechtlicher Regeln bestimmt.

Indem das OLG Braunschweig das Ergebnis der internationalen Zuständigkeit österreichischer Gerichte über die IPR-Regeln ohne prozessuale Erörterungen zur autonomen Auslegung herleitet, zäumt es das Pferd von hinten auf. Eigentlich ist zunächst stets die prozessuale Frage der internationalen Zuständigkeit zu klären, bevor dann die Frage des anwendbaren Rechts nach dem IPR des Forums zu beantworten ist. Das OLG Braunschweig hätte zuerst die Voraussetzungen des Art. 5 Nr. 1 EuGVO prüfen müssen und erst bei einem Vorliegen derselben dann als Konsequenz Überlegungen zum Erfüllungsort anschließen.

Immerhin ist positiv hervorzuheben, dass die Frage des anwendbaren Rechts vom OLG Braunschweig geradezu lehrbuchhaft dargestellt wird: Ob deutsches Recht zur Anwendung komme, bestimme sich im vorliegenden Rechtsstreit entweder nach Art. 27 EGBGB für den Fall, dass man wie der BGH[536] in seiner Entscheidung vom 9.12.2004 von einer Rechtswahl ausgehe, wenn die Parteien übereinstimmend ihrem Sachvortrag dieses Recht zu Grunde legen. Selbst bei einer Anwendung deutschen Rechts müsste die Klage jedoch in Österreich eingereicht werden. Da im deutschen Recht Geldschulden als Schickschulden einzuordnen seien, liege der Leistungsort in Wien, wo die Beklagte ansässig sei.

Wenn man hingegen keine Rechtswahl nach Art. 27 EGBGB annehmen würde, käme es auf die objektive Anknüpfung des Schuldverhältnisses gemäß Art. 28 EGBGB an. Maßgeblich wäre nach dessen Abs. 1, mit welchem Staat das Schuldverhältnis die engsten Verbindungen aufweise. In seinem Abs. 2 wird vermutet, dass die engsten Verbindungen u.a. mit dem Staat bestehen, in dem die Partei, die die charakteristische Leistung zu erbringen hat, ihre Hauptverwaltung hat. Folglich käme vorliegend österreichisches Recht zur Anwendung. Die Vorschrift des § 5j öKSchG entspreche dem § 661a BGB und käme daher als Anspruchsgrundlage der Klage in Betracht. Nach den Regeln des Allgemeinen Bürgerlichen Gesetzbuches für Österreich müsste die Klage in Österreich erhoben werden.

Unabhängig davon, ob deutsches oder österreichisches Recht zur Anwendung gelangt, ist die fragliche Gewinnzusage in Wien zu erfüllen mit der Folge, dass die deutsche internationale Zuständigkeit nicht gegeben ist und das OLG Braunschweig daher zutreffend die Klage abgewiesen hat.

Im Gegensatz dazu ist der BGH in einem parallel gelagerten Urteil vom 1.12.2005, das ein halbes Jahr nach dem des OLG Braunschweig ergangen ist, zu dem gegenteiligen Ergebnis gelangt. Der BGH nahm auch unter Geltung der EuGVÜ den Vertragsgerichtsstand an und gelangte über Art. 34 EGBGB im Grunde ebenfalls zu dem Ergebnis eines ausländische Erfüllungsortes. Statt diese prozessuale Zuordnung zu respektieren, setzte sich der BGH mit einer ergebnisorientierten Argumentation darüber hinweg. Obwohl in dem Streitfall keine Bringschuld vereinbart wurde, folgerte der BGH aus Sinn und Zweck des § 661a BGB, dass der Unternehmer den zugesagten Preis am Wohnsitz des Verbrauchers zu leisten habe.

Insofern ist zu begrüßen, dass das OLG Braunschweig konsequenterweise die Klage abweist und nicht wie der BGH auf fragwürdige Weise eine internationale Zuständigkeit deutscher Gerichte herbeiführt. Im Übrigen ist zu bedenken, dass in dem vom OLG Braunschweig entschiedenen Fall die Konsequenz der interna-

---

536 BGH, Urteil vom 9.12.2004 (Az. III ZR 112/04), NJW 2005, 827 f.

tionalen Zuständigkeit österreichischer Gerichte den Kläger nicht über Gebühr belastet. Auch im österreichischen Recht gibt es mit § 5 öKSchG eine potentielle Anspruchsgrundlage und die Gerichtssprache bleibt deutsch, lediglich die Nationalität des zu beauftragenden Rechtsanwalts ändert sich. Von daher entpuppt sich das Ergebnis des OLG Braunschweig als nicht so verbraucherunfreundlich wie es auf den ersten Blick scheinen mag.

(4) OLG Rostock vom 14.10.2005

Das OLG Rostock bejahte in seinem Urteil vom 14.10.2005[537] für den Fall einer grenzüberschreitenden isolierten Gewinnzusage die Zuständigkeit der deutschen Gerichte gemäß Art. 15 Abs. 1 lit.c EuGVO, Art. 5 Nr. 5 EuGVO und Art. 24 EuGVO.

(a) Urteil

Eine isolierte Gewinnzusage sei als Verbrauchersache im Sinne von Art. 15 Abs. 1 lit.c. EuGVO einzuordnen, da sich diese Regelung von Art. 13 Abs. 1 Nr. 3 EuGVÜ dadurch unterscheide, dass eine synallagmatische Verknüpfung von Leistungspflichten nicht mehr vorausgesetzt werde. Denn anders als nach Art. 13 Abs. 1 Nr. 3 EuGVÜ komme es gemäß Art. 15 Abs. 1 lit.c EuGVO nicht mehr auf die Erbringung einer Dienstleistung oder die Lieferung beweglicher Sachen an, sondern nur noch auf das Vorliegen eines Vertrages. Dies könne der Senat feststellen, ohne die Auslegungsfrage dem EuGH vorzulegen, weil er sich hierbei in Übereinstimmung mit der vom EuGH in seiner Entscheidung „Engler“ vorgenommenen Auslegung befinde. Obwohl der EuGH diese Frage bezüglich der EuGVO noch nicht entschieden habe, könne eine Vorlage unterbleiben, da die richtige Anwendung des Gemeinschaftsrechts so offenkundig sei, dass für vernünftige Zweifel kein Raum mehr bleibe. Außerdem seien die deutschen Gerichte auch nach Art. 5 Nr. 5 EuGVO international zuständig, da die Beklagte ausweislich des Briefumschlags für die Gewinnanforderung unter einer deutschen Postanschrift in Erscheinung getreten sei. Selbst wenn die Beklagte keine Niederlassung an diesem Ort unterhalten haben sollte, so habe sie durch die Verwendung des Rückumschlages zumindest einen entsprechenden Rechtsschein zurechenbar hervorgerufen.

Ergänzend weist der Senat darauf hin, dass selbst wenn die internationale Zuständigkeit der deutschen Gerichte nicht schon aus Art. 15 Abs. 1 lit.c bzw. aus

537 OLG Rostock, Urteil vom 14.10.2005 (Az. 8 U 84/04), NJW-RR 2006, 209 f.

Art. 5 Nr. 5 EuGVO folgen würde, diese sich letztlich aufgrund einer rügelosen Einlassung nach Art. 24 EuGVO ergeben würde.

(b) Stellungnahme

Das Urteil des OLG Rostock illustriert beispielhaft zwei Tendenzen, die bei den meisten deutschen Urteilen zu grenzüberschreitenden Gewinnzusagen anzutreffen sind. Zum einen wird zumeist ergebnisorientiert ein verbraucherfreundlicher Gerichtsstand hergeleitet und zum anderen stets versucht, eine Vorlage an den EuGH zu umgehen.

Das OLG Rostock begründet die Entbehrlichkeit einer Vorlage an den EuGH damit, dass die richtige Anwendung des Gemeinschaftsrechts so offenkundig sei, dass für vernünftige Zweifel kein Raum mehr bleibe. Hierbei rekurriert das Gericht unter Hinweis auf das BGH-Urteil vom 28.11.2002 auf die vom EuGH aufgestellten CILFIT-Kritierien. Wie die österreichischen Vorlagefragen in den Verfahren „Kapferer" und „Ilsinger" zeigen, bestehen jedoch offenkundig berechtigte Zweifel an der richtigen Anwendung des Gemeinschaftsrechts bei grenzüberschreitenden isolierten Gewinnzusagen. Außerdem bejaht das OLG Rostock selbst drei ganz unterschiedliche Gerichtsstände und offenbart allein durch die Anzahl, dass wohl doch Zweifel hinsichtlich der richtigen Anwendung bestehen.

Neben der zutreffenden Anwendung des Art. 15 Abs. 1 lit.c EuGVO, bejaht das OLG Rostock den Gerichtsstand der Niederlassung nach Art. 5 Nr. 5 EuGVO und geht im Streitfall von einer rügelosen Einlassung nach Art. 24 EuGVO aus. Dies verdient aus verschiedenen Gründen Aufmerksamkeit: Einerseits handelt es sich hierbei um das einzige Urteil zur internationalen Zuständigkeit bei Gewinnzusagen, das Art. 5 Nr. 5 EuGVO mit dem Gerichtsstand der Niederlassung anspricht. Zum anderen diskutiert einen Monat später auch Generalanwalt Tizzano in seinem Schlussantrag vom 10.11.2005 zur Rechtssache „Kapferer" die rügelose Einlassung nach Art. 24 EuGVO.

Auch in anderer Hinsicht beweist das OLG Rostock Weitblick, indem es bereits in seinem Urteil vom 14.10.2005 folgende Problematik anspricht: Die internationale Zuständigkeit der deutschen Gerichte im Falle einer grenzüberschreitenden Mitteilung könne im Anwendungsbereich des EuGVÜ entgegen der vom BGH im Urteil vom 28.11.2002 vertretenen Auffassung nicht mehr ohne weiteres daraus hergeleitet werden, dass entweder eine Verbrauchersache oder ein Anspruch aus unerlaubter Handlung vorliege. Dieses Dilemma stellte sich zwar im Streitfall aufgrund der Geltung der EuGVO nicht, führte jedoch zu einem Revirement der Rechtsprechung des BGH in seinem Urteil vom 1.12.2005. Dieses Urteil wird vermutlich die letzte Entscheidung des BGH zu Gewinnzusagen unter Geltung des EuGVÜ gewesen sein. Künftig werden sich die Richter in Karlsruhe wie die Richter in Rostock mit der Frage beschäftigen müssen, wie grenzüberschreitende isolierte Gewinnzusagen im Rahmen der EuGVO einzuordnen sind. Es bleibt zu hoffen, dass auch der BGH aufgrund einer Neukonzeption des Verbrauchergerichtsstandes in Art. 15 Abs. 1 lit.c EuGVO diesen bejahen wird.

dd) Erstinstanzliche Rechtsprechung

Mangels einschlägiger höchstrichtlicher Rechtsprechung zur Behandlung isolierter Gewinnzusagen unter Geltung der EuGVO, scheint es im Interesse eines umfassenden Überblicks angebracht, neben der oberlandesgerichtlichen Rechtsprechung auch beispielhaft die bereits ergangene erstinstanzliche Rechtsprechung kritisch zu würdigen.

(1) LG Frankfurt (Oder) vom 14.11.2002

Das LG Frankfurt (Oder)[538] verneinte in seinem Urteil vom 14.11.2002 seine internationale Zuständigkeit und wies deshalb die auf einer isolierten Gewinnzusage basierende Klage als unzulässig ab.

(a) Urteil

Das LG Frankfurt (Oder) verneinte für eine grenzüberschreitende isolierte Gewinnzusage mit Art. 5 Nr. 1, 5 Nr. 3 und 15 EuGVO jede denkbare besondere Zuständigkeit für deutsche Gerichte nach der EuGVO:

Der für Art. 5 Nr. 1 EuGVO maßgebliche Erfüllungsort bestimme sich gemäß Art. 28 Abs. 2 EGBGB im Ergebnis nach dem Recht der Niederlande, wo sich die Hauptniederlassung des Beklagten befinde und wo die Auszahlung des Gewinns zu erbringen sei. Außerdem geht das LG Frankfurt (Oder) davon aus, dass gesetzliche Schuldverhältnisse wie § 661a BGB von Art. 5 Nr. 1 EuGVO nicht erfasst seien.

Eine auf Art. 5 Nr. 3 EuGVO basierende internationale Zuständigkeit deutscher Gerichte scheitere am mangelnden Schaden, da es sich bei dem Anspruch aus § 661a BGB um einen Erfüllungsanspruch handele. Auch liege keine unerlaubte Handlung i.S.d. unlauteren Wettbewerbs vor, da Verbraucher und Unternehmer sich nicht im Wettbewerb miteinander befinden würden.

Die internationale Zuständigkeit nach Art. 15 EuGVO sei ebenfalls nicht gegeben. Mit der im Vergleich zur Vorschrift des Art. 13 EuGVÜ erweiterten Fas-

538 LG Frankfurt (Oder), Urteil vom 14.11.2002 (Az. 14 O 156/02), Langtext über juris abrufbar.

sung wollte der Verordnungsgeber zwar Verbraucherrechte stärken. Allein diese Absicht lasse es aber nicht zu, bei einer autonomen Auslegung des Begriffs „Ansprüche aus einem Vertrag" zu einem anderen Ergebnis zu gelangen, als bei der entsprechenden Auslegung in Art. 5 Nr. 1 EuGVO. Der Gesetzeszweck und die Tatsache, dass es sich bei der Klägerin um eine Verbraucherin handele, reiche nicht aus, um eine analoge Anwendung des Art. 15 EuGVÜ bei Klagen aus Gewinnzusagen zu begründen.

Abschließend weist das LG Frankfurt (Oder) auf Art. 26 Abs. 1 EuGVO hin, wonach das angerufene Gericht die internationale Zuständigkeit von Amts wegen zu prüfen hat, um einen diesbezüglichen Einwand der Klägerin zu entkräften. Die Klägerin hatte ausgeführt, dass die Rüge der internationalen Zuständigkeit durch die Beklagte gegen Treu und Glauben verstoße. Auch sei für die Arglisteinrede wegen Erschleichen des Gerichtsstandes, auf die sich die Klägerin außerdem berufe, kein Raum solange die Beklagte de facto in den Niederlanden sitze, was vorliegend trotz zusätzlicher Postfachadresse in Deutschland bejaht wurde.

(b) Stellungnahme

Das Urteil des LG Frankfurt (Oder) verneint zutreffend Art. 5 Nr. 3 EuGVO. Die Ablehnung des Art. 5 Nr. 1 und Art. 15 EuGVO ist jedoch kritisch zu hinterfragen. Die Argumentation, mit welcher der Vertragsgerichtsstand ausgeschlossen wird, offenbart einige Mängel im international-zivilprozessualen Verständnis der 4. Zivilkammer. Nach Ausführungen zu den verschiedenen Möglichkeiten der dogmatischen Verortung im deutschen Recht, heißt es in dem Urteil weiter, „die Qualifikation des Anspruchs aus § 661a BGB bestimmt aber nicht die internationale Zuständigkeit". Die 4. Zivilkammer verwechselt den internationalrechtlich relevanten Begriff der Qualifikation mit der dogmatischen Einordnung im nationalen Recht. Natürlich bestimmt nicht die Einordnung im deutschen Recht über die internationale Zuständigkeit, sondern die Qualifikation des Rechtsinstituts im Rahmen der EuGVO. Qualifikation bedeutet in diesem Zusammenhang eine Subsumtion unter die autonom auszulegenden Begrifflichkeiten der EuGVO. Die Qualifikation im Rahmen der EuGVO und die nationale dogmatische Einordnung können sich entsprechen, müssen dies jedoch nicht. Nimmt man den Grundsatz der autonomen Auslegung ernst, so steht beispielsweise eine Einordnung als gesetzlicher Anspruch im deutschen Recht nicht einer Einordnung als vertraglicher Anspruch im Rahmen der EuGVO entgegen. Dies verkennt das LG Frankfurt (Oder).

Auch verkennt das Gericht den Umfang des Vertragsgerichtsstandes. Wie für die Vorgängernorm des Art. 5 Nr. 1 EuGVÜ ist für Art. 5 Nr. 1 EuGVO das Vorliegen einer einseitigen Verpflichtung ausreichend. Der autonom auszulegende

Begriff des „Vertrages" i.S.d. EuGVO ist damit weiter als der Vertragsbegriff im deutschen Recht, unter den eine isolierte Gewinnzusage nicht zu subsumieren wäre.

Der für den Verbrauchergerichtsstand entscheidende Begriff des „Verbrauchervertrages" wurde unter Geltung des EuGVÜ restriktiver ausgelegt als der Begriff des „Vertrages", der für die Begründung des vertraglichen Gerichtsstandes entscheidend war. In Art. 15 EuGVO wurde nunmehr der Anwendungsbereich im Vergleich zur Vorgängernorm des Art. 13 EuGVÜ weiter gefasst, so dass es mittlerweile sachgerecht erscheint, auch isolierte Gewinnzusagen im Verbrauchervertragsgerichtsstand geltend machen zu können. Das LG Frankfurt (Oder) glaubt hingegen, nach einer – unzutreffenden – Ablehnung des Art. 5 Nr. 1 EuGVO, sei der Weg zur Annahme der lex specialis des Art. 15 EuGVO versperrt, da es von einer einheitlichen Auslegung des Vertragsbegriffs in Art. 5 Nr. 1 und Art. 15 EuGVO ausgeht.

Abschließend bleibt noch zu bemängeln, dass in der Urteilsbegründung nicht alle denkbaren und diskutierten Möglichkeiten der dogmatischen Verortung des § 661a BGB angesprochen werden. Hierbei zeigen sich symptomatisch die handwerklichen Mängel, die dieses Urteil des LG Frankfurt (Oder) kennzeichnen.

(2) LG Bonn vom 25.11.2003

Das LG Bonn[539] bricht in seinem Urteil vom 25.11.2003 eine Lanze für die Anwendbarkeit des deliktischen Gerichtsstandes nach Art. 5 Nr. 3 EuGVO bei grenzüberschreitenden isolierten Gewinnzusagen.

(a) Urteil

Nach Auffassung des LG Bonn könne dahinstehen, ob sich die internationale Zuständigkeit der deutschen Gerichte aus Art. 15 EuGVO ergebe. Die internationale und örtliche Zuständigkeit folge jedenfalls aus Art. 5 Nr. 3 EuGVO, da die Haftung aus einer Gewinnzusage mit der Haftung aus unerlaubter Handlung vergleichbar sei, wie das LG Bonn unter Hinweis auf die Entscheidung des BGH vom 28.11.2002 ausführt.

Dementsprechend könne die Beklagte an dem für den Wohnsitz der Klägerin zuständigen Gericht verklagt werden, da dort mit dem Empfang der Gewinnzusage der Erfolg der unerlaubten Handlung eingetreten sei.

---

539 LG Bonn, Urteil vom 25.11.2003 (Az. 2 O 495/02), Langtext über juris abrufbar.

(b) Stellungnahme

Zwar muss man dem LG Bonn zugute halten, dass es bei seiner Urteilsfindung im Jahre 2003 noch nicht die Entscheidung „Engler" vom 20.1.2005 und das BGH-Urteil vom 1.12.2005 kennen konnte. Aber selbst die zum damaligen Zeitpunkt bereits ergangene Entscheidung des BGH vom 28.11.2002 wird unzutreffend gewürdigt. Das LG Bonn bezieht sich wiederholt auf die Entscheidung des BGH vom 28.11.2002, in welcher der BGH alternativ Art. 13 bzw. Art. 5 Nr. 3 EuGVÜ annahm. Das LG Bonn stützt sich jedoch nur auf Art. 5 Nr. 3 EuGVO ohne Erörterungen zum verbrauchervertraglichen Gerichtsstand anzustellen, der damals vom BGH bejaht wurde. Auch fehlen Anmerkungen zu dem Umstand, dass sich unter Geltung der EuGVO der Zuschnitt des verbrauchervertraglichen Gerichtsstandes geändert hat, und sich deshalb die Frage der Qualifikation einer Gewinnzusage unter Geltung des Art. 15 EuGVO wieder ganz neu stellt.

Der Streitfall, über den das LG Bonn zu entscheiden hatte, zeigt anschaulich den Duktus und die Unverfrorenheit, die dubiose Sender bei den Formulierungen von Gewinnzusagen an den Tag legen. In dem „Gewinn-Auszahlungs-Schreiben" an die Klägerin heißt es u.a. „Sie werden es nicht glauben, aber manchmal ist es gar nicht so einfach, mit Hauptgewinnern einen Termin für die Gewinnübergaben zu vereinbaren. Deshalb wollte ich schon im Vorfeld abklären, wie es am 17. Mai bei Ihnen aussieht. Ich denke gerade um Pfingsten ist man ja meistens zu Hause, und einem Geldkurier, der so kurz vor den Feiertagen noch 20.000 € vorbeibringt, würden Sie doch bestimmt die Haustür öffnen, oder Frau V? […] Für meine Planung wäre es daher sehr hilfreich, wenn Sie auf Ihrer Gewinn-Anforderung schon einmal ankreuzen würden, welche Uhrzeit Ihnen am liebsten wäre." Außerdem war ein Kontoauszug mit dem handschriftlichen Zusatz „Für V" sowie ein Schreiben an den Haupt-Juror beigelegt, in dem es hieß: „Lieber C! Anliegend der Kontoauszug über 20.000 € für V. Wie Du siehst, habe ich das Geld gestern eingezahlt. Der Betrag liegt ab sofort zur Auszahlung bereit. Übergibst Du dieses Mal den Gewinn eigentlich selbst oder fährt der Chef persönlich?" Hierdurch entsteht berechtigterweise der Eindruck, die Klägerin habe bereits gewonnen und lediglich die konkreten Übergabe-Modalitäten seien noch zu regeln. Jedoch gab die Beklagte der Klägerin nach ihrer Rücksendung bekannt, sie habe nicht gewonnen, weil ihre Gewinn-Nummer nicht mit der vorab ermittelten Gewinn-Nummer für den Hauptpreis identisch sei, was aber laut ihrer sehr klein gedruckten und versteckten „Auszahlungs-Bedingungen" Voraussetzung sei. Das LG Bonn erkannte zutreffend, dass die Klägerin aber bereits aus den ihr zugesandten Unterlagen schließen durfte, dass sie als Gewinnerin bereits feststehe, der Tag der Auszahlung festgelegt, bei der Beklagten die Zahlung an sie gebucht und für den Mitarbeiter als Termin vorgemerkt gewesen sei.

Abschließend bleibt noch darauf hinzuweisen, dass in dem Urteil über den bei Gewinnzusagen sehr seltenen Fall einer vereinbarten Bringschuld zu entscheiden war. Vorliegend wurde durch den Hinweis auf eine Übergabe an der Haustür der Empfängerin eine Bringschuld vereinbart, bei welcher der Leistungsort am Wohnsitz des Gläubigers liegt. Hätte das LG Bonn eine internationale Zuständigkeit i.S.d. Art. 5 Nr. 1 EuGVO bejaht, so wäre demnach der Leistungsort am Wohnsitz des Empfängers der Gewinnzusage gewesen. Insofern verwundert es, dass Ausführungen zu diesem vorliegend sehr verbraucherfreundlichen Gerichtsstand völlig fehlen.

(3) LG Kaiserslautern vom 12.5.2004

Das LG Kaiserslautern[540] hielt in seinem Urteil vom 12.5.2004 bei einer isolierten grenzüberschreitenden Gewinnzusage den Verbrauchergerichtsstand nach Art. 15 EuGVO für einschlägig.

(a) Urteil

Nach Ansicht des LG Kaiserslautern ergibt sich bei Klagen aus isolierten Gewinnzusagen einer im europäischen Ausland ansässigen Firma die internationale Zuständigkeit der deutschen Gerichte aus Art. 15 EuGVO. Das LG Kaiserslautern geht davon aus, dass Gewinnzusagen als geschäftsähnliche Handlungen anzusehen seien. Mangels Bestellung könne vorliegend die vertragliche Natur des Klageanspruchs nicht wie in der Rechtssache „Gabriel" aus einer untrennbaren Verbindung zwischen der Gewinnzusage und einer etwaigen Warenbestellung hergeleitet werden.

Die an den Kläger gerichtete Gewinnzusage zielte jedoch auf eine Vertragsanbahnung. Der Kläger sollte nach Ansicht des LG Kaiserslautern hierdurch veranlasst werden, bei der Beklagten Waren zu bestellen. Die Gewinnzusage sei zusammen mit dem Versandhandelskatalog der Beklagten übersandt worden, was letztlich einer Aufforderung der Beklagten gleichkomme, ihre Angebote auch zu nutzen. Die Gewinnbenachrichtigung sei einer angebotenen Warenbestellung somit nur vorgeschaltet, um den Kaufentschluss des Verbrauchers zu fördern. Die Gewinnzusage stelle somit die typische Vorstufe eines Verbrauchergeschäfts dar und rechtfertige deshalb die Annahme der Zuständigkeitsvorschriften nach Art. 15 EuGVO.

---

540 LG Kaiserslautern, Urteil vom 12.5.2004 (Az. 2 O 434/03), Langtext über juris abrufbar.

Allerdings regele nach Ansicht des LG Kaiserslautern Art. 16 EuGVO nur die internationale Zuständigkeit, so dass die örtliche Zuständigkeit des angerufenen Gerichts vom nationalen Gericht zu bestimmen sei. Sinn und Zweck der Verbraucherverträge in der EuGVO würden eine analoge Anwendung der Zuständigkeitsregelung nach § 29c ZPO rechtfertigen, wonach Klagen aus Haustürgeschäften am Wohnsitzgericht des Verbrauchers anhängig gemacht werden können.

(b) Stellungnahme

Die Argumentation des LG Kaiserslautern trifft den Kern der Sache. Selbst bei isolierten Gewinnzusagen kommt es den Sendern letztendlich darauf an, Bestellungen zu generieren. Auch wenn dies nicht wie bei verkaufsakzessorischen Gewinnzusagen eine ausdrückliche Voraussetzung ist, so hoffen die Sender doch, dass die Freude über den angeblichen Gewinn den Empfänger in Kauflaune versetzt und er aus dem beiliegenden Prospekt etwas bestellt.

In Reaktion auf die EuGH-Entscheidung „Gabriel“ postulieren die Sender nur noch selten das Erfordernis einer Bestellung, um nicht den für sie unbequemen Verbrauchergerichtsstand durch diese untrennbare Verbindung zur Bestellung zu begründen. Dies erklärt den Aufschwung der isolierten Gewinnzusagen in der Folgezeit, ändert jedoch nichts an der Zielsetzung unseriöser Sender. Im Prinzip stellen auch isolierte Gewinnzusagen meist nur Werbung dar; aber eben mit dem Trick, dass sich der Empfänger persönlich angesprochen fühlen soll und sich deshalb vertiefter damit auseinandersetzt. Der Gewinn ist deshalb in den meisten Fällen ein Geldbetrag, dessen In-Aussicht-Stellen die Hemmschwelle für eine fakultative Bestellung senken soll.

Im Rahmen von isolierten Gewinnzusagen findet in den letzten Jahren eine bestimmte Vorgehensweise dubioser Anbieter vermehrt Verbreitung, die auch im Streitfall gegeben war. Ohne Vorankündigung erhält der Empfänger eine scheinbar letztmalige Erinnerung, doch endlich seinen Gewinn einzulösen. Beispielhaft sei das Schreiben angeführt, über welches das LG Kaiserslautern zu entscheiden hatte: „Lieber Herr V K., soll ich Ihrem Schweigen entnehmen, dass Sie auf den Hauptgewinn von 12.000 € verzichten möchten? Ich kann es gar nicht glauben, und ich vermute, dass es sich um einen Irrtum handelt. Deshalb habe ich unsere Gewinn-Vergabe gebeten, Ihnen eine zweite Ausfertigung Ihres Scheck-Abruf-Scheins zuzusenden.“ Dieser unseriösen Vorgehensweise möchte das LG Kaiserslautern begegnen, indem es getreu der gesetzgeberischen Intention des § 661a BGB den Versender beim Wort nimmt. Insofern sind Argumentation und Ergebnis des Urteils zu begrüßen.

Das LG Kaiserlautern muss sich allerdings Kritik gefallen lassen, hinsichtlich seiner Behauptung, Art. 16 Abs. 1 EuGVO regle nur die internationale Zuständigkeit, so dass die örtliche Zuständigkeit vom nationalen Recht des angerufenen Gerichts zu bestimmen sei. Diese Problematik bestand unter Geltung des EuGVÜ, das in Art. 14 EuGVÜ tatsächlich nur die internationale, nicht jedoch die örtliche Zuständigkeit für den Verbrauchergerichtsstand bestimmte. Die Nachfolgenorm des Art. 16 EuGVO bestimmt hingegen nicht nur die internationale, sondern zum Teil auch die örtliche Zuständigkeit[541]. Die erste Alternative des Art. 16 Abs. 1 EuGVO regelt nur die internationale Zuständigkeit, die zweite auch die örtliche Zuständigkeit[542]. Aufgrund der zweiten Alternative des Art. 16 EuGVO erhält der Verbraucher stets einen Klägergerichtsstand an seinem Wohnsitz[543]. Die vom LG Kaiserlautern praktizierte analoge Heranziehung des § 29c ZPO, der den besonderen Gerichtsstand für Haustürgeschäfte regelt, ist daher mangels Regelungslücke unter Geltung der EuGVO nicht mehr nötig.

(4) AG Waren vom 2.2.2005

In seinem Beschluss vom 2.2.2005 bejahte das AG Waren[544] seine internationale Zuständigkeit als Verbrauchergerichtsstand und ordnete einen dinglichen Arrest an.

(a) Urteil

Nach Ansicht des AG Waren könne eine grenzüberschreitende Gewinnzusage einen Anspruch auf dinglichen Arrest begründen. Die internationale Zuständigkeit des angerufenen Gerichtes folge aus Art. 16 EuGVO. Ein hinreichender Arrestgrund sei gegeben, wenn glaubhaft gemacht sei, dass das Unternehmen Schwindelgeschäfte betreibe, indem es inhaltlich gleichlautende Gewinnmitteilungen an eine Vielzahl von Personen versende und die Empfänger nachdrücklich aufforderе, ihren Gewinn durch Anwahl einer 0190-Nummer abzurufen. Hierbei würden die Anrufer in Gespräche verwickelt werden mit dem Ziel, nicht unerhebliche Telefongebühren einzunehmen, ohne je die zugesagten Gewinne an die Empfänger auszahlen zu wollen. Zudem sei zu befürchten, dass ohne Verhängung des Arrests die Vollstreckung des Urteils vereitelt oder wesentlich erschwert würde, weil tatsächliche Schwierigkeiten bei der Vollstreckung des Urteils in einem anderen Mitgliedstaat der EU zu besorgen seien. In Vollziehung des dinglichen Arrests könnten daher die Forderungen des Gewinnzusageversenders auf Auskehr

541 Rauscher-*Staudinger*, Art. 16 EuGVO, Rn. 1; Kropholler, Art. 16 EuGVO, Rn. 1; Zöller-*Geimer*, Art. 15 – 17 EuGVO, Rn. 18.
542 Nagel/Gottwald, IZPR, § 3, Rn. 121.
543 Nagel/Gottwald, IZPR, § 3, Rn. 122.
544 AG Waren, Beschluss vom 2.2.2005 (Az. 31 C 58/05), VuR 2005, 316 f.

der Telefongebühren aus der Nutzung von Mehrwertdienstenummern durch die Empfänger der Gewinnzusagen gegen die Telefongesellschaft als Drittschuldner gepfändet werden.

(b) Stellungnahme

Der Beschluss des AG Waren erging am 2.2.2005, so dass im Zeitpunkt der Urteilsfindung das EuGH-Urteil „Engler" vom 20.1.2005 zur Problematik isolierter Gewinnzusagen wohl noch nicht bekannt war. Folglich beschränken sich die Hinweise im Urteil auf die bereits bei Urteilsfindung bekannte Entscheidung „Gabriel" und das BGH-Urteil vom 28.11.2002. Auf diese wird Bezug genommen nach der Feststellung, dass es sich bei der Geltendmachung von Ansprüchen aus Gewinnzusagen um einen vertraglichen Anspruch i.S.d. Art. 16 EuGVO handele. Der Verweis auf Gabriel läuft jedoch ins Leere, da damals über eine verkaufsakzessorische Gewinnzusage entschieden wurde. Auch der Hinweis auf die Entscheidung des BGH vom 28.11.2002 verwundert: Wie soll das damalige Ergebnis von Art. 13 EuGVÜ alternativ zu Art. 5 Nr.3 EuGVÜ das vom AG Waren beschlossene Ergebnis von Art. 15 f. EuGVO stützen? Interessanterweise wird folglich das zutreffende Ergebnis des Verbrauchergerichtsstandes vom AG Waren mit unzutreffenden Hinweisen begründet.

Neben diesem verbraucherfreundlichen Ergebnis ist auch die Anordnung des dinglichen Arrestes durch das AG Waren zu begrüßen. Hierbei handelt es sich um einen gangbaren Weg, um bei isolierten Gewinnzusagen Erlöse aus dem Betreiben einer 0190-Nummer abzuschöpfen[545]. Als es in Reaktion auf „Gabriel" in der Folgezeit zu einem Aufschwung der isolierten Gewinnzusagen kam, waren diese aufgrund eines nur unverbindlichen Hinweises auf die angebotenen Produkte für die Anbieter nicht mehr so lukrativ wie es die verkaufsakzessorischen Gewinnzusagen mit Bestell-Verpflichtung im Vorfeld waren. Dies änderte sich aber schlagartig als findige Anbieter auf die Idee kamen, den Gewinnabruf nicht mehr von der Rücksendung einer schriftlichen Gewinn-Anforderung abhängig zu machen, sondern von einem telephonischen Rückruf. Die Gewinne, die durch die Anwahl einer 0190-Nummer zum Preis von 1,86 € pro Minute erzielt werden, sind enorm, da die Anrufer stets in längere Gespräche verwickelt werden. Dies geschieht natürlich, ohne jemals tatsächlich die Gewinne an die Empfänger auszahlen zu wollen. Damit wird die Zielsetzung isolierter Gewinnzusagen verscho-

545 Vgl. Tamm/Gaedtke, IPRax 2006, 584/586; Tamm/Gaedtke, VuR 2006, 169/171 f.; Vollkommer, GS-Blomeyer, 845/850 f., der sich auf der Basis einer wettbewerbsrechtlichen Einordnung des Anspruchs aus § 661a BGB vor der UWG-Reform für eine analoge Anwendung des § 25 UWG a.F. aussprach.

ben: Bisher ging es darum, durch diese eine erhöhte Aufmerksamkeit und Kaufwilligkeit der Empfänger hinsichtlich der beworbenen Produkte zu erzielen. Selbst wenn eine Bestellung nicht mehr verpflichtend war, um den in „Gabriel“ bejahten Verbrauchergerichtsstand zu umgehen. Mittlerweile haben sich die Anbieter auch isolierte Gewinnzusagen als direktere und sicherere Geldquelle erschlossen, indem sie durch die obligatorische Anwahl einer 0190-Nummer zur angeblichen Gewinnanforderung nicht unerhebliche Telefongebühren einnehmen. An diesem Punkt setzt das AG Waren an, um aus den angeblichen Gewinnern doch noch wahre Gewinner zu machen. In Vollziehung des Arrestes werden die Forderungen der Beklagten auf Auskehrung von Telefongebühren aus der Nutzung von 0190-Nummern durch Dritte gegen die Telefongesellschaft als Drittschuldner gepfändet. Das AG Waren weist zu Recht darauf hin, dass ohne Verhängung des Arrests die Vollstreckung des Urteils vereitelt oder wesentlich erschwert würde, weil tatsächliche Schwierigkeiten bei der Vollstreckung des Urteils in einem anderen Mitgliedstaat der EU zu besorgen sind. Durch die Pfändung der in Deutschland entstandenen Forderungen gegen eine deutsche Telefongesellschaft werden die Schwierigkeiten einer Vollstreckung im Ausland umgangen. In diesem Zusammenhang ist folglich ein deutscher Gerichtsstand aus praktischen Gründen von Vorteil. Bei einem inländischen Verbrauchergerichtsstand nach Art. 15 f. EuGVO kann von einem deutschen Gericht die Pfändung von in Deutschland entstandenen Forderungen gegen eine deutsche Telefongesellschaft angeordnet werden, ohne dass die sonst bei grenzüberschreitenden Gewinnzusagen immanenten Vollstreckungsprobleme gegen ausländische Briefkastenfirmen auftreten.

b) Literatur

Abschließend sollen die verschiedenen in der Literatur vertretenen Positionen hinsichtlich des Gerichtsstandes für die neue Rechtslage unter der EuGVO dargestellt und kritisch gewürdigt werden.

aa) Die verschiedenen Positionen

Auch im Schrifttum ist wie bereits unter Geltung des EuGVÜ die Frage der internationalen Zuständigkeit für Klagen aus grenzüberschreitenden isolierten Gewinnzusagen sehr umstritten.

(1) Anwendbarkeit des Art. 5 Nr. 3 EuGVO

Nach einer Ansicht sollen Klagen auf der Basis einer isolierten Gewinnanforderung im Deliktsgerichtsstand zu erheben sein[546]. Der Anspruch aus § 661a BGB sei als „einer unerlaubten Handlung gleichgestellt" zu qualifizieren und daher die internationale Zuständigkeit der deutschen Gerichtsbarkeit nach Art. 5 Nr. 3 EuGVO eröffnet[547]. Schließlich müssten auch unter der EuGVO „ein Vertrag oder Ansprüche aus einem Vertrag" den Gegenstand des Verfahrens bilden, so dass Klagen auf Gewinnauskehr lediglich bei Akzessorietät im Verbrauchergerichtsstand geltend gemacht werden könnten[548].

Trotz der Ausweitung des Verbrauchergerichtsstandes lasse sich diese Fallgruppe auch jetzt nicht unter Art. 15 EuGVO subsumieren, sondern sei weiterhin nach Art. 5 Nr. 3 EuGVO zu beurteilen[549]. Denn in der Gesamtschau erscheine es weiterhin vorzugswürdig, die isolierte Gewinnmitteilung nach Maßgabe des Art. 5 Nr. 3 EuGVO geltend zu machen[550].

(2) Anwendbarkeit des Art. 5 Nr. 1 EuGVO

Nach anderer Ansicht soll der Vertragsgerichtsstand bei isolierten Gewinnzusagen weiterhin anwendbar bleiben[551]. Durch Ansprüche auf Gewinnauszahlung solle der Verbraucher zwar geschützt werden, aber nicht die Bereicherung erleichtert werden, weshalb eine Zuständigkeit nach Art. 15 Abs. 1 lit.c EuGVO ausscheide[552]. Vielmehr liege in der Gewinnzusage eine freiwillige Verpflichtung seitens des Unternehmers, so dass der Gerichtsstand des Erfüllungsortes gemäß Art. 5 Nr. 1 EuGVO gegeben sei[553].

---

546 Schneider, VuR 2003, 476/477; Staudinger, ZEuP 2004, 767/777; Koch, ZZPInt 7 (2002), 272/277; Fetsch, RIW 2002, 936/942; Dörr, MDR 2006, 1141/1143; Linke, IZPR, Rn. 158; Leible, NJW 2003, 407/408; Leible, IPRax 2003, 28/33. *Leible* hat diese Ansicht mittlerweile aufgegeben in Rauscher-*Leible*, Art. 5 EuGVO, Rn. 9.

547 Schneider, VuR 2003, 476/477.

548. Leible, IPRax 2003, 28/33

549 Koch, ZZPInt 7 (2002), 272/277; Dörr, MDR 2006, 1141/1143.

550 Staudinger, ZEuP 2004, 767/777.

551 Blobel, VuR 2005, 164/168 f.; von Hoffmann/Thorn, § 3, Rn. 225b; Palandt-*Sprau*, § 661a BGB, Rn. 1; Kropholler, IPR, § 58 III 3, Fn. 34; Zöller-*Geimer*, Art. 5 EuGVO, Rn. 10; Zöller-*Geimer*, Art. 15-17 EuGVO, Rn. 11; Rauscher-*Leible*, Art. 5 EuGVO, Rn. 9; Thomas/Putzo –*Hüßtege*, Art. 5 EuGVO, Rn. 2a.

552 von Hoffmann/Thorn, § 3, Rn. 225b.

553 von Hoffmann/Thorn, § 3, Rn. 225b.

(3) Anwendbarkeit des Art. 15 Abs. 1 lit.c EuGVO

Des weiteren findet sich im Schrifttum der Ansatz, die internationale Zuständigkeit grenzüberschreitender isolierter Gewinnzusagen unter Art. 15 Abs. 1 lit.c EuGVO zu fassen[554].

Mit der Erweiterung des sachlichen Anwendungsbereichs des Verbrauchergerichtsstandes in Art. 15 EuGVO sei nunmehr eine sachgerechte Lösung der Fälle isolierter Gewinnzusagen möglich[555]. Der an die Stelle von Art. 13 EuGVÜ getretene Art. 15 Abs. 1 lit. c EuGVO enthalte nunmehr einen vom Vertragstypus unabhängigen Auffangtatbestand, unter den die Haftung für Gewinnmitteilungen dann zu subsumieren sei, wenn der Unternehmer seine Tätigkeit auf den Staat „ausrichte", in dem der Verbraucher seinen Wohnsitz habe[556]. Wenn der Gemeinschaftsgesetzgeber die neue Vorschrift extensiver formuliere als ihre Vorgängernorm, um dadurch prozessuale Schutzlücken zu schließen, die sich unter dem EuGVÜ aufgetan haben, gelte es dies zu respektieren[557]. Es bestehe überhaupt kein Anlass, die Ausweitung des Schutzbereichs zu konterkarieren, indem man in Art. 15 Abs. 1 lit.c EuGVO zusätzliche Voraussetzungen hineinlese, die den alten Rechtszustand konservieren würden[558]. Kritiker monieren nämlich, dass auch unter Geltung der EuGVO die Begründung eines Verbrauchergerichtsstandes synallagmatische Verpflichtungen und Entgeltlichkeit erfordere, woran es bei Gewinnzusagen auch künftig fehle[559]. „Entgeltlichkeit" sollte jedoch nicht eng in dem Sinne verstanden werden, dass der Verbraucher gerade für die von ihm mit Klage beanspruchte Leistung eine Gegenleistung schulden müsse[560]. Auch spreche gegen ein Synallagma als konstitutives Element die Motivation des Normge-

---

554 Rösler/Siepmann, EuZW 2006, 76/79; Wagner/Potsch, Jura 2006, 401/409; Lorenz, NJW 2006, 472/475; Benicke, LMK 2006, 169779; Mörsdorf-Schulte, JZ 2005, 770/780; McGuire, ecolex 2005, 489/492; Oberhammer, ZZP 117 (2004), 92/96 f.; Häcker, ZVglRWiss 103(2004), 464/491; Mörsdorf-Schulte, ZZPInt 8 (2003), 407/471; Timme, JuS 2003, 638/641; Lorenz, NJW 2006, 472/475; Lorenz/Unberath, IPRax 2005, 219/222; Lorenz, LMK 2003, 217; Lorenz, IPRax 2002, 192/194; Braun, BuW 2003, 727/731; Braun, ZAP 2003, Fach 2, 395/399; Staudinger-*Bergmann*, § 661a, Rn. 62; Geimer/Schütze-Geimer, Art. 15 EuGVO, Rn. 17; Dörner, FS-Kollhosser, 75/83; Leipold, FS-Musielak, 317/332, der lediglich unschlüssig ist, ob Art. 15 I lit. c EuGVO direkt oder analog angewandt werden soll.

555 Lorenz/Unberath, IPRax 2005, 219/222.

556 Lorenz/Unberath, IPRax 2005, 219/222; vgl. auch Wagner/Potsch, Jura 2006, 401/408.

557 Wagner/Potsch, Jura 2006, 401/409.

558 Wagner/Potsch, Jura 2006, 401/409.

559 Blobel, VuR 2005, 164/168; Piekenbrock/Schulze, IPRax 2003, 328/330.

560 Oberhammer, ZZP 117 (2004), 92/97.

setzgebers, einen einheitlichen Verbrauchergerichtsstand zu schaffen[561]. Nachdem es unter dem EuGVÜ durch das Auseinanderdriften der in den Rechtssachen „Gabriel" und „Engler" erzielten Ergebnisse zu einer Ungleichbehandlung verschiedener Arten von Gewinnzusagen gekommen sei, die der nationale Gesetzgeber durch die Einführung eines selbständigen Rechtsanspruches gerade habe vermeiden wollen, ergebe sich unter der EuGVO die Gelegenheit, die Schieflage wieder auszugleichen[562]. Eine Differenzierung würde ansonsten zur zuständigkeitsrechtlichen Privilegierung derjenigen Verbraucher führen, die sich leichter manipulieren lassen und in blindem Vertrauen Aufwendungen für die Geltendmachung des vermeintlichen Gewinnes tätigen[563]. Die Folge wäre außerdem, dass der sorgfältige Anwalt in Zukunft dazu raten müsste, eine Bestellung nachzuholen, um den inländischen Gerichtsstand zu sichern[564]. Auch in Anbetracht der Aufnahme des Verbraucherschutzes in die Erwägungsgründe zur EuGVO[565], die diesem Anliegen zusätzliches Gewicht verleihen und einer Einschränkung über den Verordnungswortlaut hinaus entgegen stehen dürfte, würden deshalb die besseren Gründe für einen Verzicht auf eine solche Differenzierung sprechen[566]. Die an den Status anknüpfende Schutzbedürftigkeit des Verbrauchers müsse unabhängig davon Geltung beanspruchen, ob das Verbrauchergeschäft auf eine Gegenleistung ausgerichtet sei oder nicht[567]. Ausschlaggebend für die Qualifizierung als Verbrauchersache könne nur sein, ob berechtigte Verbraucherbelange tangiert seien[568].

Bei einer Beschränkung auf synallagmatische Verträge würden außerdem nicht nur die isolierten Gewinnzusagen aus dem Anwendungsbereich von Art. 15 Abs. 1 lit.c EuGVO herausfallen, sondern auch sämtliche den Verbraucher einseitig *verpflichtende* Verträge wie Bürgschaften oder Schuldbeitritte[569]. Wenn aber Art. 15 Abs. 1 lit.c EUGVO den Verbraucher schon bei gegenseitigen Verträgen prozessual absichern wolle, so müsse dieser Schutz bei Verträgen, die den Verbraucher nur einseitig verpflichten, erst recht eingreifen[570]. Die Argumentation der Vertreter der Gegenmeinung ziele deshalb in Wirklichkeit darauf, nur ein-

561 Tamm/Gaedtke, VuR 2006, 169/175.
562 Mörsdorf-Schulte, JZ 2005, 770/780.
563 Mörsdorf-Schulte, JZ 2005, 770/780.
564 Mörsdorf-Schulte, JZ 2005, 770/780.
565 Vgl. zur Berücksichtigung der Präambel für die teleologische Auslegung des Art. 5 Nr. 1 EuGVÜ beispielsweise EuGH, Urteil vom 4.3.1982 (Rs. C-38/81), Slg. 1982, 825 – *Effer S.P.A./Hans-Joachim Kantner*.
566 Mörsdorf-Schulte, JZ 2005, 770/780.
567 Tamm/Gaedtke, VuR 2006, 169/175.
568 Tamm/Gaedtke, VuR 2006, 169/175.
569 Wagner/Potsch, Jura 2006, 401/409.
570 Wagner/Potsch, Jura 2006, 401/409.

seitig *begünstigende* Verträge aus dem Anwendungsbereich des Verbrauchergerichtsstandes herauszunehmen[571]. Für eine solche diffizile Unterscheidung biete jedoch Art. 15 Abs. 1 lit.c EuGVO, der von „allen sonstigen Fällen" spreche, nicht den geringsten Anhaltspunkt[572].

bb) Stellungnahme

Die letztgenannte Auffassung, die bei Klagen aus isolierten grenzüberschreitenden Gewinnzusagen Art. 15 Abs. 1 lit.c EuGVO als anwendbar betrachtet, erscheint vorzugswürdig. Die unter Geltung der EuGVO erzielte Gleichbehandlung von Klagen aus isolierten und verkaufsakzessorischen Gewinnzusagen entspricht dem Wortlaut des § 661a BGB, der ebenfalls nicht nach der Art der Gewinnzusage differenziert. Dies erscheint sachgerecht, da sonst weiterhin wie unter Geltung der EuGVÜ eine Bestellung in Höhe von 1 € über die internationale Zuständigkeit entscheiden könnte.

Der früher in Art. 13 Abs. 1 Nr. 3 EuGVÜ verankerte Verbrauchergerichtsstand war sehr viel enger gefasst als nunmehr Art. 15 Abs. 1 lit.c EuGVO. Im Zuge der Vergemeinschaftung der europäischen Gerichtsstandsregelungen wurde das Augenmerk insbesondere auf eine Verbesserung des Verbraucherschutzes gelegt. Gemäß Nr. 13 der Präambel der EuGVO sollte bei Verbrauchersachen die schwächere Partei durch Zuständigkeitsvorschriften geschützt werden, die für sie günstiger sind als die allgemeine Regelung. Die Redakteure der EuGVO gestehen damit ein, dass insbesondere die Frage der Zuständigkeit darüber entscheidet, wie effektiv Verbraucherschutz überhaupt durchgesetzt werden kann. Die Vorschrift des § 661a BGB veranschaulicht beispielhaft dieses Dilemma. Der Gesetzgeber mag zwar eine Lanze für den Verbraucherschutz brechen, indem er einen einklagbaren Anspruch gesetzlich verankert. Ob der Verbraucherschutz dadurch tatsächlich verbessert wird, zeigt sich aber erst bei der praktischen Durchsetzung. Und diese beginnt für den Empfänger einer Gewinnzusage mit der Frage, vor welchem Gericht er seinen Anspruch einklagen kann. Muss er bei einer grenzüberschreitenden Gewinnzusage beispielsweise im EU-Ausland klagen, so wird er aus Furcht vor einem fremden Rechtssystem und unbekannter Sprache vermutlich von einer Klageerhebung absehen. Seinen ihm materiellrechtlich nach § 661a BGB zustehenden Anspruch wird er dann aus verfahrensrechtlichen Gründen nicht einklagen. Effektiver Verbraucherschutz setzt demnach spiegelbildlich zur materiellrechtlichen Verankerung in verfahrensrechtlicher Hinsicht einen verbraucherfreundlichen Gerichtsstand voraus. Ist Art. 15 Abs. 1 lit.c EuGVO künf-

---

571 Wagner/Potsch, Jura 2006, 401/409.
572 Wagner/Potsch, Jura 2006, 401/409.

tig auch bei Klagen aus isolierten grenzüberschreitenden Gewinnzusagen anwendbar, so kann der Verbraucher gemäß Art. 16 Abs. 1 Var. 2 EuGVO vor dem Gericht des Ortes klagen, an dem er seinen Wohnsitz hat. Bei einer solch verbraucherfreundlichen verfahrensrechtlichen Konstellation erhält der Empfänger einer Gewinnzusage dann tatsächlich einen Anreiz, seinen Anspruch auch gerichtlich geltend zu machen, wie dies vom Gesetzgeber intendiert war.

c) Ergebnis

Der Verbrauchergerichtsstand i.S.d. Art. 15 Abs. 1 lit.c EuGVO ist nicht nur bei Klagen aus verkaufsakzessorischen grenzüberschreitenden Gewinnzusagen einschlägig, sondern auch bei isolierten Gewinnzusagen aus dem EU-Ausland. Die Empfänger derartiger Gewinnmitteilungen können demnach gemäß Art. 16 Abs. 1 Var. 2 EuGVO den Sender vor dem Gericht ihres Wohnsitzes verklagen.

C. Fazit zur internationalen Zuständigkeit bei Klagen aus grenzüberschreitenden Gewinnzusagen

Wenn der Empfänger einer aus dem EU-Ausland versandten Gewinnzusage diese gerichtlich einklagen möchte, so stellt sich die Frage, welches Gericht hierfür international und örtlich zuständig ist.

Bei Klagen aus grenzüberschreitenden Gewinnzusagen sind unter Geltung des EuGVÜ drei verschiedene Gerichtsstände in Betracht zu ziehen: Der vertragliche Gerichtsstand nach Art. 5 Nr. 1 EuGVÜ, der deliktische Gerichtsstand nach Art. 5 Nr. 3 EuGVÜ und der verbrauchervertragliche Gerichtsstand nach Art. 13 Abs. 1 Nr. 3 EuGVÜ. In der Rechtsprechung und Literatur finden sich für jeden dieser in Betracht kommenden Gerichtsstände Befürworter. Nach zutreffender Ansicht können Klagen aus *vertragsakzessorischen* grenzüberschreitenden Gewinnzusagen im inländischen Verbrauchervertragsgerichtsstand nach Art. 13 Abs. 1 Nr. 3 EuGVÜ geltend gemacht werden, während bei aus dem EU-Ausland versandten *isolierten* Gewinnzusagen das Gericht am zumeist ausländischen Sitz des Senders als Vertragsgerichtsstand nach Art. 5 Nr. 1 EuGVÜ international und örtlich zuständig ist.

Obwohl der Gesetzgeber im Wortlaut des § 661a BGB materiellrechtlich nicht zwischen diesen beiden Arten von Gewinnzusagen unterscheidet, kommt es folglich unter Geltung des EuGVÜ zu unterschiedlichen einschlägigen Gerichtsständen.

Diese Unterscheidung ist unter Geltung der EuGVO nicht mehr aufrecht zu erhalten, da es im Zuge der Vergemeinschaftung der Gerichtsstandsregelungen zu einer Neukonzeption des Verbrauchergerichtsstandes kam. Der nunmehr in Art. 15 Abs. 1 lit.c EuGVO verankerte Verbrauchergerichtsstand ist weiter zu verstehen und umfasst daher Klagen aus verkaufsakzessorischen *und* isolierten grenzüberschreitenden Gewinnzusagen.

Kapitel 3: Finanzierungshilfen bei Klagen aus grenzüberschreitenden Gewinnzusagen

Hinter grenzüberschreitenden Gewinnzusagen verbirgt sich meist eine ausländische Briefkastenfirma, so dass für den Kläger trotz eines obsiegenden Urteils die Gefahr besteht, bei fehlender Vollstreckungsaussicht auf seinen Anwalts- und Gerichtsgebühren samt Vollstreckungskosten sitzen zu bleiben. Insbesondere bei Klagen aus Gewinnzusagen nach § 661a BGB erscheint es daher für Verbraucher interessant, die mit der Geltendmachung verbundenen finanziellen Risiken auf Dritte abzuwälzen. Zu diesem Zweck bietet es sich an, vor Klageerhebung einen Antrag auf Prozesskostenhilfe zu stellen oder eine Rechtsschutzversicherung dafür in Anspruch zu nehmen. Ob diese Möglichkeiten im Zusammenhang mit Klagen aus Gewinnzusagen i.S.d. § 661a BGB genutzt werden können, wird in Rechtsprechung und Literatur kontrovers diskutiert.

Die praktische Relevanz dieser Fragestellung ist sehr hoch: Meist lassen sich insbesondere bildungsferne Schichten von der vermeintlichen Aussicht auf Gewinn blenden. Mangels finanzieller Rücklagen beantragen sie häufig Prozesskostenhilfe für die Geltendmachung eines Anspruchs aus § 661a BGB. Dieses erhöhte Prozesskostenhilfe-Aufkommen stellt mittlerweile für die Staatskasse ein tatsächliches Problem dar, das auch in rechtlicher Hinsicht verschiedene Probleme aufwirft.

Die Frage nach der Inanspruchnahme einer Rechtsschutzversicherung bei Klagen aus § 661a BGB ist nur für solche Verträge einwandfrei beantwortet, denen die ARB 2000 zu Grunde liegen. Während diese Allgemeinen Rechtsschutz-Bedingungen jüngeren Datums seit der geänderten Fassung von 2002 für Klagen aus Gewinnzusagen den Deckungsschutz explizit ausschließen, ist diese Problematik für Verträge, die auf der Basis der ARB 94 geschlossen wurden, sehr umstritten.

Deshalb ist es lohnenswert, die verschiedenen Möglichkeiten eines Anspruchs auf Prozesskostenhilfe bzw. eines Anspruchs auf Deckung aus einer Rechtsschutzversicherung speziell im Zusammenhang mit Klagen aus grenzüberschreitenden Gewinnzusagen näher zu beleuchten.

A. Prozesskostenhilfe

Zunächst soll vorliegend das Augenmerk auf § 114 ZPO gelegt werden, der in § 114 S.1 ZPO den Grundfall eines Anspruchs auf Prozesskostenhilfe normiert, während § 114 S.2 i.V.m. §§ 1076 ff. ZPO den Spezialfall grenzüberschreitender Prozesskostenhilfe regeln.

Im Anschluss daran soll die Möglichkeit der Inanspruchnahme von Prozesskostenhilfe für spezielle, im Zusammenhang mit § 661a BGB relevante Verfahren vor dem EuGH erörtert werden.

I. Anspruch auf PKH nach § 114 S.1 ZPO

In objektiver Hinsicht setzt die Gewährung von PKH i.S.d. § 114 S.1 ZPO voraus, dass die Rechtsverfolgung hinreichende Aussicht auf Erfolg verspricht und nicht mutwillig ist.

In subjektiver Hinsicht ist die Hilfsbedürftigkeit der Partei Voraussetzung für einen Anspruch auf PKH.

1) Objektive Voraussetzungen

Verfassungsrechtlich ist keine vollständige Gleichstellung Unbemittelter mit Bemittelten durch die PKH geboten, sondern nur eine weitgehende Angleichung[573]. Es ist deshalb verfassungsrechtlich unbedenklich, die Gewährung von PKH davon abhängig zu machen, dass die beabsichtigte Rechtsverfolgung hinreichende Aussicht auf Erfolg hat und nicht mutwillig erscheint[574].

a) Hinreichende Erfolgsaussicht

Zuerst soll diese Voraussetzung allgemein charakterisiert werden, bevor dann die spezielle Fallgruppe der schwierigen Rechtsfragen erörtert wird, mit der sich der BGH bereits im Rahmen einer Klage aus § 661a BGB zu beschäftigen hatte.

---

573 MünchKomm-*Wax*, § 114, Rn. 3.

574 Vgl. BVerfG, Beschluss vom 13.3.1990 (Az. 2 BvR 94/88), BVerfGE 81, 347 ff.; BVerfG, Kammerbeschluss vom 2.2.1993 (Az. 1 BvR 1697/91), NJW-RR 1993, 1090 ff.; BVerfG, Kammerbeschluss vom 7.5.1997 (Az.1 BvR 296/94), NJW 1997, 2745 f.; BVerfG, KammerBeschluss vom 14.4.2003 (Az. 1 BvR 1998/02), NJW 2003, 2976 ff.; BVerfG, Kammerbeschluss vom 26.6.2003 (Az. 1 BvR 1152/02), NJW 2003, 3190 f.

aa) Allgemeiner Inhalt

Hinreichende Erfolgsaussicht bedeutet eine gewisse Wahrscheinlichkeit des Erfolges bei summarischer und rechtlicher Prüfung[575]: Die Rechtsverfolgung ist dann hinreichend Erfolg versprechend, wenn das Gericht nach vorläufiger summarischer Prüfung den Rechtsstandpunkt des Antragstellers zumindest für vertretbar[576] und auch unter Berücksichtigung des gegnerischen Vorbringens den Prozesserfolg für wahrscheinlich hält, wobei eine überwiegende Wahrscheinlichkeit nicht erforderlich ist[577]. Die Erfolgsaussicht der Rechtsverfolgung muss sich dabei auf das Ergebnis in tatsächlicher und rechtlicher Hinsicht beziehen[578]. Hierbei ist zu bedenken, dass sich das Gesetz mit einer hinreichenden Erfolgsaussicht begnügt[579]. Damit wollte der Gesetzgeber zum Ausdruck bringen, dass die Anforderungen an die Erfolgsaussichten nicht überspannt werden dürfen[580].

---

575 Kalthoener/Büttner/Wrobel-Sachs, PKH und BerH, Rn. 409; Wieczorek/Schütze-*Steiner*, § 114, Rn. 14; OLG Köln, Beschluss vom 22.5.1996 (Az. 11 W 26/96), OLGR Köln 1996, 176 f.

576 Stein/Jonas-*Bork*, § 114, Rn. 22; Baumbach/Lauterbach-*Hartmann*, § 114, Rn. 80; Musielak-*Fischer*, § 114, Rn. 19; Thomas/Putzo – *Reichhold*, § 114, Rn. 5; Zöller-*Philippi*, § 114, Rn. 19; Kalthoener/Büttner/Wrobel-Sachs, PKH und BerH, Rn. 409; BGH, Beschluss vom 14.12.1993 (Az. VI ZR 235/92), NJW 1994, 1160 f.; OLG Karlsruhe, Beschluss vom 13.9.2001 (Az. 2 WF 66/01), OLGR Karlsruhe 2002, 398 f.; OLG Koblenz, Beschluss vom 8.12.1987 (Az. 5 W 765/87), AnwBl 1989, 48 ff.; OLG Karlsruhe, Beschluss vom 15.10.2002 (Az. 2 WF 144/01), OLGR Karlsruhe, 66 f.

577 Vgl. BVerfG, Beschluss vom 13.3.1990 (Az. 2 BvR 94/88), BVerfGE 81, 347 ff.; BVerfG, Kammerbeschluss vom 30.10.1991 (Az. 1 BvR 1386/91), NJW 1992, 88; BVerfG, Kammerbeschluss vom 2.2.1993 (Az. 1 BvR 1697/91), NJW-RR 1993, 1090 ff.; 9; BVerfG, Kammerbeschluss vom 3.6.2003 (Az. 1 BvR 1355/02), NJW-RR 2003, 1216 f.; BVerfG, Kammerbeschluss vom 14.4.2003 (Az. 1 BvR 1998/02), NJW 2003, 2976 ff.Wieczorek/Schütze-*Steiner*, § 114, Rn. 13; Stein/Jonas-*Bork*, § 114, Rn. 22; Kalthoener/Büttner/Wrobel-Sachs, PKH und BerH, Rn. 409; Baumbach/Lauterbach-*Hartmann*, § 114, Rn. 80.

578 Baumbach/Lauterbach-*Hartmann*, § 114, Rn. 81; Schoreit/Dehn-*Dehn*, § 114, Rn. 12; Musielak-*Fischer*, § 114, Rn. 19.

579 Stein/Jonas-*Bork*, § 114, Rn. 22; Zöller-*Philippi*, § 114, Rn. 19; Baumbach/Lauterbach-*Hartmann*, § 114, Rn. 80; BVerfG, Kammerbeschluss vom 26.6.2003 (Az. 1 BvR 1152/02), NJW 2003, 3190 f.

580 Zöller-*Philippi*, § 114, Rn. 19; Musielak-*Fischer*, § 114, Rn. 19; Stein/Jonas-*Bork*, § 114, Rn. 22; AK-*Deppe-Hilgenberg*, §§ 114, 115, Rn. 29; Wieczorek/Schütze-*Steiner*, § 114, Rn. 13; Schoreit/Dehn-*Dehn*, § 114, Rn. 10; Künzl/Koller, PKH, Rn. 297; BVerfG, Beschluss vom 13.3.1990 (Az. 2 BvR 94/88), BVerfGE 81, 347 ff.; BVerfG, Kammerbeschluss vom 2.2.1993 (Az. 1 BvR 1697/91), NJW-RR

bb) Spezielle Fallgruppe: Schwierige Rechtsfragen

Im Rahmen der hinreichenden Erfolgsaussicht wird die spezielle Fallgruppe der schwierigen Rechtsfragen diskutiert, die im Kontext der Gewinnzusagen nach § 661a BGB bereits Anlass zu einem Urteil des BGH gab[581]. In diesem führte der BGH im Zusammenhang mit Gewinnzusagen aus, dass eine beabsichtigte Rechtsverfolgung in aller Regel bereits dann hinreichende Aussicht auf Erfolg habe, wenn die Entscheidung von der Beantwortung schwieriger Rechts- oder Tatfragen abhänge[582]. Die Prüfung der Erfolgsaussicht dürfe nicht dazu dienen, die Rechtsverfolgung in das Nebenverfahren der PKH vorzuverlagern und dieses an die Stelle des Hauptsacheverfahrens treten zu lassen[583]. Grundsätzlich können und dürfen nach allgemeiner Meinung deshalb schwierige und ungeklärte Rechtsfragen im PKH-Verfahren nicht abschließend entschieden werden, sondern sind einer Klärung im ordentlichen Verfahren zuzuführen[584]. Schließlich wolle das PKH-Verfahren den Rechtsschutz, den der Rechtsstaatsgrundsatz erfordert, nicht selbst bieten, sondern nur zugänglich machen[585].

1993, 1090 ff.; BGH, Beschluss vom 14.12.1993 (Az. VI ZR 235/92), NJW 1994, 1160 f.

581 BGH, Beschluss vom 27.2.2003 (Az. III ZB 30/02), NJW-RR 2003, 1001 f.

582 BGH, Beschluss vom 27.2.2003 (Az. III ZB 30/02), NJW-RR 2003, 1001/1002.

583 BGH, Beschluss vom 27.2.2003 (Az. III ZB 30/02), NJW-RR 2003, 1001/1002.

584 Vgl. BVerfG, Beschluss vom 27.1.1982 (Az. IVb ZB 925/80), NJW 1982, 1104; BVerfG, Beschluss vom 13.3.1990 (Az. 2 BvR 1523/92), BVerfGE 81, 347 ff.; BVerfG, Kammerbeschluss vom 14.7.1993 (Az. 1 BVR 1523/92), NJW 1994, 241 f.; BVerfG, Beschluss vom 4.2.21997 (Az. 1 BvR 391/93), NJW 1997, 2102 f.; BVerfG, Kammerbeschluss vom 7.4.2000 (Az. 1 BvR 81/00), NJW 2000, 1936 ff.; BVerfG, Kammerbeschluss vom 10.12.2001 (Az. 1 BvR 1803/97), NJW-RR 2002, 793 f.; BVerfG, Kammerbeschluss vom 26.6.2003 (Az. 1 BvR 1152/02), NJW 2003, 3191 f.; BGH, Beschluss vom 9.9.1997 (Az. IX ZB 92/97), NJW 1998, 82; BGH, Beschluss vom 31.7.2003 (Az. III ZB 7/03), NJW-RR 2003, 1438; BGH, Beschluss vom 21.11.2002 (Az. V ZB 40/02), NJW 2003, 1126; OLG Frankfurt, Beschluss vom 25.2.2003 (Az. 1 WF 17/03), OLGR Frankfurt 2003, 298 f.; vgl. auch MünchKomm-*Wax*, § 114, Rn. 104; Zöller-*Philippi*, § 114, Rn. 21; Musielak-*Fischer*, § 114, Rn. 20; Wieczorek/Schütze-*Steiner*, § 114, Rn. 16; AK-*Deppe-Hilgenberg*, §§ 114, 115, Rn. 31; Baumbach/Lauterbach-*Hartmann*, § 114, Rn. 100; Kalthoener/Büttner/Wrobel-Sachs, PKH und BerH, Rn. 412; Musielak-*Fischer*, § 114, Rn. 20.

585 Vgl. BVerfG, Beschluss vom 13.3.1990 (Az. 2 BvR 94/88), BVerfGE 81, 347 ff.; BVerfG, Kammerbeschluss vom 14.7.1993 (Az. 1 BvR 1523/92), NJW 1994, 241 f.; BVerfG, Kammerbeschluss vom 7.4.2000 (Az. 1 BvR 81/00), NJW 2000, 1936 ff.; BGH, Beschluss vom 9.9.97 (IX ZB 92/97), NJW 1998, 82; BGH, Beschluss vom 12.9.2002 (Az. III ZB 43/02), NJW 2002, 3554 f.; BGH, Beschluss vom 27.2.2003 (Az. III ZB 30/02), NJW-RR 2003, 1001/1002.

Eine rechtsfehlerhafte Zulassung einer Rechtsbeschwerde durch das OLG Düsseldorf, an die der BGH gemäß § 574 Abs. 3 S.2 ZPO gebunden war, gab den Richtern in Karlsruhe die Gelegenheit zu präzisieren, dass es sich bei der Frage der Versendereigenschaft i.S.d. § 661a BGB um eine solch schwierige Rechtsfrage handele[586]. Als eine solch grundsätzliche Frage sei diese deshalb nicht in dem summarischen PKH-Verfahren, sondern im ordentlichen Klageverfahren auf der Grundlage der dort nach vertiefter Erörterung getroffenen Feststellungen zu entscheiden[587].

Bei der Unzahl bereits ergangener Rechtsprechung zu diversen materiellrechtlichen Problemen bei Gewinnzusagen dürfte es potentiellen Klägern künftig schwer fallen, bei der Begründung ihres PKH-Antrages auf diese Argumentation zurückzugreifen. In materiellrechtlicher Hinsicht sind quasi alle Fragen durch die Rechtsprechung geklärt. Lediglich gewisse verfahrensrechtliche Aspekte können noch als schwierige und ungeklärte Rechtsfragen gelten, für die PKH zu gewähren ist.

b) Fehlende Mutwilligkeit

Als negative Voraussetzung der Prozesskostenhilfe ist sicherzustellen, dass kein Mutwille vorliegt.

aa) Allgemeiner Inhalt

Mutwille liegt vor, wenn bei vernünftiger Abwägung von Aufwand und Erfolg eine vermögende Partei von der Durchführung des Prozesses absehen würde[588]. In der bis zum 31.12.1980 geltenden Fassung des § 114 Abs. 1 S.2 ZPO war diese Voraussetzung ausdrücklich enthalten. Diese ausdrückliche Nennung wurde jedoch als nicht besonders erwähnenswerte Selbstverständlichkeit gestrichen[589],

586 BGH, Beschluss vom 27.2.2003 (Az. III ZB 30/02), NJW-RR 2003, 1001/1002.

587 BGH, Beschluss vom 27.2.2003 (Az. III ZB 30/02), NJW-RR 2003, 1001/1002.

588 Vgl. Künzl/Koller, PKH, Rn. 354; Kalthoener/Büttner/Wrobel-Sachs, PKH und BerH, Rn. 447; Stein/Jonas-*Bork*, § 114, Rn. 27; Baumbach/Lauterbach-*Hartmann*, § 114, Rn. 107; Zöller-*Philippi*, § 114, Rn. 30; vgl. nur BVerfG, Beschluss vom 13.3.1990 (Az. 2 BvR 94/88), BVerfGE 81, 347 ff.; BGH, Urteil vom 16.9.1987 (Az. IVa ZR 76/86), NJW 1988, 266 f.; OLG Düsseldorf, Beschluss vom 29.2.2000 (Az. 10 W 10/00), MDR 2000, 909 f.

589 MünchKomm-*Wax*, § 114, Rn. 120; AK-*Deppe-Hilgenberg*, §§ 114, 115, Rn. 40; Schoreit/Dehn-*Dehn*, § 114, Rn. 21; Kalthoener/Büttner/Wrobel-Sachs, PKH und BerH, Rn. 446.

ohne dass sich dadurch in der Sache etwas geändert hat[590]. Es ist also weiterhin zu prüfen, ob Mutwilligkeit gegeben ist. Der wertungsbedürftige Begriff der Mutwilligkeit entzieht sich einer exakten definitorischen Erfassung[591]. Maßgebliches Kriterium ist die ökonomische Zweckmäßigkeit des Rechtsbegehrens im Einzelfall[592].

bb) Spezielle Fallgruppe: Fehlende Vollstreckungsaussicht

Anzeichen für die Mutwilligkeit bestehen nach verbreiteter Ansicht insbesondere in den Fällen, in denen die beabsichtigte Rechtsverfolgung zwar Aussicht auf rechtlichen Erfolg hat, aber jegliche Vollstreckungsaussichten fehlen[593]. Zwar schließt die Bewilligung der Prozesskostenhilfe für den ersten Rechtszug die Zwangsvollstreckung nicht mit ein, doch hat das Prozessgericht bei der Prüfung der Mutwilligkeit zu berücksichtigen, ob eine Zwangsvollstreckung erfolgreich verlaufen kann[594]. Zum Erfolg gehört nicht nur das Erlangen eines Vollstreckungstitels, sondern auch dessen Realisierung[595]. Die völlige Aussichtslosigkeit der Zwangsvollstreckung kann deshalb auch schon eine entsprechende Aussichtslosigkeit der Rechtsverfolgung im Erkenntnisverfahren bedeuten und zur Versagung der Prozesskostenhilfe führen[596].

Teilweise wird diese Fallgruppe bei Gewinnzusagen im Rahmen der Erfolgsaussicht[597] diskutiert, teils erst im Rahmen der Mutwilligkeit[598] erörtert. An

---

590 Zöller-*Philippi*, § 114, Rn. 30; Musielak-*Fischer*, § 114, Rn. 32; OLG Düsseldorf, Beschluss vom 18.9.1981 (Az. 21 W 36/81), VersR 1982, 776 f.

591 AK-*Deppe-Hilgenberg*, §§ 114, 115, Rn. 40.

592 AK-*Deppe-Hilgenberg*, §§ 114, 115, Rn. 40.

593 Stein/Jonas-*Bork*, § 114, Rn. 31. Thomas/Putzo-*Reichhold*, § 114, Rn. 7.

594 Schoreit/Dehn-*Dehn*, § 114, Rn. 22; OLG Koblenz, Beschluss vom 3.2.2000 (Az. 8 W 68/00), JurBüro 2001, 99.

595 Wieczorek/Schütze-*Steiner*, § 114, Rn. 18; Mankowski, VuR 2004, 250/251.

596 Vgl. OLG Celle, Beschluss vom 29.8.1996 (Az. 9 W 88/96), NJW 1997, 532; OLG Hamm, Beschluss vom 10.11.1988 (Az. 29 W 118/98), NJW-RR 1999, 1737 f.; Baumbach/Lauterbach-*Hartmann*, § 114, Rn. 105; Wieczorek/Schütze-*Steiner*, § 114, Rn. 18.

597 Vgl. OLG Hamm, Beschluss vom 17.7.1987 (Az. 11 W 65/87), JurBüro 1987, 1557 ff.; OLG Köln, Urteil vom 29.6.1990 (Az. 13 W 53/90), MDR 1990, 1020; OLG Celle, Beschluss vom 29.8.1996 (Az. 9 W 88/96), NJW 1997, 532; OLG Oldenburg, Beschluss vom 10.2.2004 (Az. 15 W 3/04), MDR 2004, 930; OLG Hamm, Beschluss vom 10.3.2005 (Az. 21 W 12/05), OLGR Hamm 2005, 409 ff.; Zöller-*Philippi*, § 114, Rn. 29; Kalthoener/Büttner/Wrobel-Sachs, PKH und BerH, Rn. 416;

der sachlichen Beurteilung ändert sich durch die Verortung der Fragestellung nichts. Es kann folglich offen bleiben, ob die Frage fehlender Vollstreckungsaussichten bereits bei der Prüfung der Erfolgsaussichten oder erst bei der Frage der Mutwilligkeit zu erörtern ist[599].

Die fehlende Vollstreckungsaussicht kann auf verschiedenen Gründen beruhen, die insbesondere im Zusammenhang mit Gewinnzusagen nach § 661a BGB häufig kumulativ anzutreffen sind: Im Rahmen grenzüberschreitender Gewinnmitteilungen sieht sich der vermeintliche Gewinner meist einem vermögenslosen Schuldner[600] ausgesetzt, der zudem noch im Ausland sitzt.

(1) Vermögensloser Schuldner

Mutwillig sind Klagen gegen völlig vermögenslose Personen[601]: Steht endgültig oder wenigstens auf lange Zeit fest, dass der Gegner vermögenslos ist, gegen ihn also nicht vollstreckt werden könnte, so ist die Prozesskostenhilfe zu versagen[602]. Denn die Klage gegen einen völlig Vermögenslosen hat nur selten Sinn, selbst wenn derzeit ein gewisses Rechtsschutzbedürfnis bestehen mag[603].

---

598 Kalthoener/Büttner/Wrobel-Sachs, PKH und BerH, Rn. 416; MünchKomm-*Wax*, § 114, Rn. 102; Stein/Jonas-*Bork*, § 114, Rn. 31; OLG Celle, Beschluss vom 6.12.2002 (Az. 8 W 273/02), IPRspr 2002, Nr. 159, 421 f.

599 So auch OLG Dresden, Beschluss vom 23.12.2003 (Az. 8 W 781/03), NJW-RR 2004, 1078.

600 Zur Frage der insolvenzrechtlichen Einordnung des Auszahlunganspruchs: OLG Karlsruhe, Urteil vom 2.3.2007 (Az. 14 U 31/04), wonach dieser im Insolvenzverfahren nur als nachrangige Forderung i.S.d. § 39 Abs. 1 Nr. 4 geltend gemacht werden kann.

601 Schoreit/Dehn-*Dehn*, § 114, Rn. 22.

602 Vgl. OLG Hamm, Beschluss vom 17.7.1987 (Az. 11 W 65/87), JurBüro 1987, 1557 ff.; OLG Koblenz, Beschluss vom 24.2.1987 (Az. 5 W 211/86), JurBüro 1988, 94 f.; OLG Köln, Urteil vom 29.6.1990 (Az. 13 W 53/90), JurBüro 1991, 257; OLG Celle, Beschluss vom 29.8.1996 (Az. 9 W 88/96), NJW 1997, 532; OLG Düsseldorf, Beschluss vom 21.11.1997 (Az. 22 W 61/97), NJW-RR 1998, 503 f.; OLG Hamm, Beschluss vom 10.11.1998 (Az. 29 W 118/98), NJW-RR 1999, 1737 f.; OLG Koblenz, Beschluss vom 3.2.2000 (Az. 8 W 68/00), JurBüro 2001, 99; OLG Düsseldorf, Beschluss vom 15.4.2005 (Az. 1 W 9/05), OLGR Düsseldorf 2005, 348 ff.; Stein/Jonas-*Bork*, § 114, Rn. 31; Schoreit/Dehn-*Dehn*, § 114, Rn. 22; MünchKomm-*Wax*, § 114, Rn. 120.

603 Baumbach/Lauterbach-*Hartmann*, § 114, Rn. 107.

(2) Schuldner im Ausland

Mutwillig ist weiterhin ein Verfahren auf Zwangsvollstreckung gegen einen im Ausland lebenden Schuldner, soweit sie dort kaum durchführbar wäre, weil beispielsweise die ausländischen Rechtsordnungen den Vollstreckungstitel nicht anerkennen[604]. Die Bewilligung für Klagen gegen Ausländer kann auch zu versagen sein, wenn sie in Deutschland kein zugriffsfähiges Vermögen besitzen und eine Vollstreckung in ihrem Heimatland wirtschaftlich aussichtslos ist[605].

(3) Vermögensloser Schuldner im Ausland

Ob im Falle einer Klage aus § 661a BGB gegen eine ausländische Briefkastenfirma als meist vermögenslosen Schuldner im Ausland die Mutwilligkeit bejaht werden kann, ist umstritten.

Beispielhaft werden vom OLG Dresden und OLG Hamm die beiden denkbaren Extrempositionen vertreten. Während sich das OLG Dresden in seinem Beschluss vom 23.12.2003 dezidiert gegen die Gewährung von PKH aussprach, bewillilgte das OLG Hamm in seinem Beschluss vom 28.12.2004 mit ausführlicher Begründung PKH.

(a) Die Position des OLG Dresden

Nach dieser Ansicht soll die Klage auf Erfüllung einer Gewinnzusage gegen eine ausländische Briefkastenfirma mutwillig sein[606]. Nach Ansicht des 8. Zivilsenats des OLG Dresden spreche schon die Lebenserfahrung dafür, dass derartige Unternehmen als im Ausland ansässige Briefkastenfirmen von vornherein darauf angelegt seien, die Realisierung entsprechender Ansprüche zu erschweren oder zu vereiteln[607]. Auch die Verbraucherschutzverbände und eine Vielzahl von auf Gewinnzusagen spezialisierten Rechtsanwälten sprächen sich einhellig dafür aus, nur bei bestehender Rechtsschutzversicherung Klage gegen ein im Ausland an-

---

604 Vgl. OLG Celle, Beschluss vom 29.8.1996 (Az. 9 W 88/96), NJW 1997, 532; Kalthoener/Büttner/Wrobel-Sachs, PKH und BerH, Rn. 477; Stein/Jonas-*Bork*, § 114, Rn. 31; Baumbach/Lauterbach-*Hartmann*, § 114, Rn. 109.

605 Stein/Jonas-*Bork*, § 114, Rn. 31, OLG Dresden, Beschluss vom 23.12.2003 (Az. 8 W 781/03), NJW-RR 2004, 1078 ff.

606 OLG Dresden, Beschluss vom 23.12.2003 (Az. 8 W 781/03), NJW-RR 2004, 1078 ff.; ebenso: OLG Düsseldorf, Beschluss vom 15.4.2005 (Az. 1 W 9/05), OLGR Düsseldorf 2005, 348 ff.; vgl. auch Thomas/Putzo – *Reichhold*, § 114, Rn. 7.

607 OLG Dresden, Beschluss vom 23.12.2003 (Az. 8 W 781/03), NJW-RR 2004, 1078/1079.

sässiges Unternehmen, das Gewinnzusagen versende, zu erheben[608]. Aufgrund dieser Erkenntnisse könne in Fällen der Versendung einer Gewinnzusage durch eine im Ausland ansässige Firma der Erfahrungssatz aufgestellt werden, dass die Vollstreckung einer titulierten Forderung aus einer Gewinnzusage aussichtslos erscheine[609]. Zwar räumt der Senat ein, es möge im Einzelfall Ausnahmen hierzu geben, die allerdings konkret dargelegt werden müssten[610].

Die Entscheidungen des BGH vom 19.12.2002[611] und 27.2.2003[612] und 31.7. 2003[613], in denen PKH bewilligt wurde, stünden dem nicht entgegen, denn in diesen Fällen sei es gerade nicht um Klagen gegen das im Ausland ansässige Unternehmen gegangen, welches die Gewinnzusagen versandt habe[614]. Vielmehr seien dort die im Inland ansässigen Versandhandelsunternehmen in Anspruch genommen worden, denen der mit den Gewinnzusagen beabsichtigte Werbeeffekt dadurch zugute kommen sollte, dass ihre Produkte bestellt würden[615]. Für die Frage, ob für Klagen gegen im Ausland ansässige Briefkastenfirmen, die Gewinnzusagen versenden, PKH zu gewähren sei, würden diese Entscheidungen daher nichts hergeben[616].

Für Gewinnzusageklagen gegen im europäischen Ausland ansässige Briefkastenfirmen könne somit keine PKH bewilligt werden[617].

(b) Die Position des OLG Hamm

Konträr dazu hat der 8. Zivilsenat des OLG Hamm darauf hingewiesen, dass für eine Zahlungsklage auf Erfüllung einer Gewinnzusage PKH grundsätzlich selbst

608 OLG Dresden, Beschluss vom 23.12.2003 (Az. 8 W 781/03), NJW-RR 2004, 1078/1079.

609 OLG Dresden, Beschluss vom 23.12.2003 (Az. 8 W 781/03), NJW-RR 2004, 1078/1079.

610 OLG Dresden, Beschluss vom 23.12.2003 (Az. 8 W 781/03), NJW-RR 2004, 1078/1079.

611 BGH, Beschluss vom 19.12.2002 (Az. III ZB 33/02), NJW 2003, 1192.

612 BGH, Beschluss vom 27.2.2003 (Az. III ZB 30/02), NJW-RR 2003, 1001 f.

613 BGH, Beschluss vom 31.7.2003 (Az. III ZB 7/03), NJW-RR 2003, 1438.

614 OLG Dresden, Beschluss vom 23.12.2003 (Az. 8 W 781/03), NJW-RR 2004, 1078/1079.

615 OLG Dresden, Beschluss vom 23.12.2003 (Az. 8 W 781/03), NJW-RR 2004, 1078/1079.

616 OLG Dresden, Beschluss vom 23.12.2003 (Az. 8 W 781/03), NJW-RR 2004, 1078/1080.

617 OLG Dresden, Beschluss vom 23.12.2003 (Az. 8 W 781/03), NJW-RR 2004, 1078 ff.; vgl. auch OLG Düsseldorf, Beschluss vom 15.4.2005 (Az. 1 W 9/05), OLGR Düsseldorf 2005, 348 ff.; Musielak-*Fischer*, § 114, Rn. 41; Thomas/Putzo – *Reichhold*, § 114, Rn. 7.

dann zu bewilligen sei, wenn es sich bei der Antragsgegnerin um eine sog. Briefkastenfirma mit Sitz im Ausland handele und eine Vollstreckbarkeit des Urteils zweifelhaft erscheine[618]. Entgegen der in der Rechtsprechung zum Teil vertretenen Auffassung[619] habe der Senat Zweifel, dass in Fällen der Versendung von Gewinnzusagen durch eine im Ausland ansässige Gesellschaft ein Erfahrungssatz bestehe, wonach die Vollstreckung einer titulierten Forderung aus der Gewinnzusage aussichtslos sei[620]. Allein der Umstand, dass in vielen Fällen Vollstreckungsbemühungen erfolglos gewesen sein mögen, rechtfertige diese Verallgemeinerung nicht[621]. Dem Senat, der mit einer Vielzahl ähnlicher Verfahren befasst war, sei durch Presseveröffentlichungen bekannt geworden, dass zumindest in einem dieser Fälle die Zahlung des titulierten Gewinnbetrags erreicht werden konnte[622]. Soweit etwa das OLG Dresden in seinem Beschluss vom 23.12.2003 derartige Berichte als vereinzelt und angesichts anderer dem Gericht vorliegender Informationen unerheblich bezeichne, könne sich der Senat dem nicht anschließen[623]. Verifizierbare Zahlen über Erfolgsquoten bei der Vollstreckung gegen Versender von Gewinnzusagen würden nicht vorliegen; auf Gerüchte und Berichte in Internetforen könne ein tragfähiger Erfahrungssatz nicht gestützt werden. Ungeachtet des in der Diskussion immer wieder verwandten Begriffs der „Briefkastenfirmen" erscheinen vielmehr erfolgversprechende Vollstreckungsmaßnahmen nicht gänzlich ausgeschlossen zu sein. Immerhin handele es sich im vorliegenden Fall wie auch bei vielen anderen Versendern von Gewinnzusagen um Unternehmen, die als Versandhandelsunternehmen in Deutschland tätig seien. Ziel der Gewinnzusagen sei es gerade, Interesse für die im Versandhandel vertriebenen Produkte zu wecken. Bei dieser Geschäftstätigkeit entstünden zum Beispiel Zahlungsansprüche oder Kontoguthaben, die als Vollstreckungsobjekte denkbar seien. Dem Senat sei darüber hinaus bekannt, dass etwa über Internet-Tauschbörsen titulierte Forderungen gegen Versender von Gewinnzusagen angekauft würden, um damit gegen Kaufpreisforderungen aufrechnen zu können.

Dem könne auch nicht mit Erfolg entgegengehalten werden, eine Partei, die ihre Kosten selbst zu tragen habe, würde eine solche Klage vernünftigerweise

618 OLG Hamm, Beschluss vom 28.12.2004 (Az. 8 W 64/04), NJW-RR 2005, 723 f.; vgl. auch OLG Celle, Beschluss vom 6.12.2002 (Az. 8 W 273/02), IPRspr 2002, Nr. 159, 421 f.; Bahr, K&R 2006, 145/149 f.

619 Vgl. OLG Dresden, Beschluss vom 23.12.2003 (Az. 8 W 781/03), NJW-RR 2004, 1078 ff.

620 OLG Hamm, Beschluss vom 28.12.2004 (Az. 8 W 64/04), NJW-RR 2005, 723.

621 OLG Hamm, Beschluss vom 28.12.2004 (Az. 8 W 64/04), NJW-RR 2005, 723.

622 OLG Hamm, Beschluss vom 28.12.2004 (Az. 8 W 64/04), NJW-RR 2005, 723.

623 OLG Hamm, Beschluss vom 28.12.2004 (Az. 8 W 64/04), NJW-RR 2005, 723.

nicht erheben[624]. Ob die Rechtsverfolgung unvernünftig gewesen sei, lasse sich erst im Nachhinein feststellen[625]. Die hierfür erforderliche Prognose falle nicht derart negativ aus, dass der im Rechts- und Sozialstaatsgebot verfassungsrechtlich verankerte Anspruch auf Bewilligung von Prozesskostenhilfe dahinter zurücktreten müsste[626]. Dies gelte auch unter Berücksichtigung des Gebots, Steuermittel sparsam einzusetzen[627].

Eine restriktive Haltung bei der Bewilligung von Prozesskostenhilfe für Klagen aus § 661a BGB stehe außerdem auch im Widerspruch zu den mit der Einführung dieser Vorschrift verbundenen Intentionen des Gesetzgebers, die unlautere Versendung von Gewinnzusagen zu unterbinden[628]. Gegenüber wirtschaftlich schwachen Verbrauchern könnte sonst die wettbewerbswidrige Praxis ohne nennenswertes Risiko für die betroffenen Unternehmen fortgesetzt werden[629].

Außerdem sei zu bedenken, dass man in Fällen mit Auslandsberührung letztlich selten ausschließen könne, dass im Laufe der 30jährigen Verjährungsfrist eines Titels nicht doch Vermögen ins Inland gelangt, in das vollstreckt werden könne[630]. Oft würden sich auch erst im Rahmen der Zwangsvollstreckung neue Vollstreckungsmöglichkeiten zeigen[631].

Deshalb sei für auf § 661a BGB basierende Klagen selbst dann PKH zu gewähren, wenn es sich bei der Antragsgegnerin um eine sog. Briefkastenfirma mit Sitz im Ausland handele und eine Vollstreckbarkeit des Urteils zweifelhaft erscheine[632].

(c) Stellungnahme

Mit der Beantwortung zweier Fragen steht und fällt die Bewilligung von PKH: Zunächst ist zu entscheiden, wie realistisch die Vollstreckungsaussichten im Ausland bei Klagen aus Gewinnzusagen überhaupt sind. In einem zweiten Schritt ist dann zu überlegen, ob die ermittelte Wahrscheinlichkeit es rechtfertigt, auf Ge-

---

624 OLG Hamm, Beschluss vom 28.12.2004 (Az. 8 W 64/04), NJW-RR 2005, 723.
625 OLG Hamm, Beschluss vom 28.12.2004 (Az. 8 W 64/04), NJW-RR 2005, 723.
626 OLG Hamm, Beschluss vom 28.12.2004 (Az. 8 W 64/04), NJW-RR 2005, 723.
627 OLG Hamm, Beschluss vom 28.12.2004 (Az. 8 W 64/04), NJW-RR 2005, 723.
628 OLG Hamm, Beschluss vom 28.12.2004 (Az. 8 W 64/04), NJW-RR 2005, 723.
629 OLG Hamm, Beschluss vom 28.12.2004 (Az. 8 W 64/04), NJW-RR 2005, 723.
630 Vgl. Schack, IZVR, Rn. 569; Musielak-*Fischer*, § 114, Rn. 41; Künzl/Koller, PKH, Rn. 322.
631 Wieczorek/Schütze-*Steiner*, § 114, Rn. 18.
632 OLG Hamm, Beschluss vom 28.12.2004 (Az. 8 W 64/04), NJW-RR 2005, 723 f.; vgl. auch OLG Celle, Beschluss vom 6.12.2002 (Az. 8 W 273/02), IPRspr 2002, Nr. 159, 421 f.; Bahr, K&R 2006, 145/149 f.

winnzusagen basierende Verfahren durch die Allgemeinheit der Steuerzahler zu ermöglichen.

Wie die Vehemenz des Schlagabtausches zwischen dem OLG Dresden und dem OLG Hamm zeigt, handelt es sich bei der ersten Frage um eine Glaubensfrage. In der Literatur[633] wird eingewandt, dass die Absender regelmäßig von Postfachadressen aus agieren, hinter denen sich vermögenslose Gebilde verstecken und es oft bereits an einer zustellungsfähigen Adresse fehle. Diese Einschätzung ist zutreffend. Sobald es sich bei dem Versender der Gewinnzusage um eine ausländische Briefkastenfirma handelt, scheitert in der Praxis erfahrungsgemäß die Durchsetzung des Anspruchs. Realistisch betrachtet tendieren bei Klagen aus grenzüberschreitenden Gewinnzusagen die Vollstreckungsaussichten gegen Null. Fraglich erscheint daher lediglich, ob der Staat trotzdem Klagewilligen bei Gewinnzusagen durch die Gewährung von PKH eine helfende Hand reichen soll.

Ablehnende Stimmen[634] weisen darauf hin, dass es sich bei PKH um die Finanzierung einer privatnützigen Prozessführung durch die Allgemeinheit handele: Aus Rücksicht auf den Steuerzahler, der die Prozesskosten des Unbemittelten zu tragen habe, sei PKH deshalb im Grundsatz eher restriktiv zu gewähren. Der Staat müsse nicht Prozesse in einer möglicherweise unübersehbaren Zahl finanzieren, die allenfalls einen erzieherischen, aber kaum einen wirtschaftlichen Effekt hätten. Denn es komme nicht allein auf die Chancen eines Obsiegens im Prozess an, sondern auch darauf, ob eine realistische Chance bestehe, einen Titel gegebenenfalls auch zu vollstrecken. Selbst Erleichterungen bei der Vollstreckbarerklärung deutscher Entscheidungen im EU-Ausland in der EuGVO würden keine Vollstreckungsobjekte schaffen und auch nicht die Greifbarkeit unbekannter Vollstreckungsobjekte erhöhen. Zwar liege es durchaus im Sinne der gesetzgeberischen Ziele, ausländische Firmen in Anspruch zu nehmen. Dies könne aber nicht so weit gehen, dass der Staat für den Gewinner als subsidiären Kostenschuldner die Gerichtskosten an Stelle des nicht effektiv greifbaren Anbieters tragen müsse.

Andererseits ist im Zusammenhang mit Gewinnzusagen zu bedenken, dass erst eine gesetzgeberische Neuerung den Empfängern von Gewinnzusagen einen einklagbaren Anspruch verschafft hat. Der materiellrechtliche Anspruch kann aber nur zum Tragen kommen, wenn ihm in verfahrensrechtlicher Hinsicht keine Steine in den Weg gelegt werden. Ansonsten entpuppt sich der vielbeschworene

---

633 Vgl. Mankowski, VuR 2004, 250/251; Mankowski, EWiR 2004, 275/276; Felke/Jordans, IPRax 2004, 409/412.

634 Vgl. Mankowski, VuR 2004, 250/251; Mankowski, EWiR 2004, 275/276; OLG Dresden, Beschluss vom 23.12.2003 (Az. 8 W 781/03), NJW-RR 2004, 1078 ff.

Verbraucherschutz als bloße Wortgirlande ohne praktische Konsequenz für den einzelnen Verbraucher. Wenn der Staat mit der Einführung des § 661a BGB materiellrechtlich A gesagt hat, muss er auch verfahrensrechtlich B sagen und PKH bewilligen. Während gebildetere und solventere Empfänger von Gewinnzusagen diese meist durchschauen und nicht weiter beachten, sind es insbesondere die bildungsfernen Schichten, die dem vermeintlichen Gewinn erliegen. Versagt man diesen Bevölkerungsschichten bei Klagen aus Gewinnzusagen die PKH, so läuft dies auf eine faktische Rechtswegverweigerung großer Teile der Verbraucherschaft hinaus. Dies würde Sinn und Zweck der PKH zuwiderlaufen: PKH soll gerade die Gleichheit aller beim rechtlichen Gehör gewährleisten[635]. Als Leistung staatlicher Daseinsfürsorge dient sie dazu, der bedürftigen Partei in gleicher Weise wie einer vermögenden die Führung eines Prozesses zu ermöglichen[636]. Der unbemittelten Partei darf die Rechtsverfolgung und Rechtsverteidigung im Vergleich zur bemittelten nicht unverhältnismäßig erschwert werden[637]. Weil Chancengleichheit für den Bürger nicht nur die Gewährleistung gleicher Rechte im Bereich des materiellen Rechts bedeutet, sondern ihn gleichzeitig in die Lage versetzen muss, seine Rechte auch wahrzunehmen und notfalls gerichtlich durchzusetzen, soll die PKH die „Kostenbarriere" beim Zugang zu den Gerichten abbauen[638].

Der hohe Stellenwert der PKH kommt in einer verfassungsrechtlichen Verankerung zum Ausdruck: Das GG gebietet es, dem Minderbemittelten einen Rechtsschutz zu sichern, der demjenigen des Bemittelten wenigstens einigermaßen entspricht[639]. Dieses Ergebnis lässt sich aus Art. 1 Abs. 1 GG (Schutz der Menschenwürde) ableiten[640], ferner aus Art. 3 Abs. 1 GG (Gleichheit vor dem

635 MünchKomm-*Wax*, § 114, Rn. 1.

636 Vgl. BVerfG, Entscheidung vom 14.4.1959 (Az. 1 BvR 12/58; 1 BvR 291/58), BVerfGE 9, 256; BVerfG, Beschluss vom 3.7.1973 (Az. 1 BvR 153/69), BVerfGE 35, 348 ff.; MünchKomm-*Wax*, § 114, Rn. 1; Baumbach/Lauterbach-*Hartmann*, Übers § 114, Rn. 1.

637 MünchKomm-*Wax*, § 114, Rn. 1; BVerfG, Entscheidung vom 6.6.1967 (Az. 1 BvR 282/65), BVerfGE 22, 83 ff.; BVerfG, Kammerbeschluss vom 7.4.2000 (Az. 1 BvR 81/00), NJW 2000, 1936 ff.

638 Schoreit/Dehn-*Dehn*, PKH, Einleitung, Rn. 27.

639 Baumbach/Lauterbach-*Hartmann*, Übers § 114, Rn. 2; BVerfG, Beschluss vom 22.1.1959 (Az. 1 BvR 154/55), BVerfGE 9, 124 ff.; BVerfG, Enscheidung vom 12.1.1960 (Az. 1 BvL 17/59), BVerfGE 10, 264 ff.; BVerfG, Kammerbeschluss vom 4.2.2004 (Az. 1 BvR 1172/02), NJW-RR 2004, 1153 f.

640 Vgl. BVerfG, Beschluss vom 22.1.1959 (Az. 1 BvR 154/55), BVerfGE 9, 124 ff.; BVerfG, Entscheidung vom 12.1.1960 (Az. 1 BvL 17/59), BVerfGE 10, 264 ff.; BVerfG, Entscheidung vom 6.6.1967 (Az. 1 BvR 282/65), BVerfGE 22, 83 ff.; BVerfG, Beschluss vom 26.4.1988 (Az. 1 BvL 84/86), BVerfGE 78, 104 ff.; BVerfG, Beschluss vom 13.3.1990 (Az. 2 BvR 94/88), BVerfGE 81, 356 ff.;

Gesetz bzw. Prinzip der Rechtsschutzgleichheit)[641], aus Art. 12 Abs. 1, 20 Abs. 3 GG (Rechtsstaatprinzip, Justizgewährungsanspruch)[642], aus Art. 19 Abs. 4 GG (Rechtsweggarantie, effektiver Rechtsschutz) [643], aus Art. 20 Abs. 1 (sozialer Rechtsstaat)[644], aus Art. 2 Abs. 1, 20 Abs. 3 GG (faires Verfahren bzw. Rechtsstaatsprinzip)[645] und aus Art. 103 Abs. 1 GG (Anspruch auf rechtliches Gehör) [646]. Wenngleich sich in Literatur und Rechtsprechung verschiedene Gewichtun-

---

BVerfG, Kammerbeschluss vom 30.1.01991 (Az. 1 BvR 1386/91), NJW 1992, 889; Baumbach/Lauterbach-*Hartmann*, Übers § 114, Rn. 3; Wieczorek/Schütze-*Steiner*, Vorbemerkung § 114, Rn. 1.

641 Vgl. BVerfG, Beschluss vom 22.1.1959 (Az. 1 BvR 154/55), BVerfGE 9, 124 ff.; BVerfG, Entscheidung vom 12.1.1960 (Az. 1 BvL 17/59), BVerfGE 10, 264 ff.; BVerfG, Entscheidung vom 6.6.1967 (Az. 1 BvR 282/65), BVerfGE 22, 83 ff.; BVerfG, Beschluss vom 3.7.1973 (Az. 1 BvR 153/69), BVerfGE 35/348 ff.; BVerfG, Beschluss vom 28.1.1981 (Az. 1 BvR 650/80), BVerfGE 56, 139 ff.; BVerfG, Beschluss vom 12.4.1983 (Az. 2 BvR 1304/80; 2 BvR 432/81), BVerfGE 63, 380 ff.; BVerfG, Beschluss vom 26.4.1988 (Az. 1 BvL 84/86), BVerfGE 78, 104 ff.; BVerfG, Beschluss vom 13.3.1990 (Az. 2 BvR 94/88), BVerfGE 81, 356 ff.; BVerfG, Kammerbeschluss vom 30.10.1991 (Az. 1 BvR 1386/91), NJW 1992, 889; BVerfG, Beschluss vom 24.1.1995 (Az. 1 BvR 1229/94), BVerfGE 92, 122 ff.; BVerfG, Kammerbeschluss vom 24.7.2002 (Az. 2 BvR 2256/99), NJW 2003, 576; BVerfG, Kammerbeschluss vom 26.6.2003 (Az. 1 BvR 1152/02), NJW 2003, 3190 f.; BVerfG, Kammerbeschluss vom 4.2.2004 (Az. 1 BvR 596/03), NJW 2004, 1789 f.; Schwab/Gottwald, ZPR, § 87, Rn. 1; Wieczorek/Schütze-*Steiner*, Vorbemerkung § 114, Rn. 1; Baumbach/Lauterbach-*Hartmann*, Übers § 114, Rn. 3.

642 Baumbach/Lauterbach-*Hartmann*, Übers § 114, Rn. 3.

643 Vgl. BVerfG, Kammerbeschluss vom 14.10.2003 (Az. 1 BvR 901/03), NJW 2004, 1236; BVerfG, Beschluss vom 13.3.1990 (Az. 2 BvR 94/88), BVerfGE 81, 356 ff.; BVerfG, Kammerbeschluss vom 30.1.0.1991 (Az. 1 BvR 1386/91), NJW 1992, 889; Wieczorek/Schütze-*Steiner*, Vorbemerkung § 114, Rn. 1; Baumbach/Lauterbach-*Hartmann*, Übers § 114, Rn. 3.

644 Schwab/Gottwald, ZPR, § 87, Rn. 1; Baumbach/Lauterbach-*Hartmann*, Übers § 114, Rn. 3; Wieczorek/Schütze-*Steiner*, Vorbemerkung § 114, Rn. 1; BVerfG, Beschluss vom 26.4.1988 (Az. 1 BvL 84/86), BVerfGE 78, 104 ff.; BVerfG, Entscheidung vom 12.1.1960 (Az. 1 BvL 17/59), BVerfGE 10, 264 ff.; BVerfG, Kammerbeschluss vom 5.2.2003 (Az. 1 BvR 1526/02), NJW 2003, 1857 f.

645 Vgl. BVerfG, Beschluss vom 26.4.1988 (Az. 1 BvL 84/86), BVerfGE 78, 104 ff.; BVerfG, Beschluss vom 13.3.1990 (Az. 2 BvR 94/88), BVerfGE 81, 356 ff.; BVerfG, Kammerbeschluss vom 30.10.1991 (Az. 1 BvR 1386/91), NJW 1992, 889; BVerfG, Beschluss vom 24.1.1995 (Az. 1 BvR 1229/94), NJW 1995, 1415 f.; BVerfG, Kammerbeschluss vom 26.6.2003 (Az. 1 BvR 1152/02), NJW 2003, 3190 f.; BVerfG, Kammerbeschluss vom 4.2.2004 (Az. 1 BvR 596/03), NJW 2004, 1789 f.

646 Wieczorek/Schütze-*Steiner*, Vorbemerkung § 114, Rn. 1; Baumbach/Lauterbach-*Hartmann*, Übers § 114, Rn. 3; vgl. BVerfG, Beschluss vom 18.6.1957 (Az. 1 BvR 41/57), BVerfGE 7, 53.

gen dieser verfassungsrechtlichen Ansätze finden, besteht im Ergebnis Einigkeit, dass das Kostenrisiko nicht zu einer Rechtswegsperre führen darf[647].

Nimmt man außerdem die gesetzgeberische Intention ernst, wonach die verbreitete Praxis der Gewinnzusagen unterbunden werden soll, so muss der Staat zwangsläufig ein Interesse daran haben, dass möglichst viele Verbraucher klagen: Einerseits damit dieses Vorgehen im Erfolgsfalle für den Versender unwirtschaftlich wird. Andererseits zum Schutz bedürftiger Verbraucher, damit im Falle eines Scheiterns nicht diese, sondern der Staat die Kosten trägt – schließlich bietet auch der Staat erst durch die gesetzgeberische Neuerung des § 661a BGB Anreiz und Möglichkeit zu klagen.

Selbst vor dem Hintergrund des Gebots sparsamer Verwendung öffentlicher Mittel erscheint die Belastung öffentlicher Kassen durch großzügige Bewilligung von PKH bei Klagen aus Gewinnzusagen nicht unverhältnismäßig, wenn man die Statistik zu Rate zieht. Im Jahre 2000 beispielsweise wurden in nur 0,4 % der Amtsgerichtssachen, in 1,8 % der Landgerichtssachen und in 2,21 % der Familiengerichtssachen PKH beantragt[648]. Erfahrungsgemäß entfallen ca. 80 % aller Bewilligungen von Prozesskostenhilfe auf Familiensachen, nur 20 % auf die übrigen Zivilsachen[649]. Dieses Rechenexempel veranschaulicht den geringen tatsächlichen Umfang, den der Staat bei der Gewährung von PKH für Klagen aus Gewinnzusagen zu schultern hat.

Im Ergebnis ist daher PKH bei Klagen aus Gewinnzusagen nicht unter Hinweis auf die fehlenden Erfolgsaussichten oder Mutwilligkeit zu verneinen, sondern vielmehr zur Verfolgung eines umfassenden Verbraucherschutzes in großzügigem Umfang zu gewähren. Nur so kann der mit der Einführung von § 661a BGB verbundenen verbraucherschützenden Intention auch verfahrensrechtlich zum Durchbruch verholfen werden.

2) Subjektive Voraussetzungen

Die subjektiven Voraussetzungen sind gemäß § 114 S.1 ZPO erfüllt, wenn eine Partei nach ihren persönlichen und wirtschaftlichen Verhältnissen die Kosten der Prozessführung nicht, nur zum Teil oder nur in Raten aufbringen kann[650]. Die persönlichen und wirtschaftlichen Verhältnisse sind dem Prozessgericht im Rah-

---

647 Vgl. Baumbach/Lauterbach-*Hartmann*, Übers § 114, Rn. 3; Wieczorek/Schütze-*Steiner*, Vorbemerkung § 114, Rn. 1; LG Siegen, Beschluss vom 10.8.1993 (Az. 3 T 41/93), MDR 1993, 1116.
648 Schwab/Gottwald, ZPR, § 87, Rn. 1.
649 AK-*Deppe-Hilgenberg*, vor § 114, Rn. 13.
650 Schoreit/Dehn-*Dehn*, § 114, Rn. 4.

men des Antragsverfahrens nach Maßgabe des § 117 ZPO darzulegen[651]. Nach der in § 117 Abs. 2 ZPO enthaltenen Legaldefinition zählen dazu „Familienverhältnisse, Beruf, Vermögen, Einkommen und Lasten". Meist kommen die Anträge auf PKH im Rahmen von Gewinnzusagen aus bildungsfernen Schichten mit geringen finanziellen Mitteln, so dass sich im Kontext von Gewinnzusagen keine darauf gründende ablehnende Rechtsprechung hierzu findet.

II. Anspruch auf PKH nach § 114 S.2 ZPO i.V.m §§ 1076 ff. ZPO

Das Zusammenwachsen der Staaten der Europäischen Union und des europäischen Wirtschaftraumes bedingt eine Zunahme auch grenzüberschreitender Streitigkeiten[652] – wie man beispielhaft an den meist aus dem EU-Ausland versandten Gewinnzusagen sehen kann. Für Klagen aus grenzüberschreitenden Gewinnmitteilungen erscheint eine Regelung grenzüberschreitender PKH i.S.d. § 114 S.2 ZPO i.V.m. §§ 1076 ff. ZPO daher auf den ersten Blick wie maßgeschneidert.

1) Hintergrund der Regelung

Gerade Bürger der einzelnen Mitgliedstaaten können den auftretenden Problemen bei einer gerichtlichen Rechtsdurchsetzung oder gerichtlichen Inanspruchnahme im Ausland oftmals schon wegen fehlender finanzieller Mittel und auch infolge der fremden Rechts- und Gerichtsorganisation sowie einer unter Umständen fremden Sprache nicht immer sachgerecht begegnen[653].

Das Problem grenzüberschreitender PKH wird auf europäischer Ebene durch die EG-Richtlinie 8/2003 des Rates vom 27.1.2003[654] zur grenzüberschreitenden Prozesskostenhilfe in Zivilsachen geregelt, die durch Gesetz vom 15.12.2004[655] in nationales Recht umgesetzt wurde. Abgesehen von einer Ergänzung des § 116 S. 1 Nr. 2 ZPO[656] finden sich die Neuregelungen, die die Prozesskostenhilfe im engeren Sinn betreffen, in den §§ 1076 – 1078 ZPO[657].

---

651 Schoreit/Dehn-*Dehn*, § 114, Rn. 4.

652 Künzl/Koller, PKH, Rn. 781.

653 Künzl/Koller, PKH, Rn. 781.

654 Richtlinie 2003/8/EG des Rates vom 27.1.2003, ABl. EG L 26/41, berichtigt im ABl. EG L 32/15.

655 Gesetz zur Umsetzung gemeinschaftsrechtlicher Vorschriften über die grenzüberschreitende Prozesskostenhilfe in Zivil- und Handelssachen in den Mitgliedstaaten vom 15.12.2004, BGBl I, 3392.

656 § 116 S.1 Nr. 2 ZPO regelt die PKH für eine juristische Person oder parteifähige Vereinigung innerhalb der EU.

657 Kalthoener/Büttner/Wrobel-Sachs, PKH und BerH, Rn. 910a.

2) Anwendungsbereich

Der Anwendungsbereich ergibt sich unmittelbar aus Art. 1 Abs. 2 EG-Richtlinie 8/2003 und ist deckungsgleich mit Art. 1 Abs. 1 EuGVO[658]; von den Einschränkungen des Art. 1 Abs. 2 EuGVO gilt nur lit. d[659].

Der Anwendungsbereich erstreckt sich sowohl auf Antragsteller im Inland, die in einem anderen EU-Staat einen Rechtsstreit mit Hilfe von PKH führen wollen (ausgehende Ersuchen i.S.d. § 1077 ZPO) als auch auf Antragsteller aus dem europäischen Ausland, deren Rechtsstreit in Deutschland stattfinden soll (eingehende Ersuchen i.S.d. § 1078 ZPO).

Der Antrag auf PKH dafür kann gemäß Art. 13 Abs. 1 lit. a EG-Richtlinie 8/2003 in dem Mitgliedstaat gestellt werden, in dem die bedürftige Partei ihren Wohnsitz hat oder wahlweise im Mitgliedstaat des Gerichtsstandes gemäß Art. 13 Abs. 1 lit. b EG-Richtlinie 8/2003.

3) Voraussetzungen

§ 1076 ZPO normiert im Grundsatz die Geltung der §§ 114 bis 127a ZPO. Folglich müssen auch im Rahmen grenzüberschreitender PKH neben den objektiven Voraussetzungen der hinreichenden Erfolgsaussicht und fehlenden Mutwilligkeit gleichfalls die entsprechenden subjektiven Voraussetzungen vorliegen[660]. Es kann daher auf die bisherigen Ausführungen zur PKH auf nationaler Ebene verwiesen werden. Allerdings ist als Besonderheit zu beachten, dass die Zielsetzungen der Richtlinie – Vereinfachung, Vereinheitlichung, Vervollständigung und Beschleunigung[661] – eine großzügige Auslegungsweise bedingen[662].

4) Besonderheiten grenzüberschreitender Gewinnzusagen

Während auf den ersten Blick eine Regelung grenzüberschreitender PKH für grenzüberschreitende Gewinnzusagen wie maßgeschneidert erscheint, so fällt diese Bewertung bei genauerem Hinsehen differenzierter aus:

Ob es sich um eine grenzüberschreitende Streitigkeit handelt, wird im Zeitpunkt der Antragstellung auf PKH gemäß Art. 2 Abs. 3 der EG-Richtlinie 8/2003

---

658 Thomas/Putzo – *Reichhold*, § 1076, Rn. 1.
659 Thomas/Putzo – *Reichhold*, § 1076, Rn. 1.
660 Kalthoener/Büttner/Wrobel-Sachs, PKH und BerH, Rn. 910a; Zöller-*Geimer*, § 1076, Rn. 4.
661 Baumbach/Lauterbach-*Hartmann*, Einf § 1076, Rn. 3.
662 Kalthoener/Büttner/Wrobel-Sachs, PKH und BerH, Rn. 910a; Baumbach/Lauterbach-*Hartmann*, § 1076, Rn. 2.

nach der Richtlinie bestimmt[663]. Bei Gewinnzusagen, die aus dem Ausland versandt werden, handelt es sich zwar stets um grenzüberschreitende Streitigkeiten in diesem Sinne. Erstaunlicherweise findet sich aber keine Rechtsprechung zu grenzüberschreitender PKH nach § 114 S.1 ZPO i.V.m. §§ 1076 ff. ZPO im Zusammenhang mit Gewinnzusagen. Dies erklärt sich für potentielle ausgehende Ersuchen i.S.d. § 1077 ZPO vermutlich dadurch, dass selbst im Falle einer möglicherweise billigeren Klageerhebung im Ausland, die deutschen Verbraucher den inländischen internationalen Gerichtsstand bevorzugen und dafür keiner grenzüberschreitenden PKH bedürfen.

Selbst Fälle eingehender Ersuchen i.S.d. § 1078 ZPO sind im Zusammenhang mit Gewinnzusagen keine bekannt, obwohl es sich durchaus anbieten würde, als Verbraucher eines Landes, in dem eine § 661a BGB vergleichbare Regelung fehlt, bei einem Versand aus Deutschland auch dort zu klagen. Aufgrund der Regelung des § 661a BGB hüten sich jedoch die unseriösen Anbieter davor, Gewinnmitteilungen aus Deutschland zu verschicken.

Dies legt die Frage nahe, ob mit der europäischen Richtlinie zur PKH samt nationaler Umsetzung eine Fragestellung *rechtlich* geregelt ist, die sich *tatsächlich* meist gar nicht stellt – zumindest nicht im Zusammenhang mit grenzüberschreitenden Gewinnzusagen.

III. Anspruch auf PKH bei Vorabentscheidungsverfahren vor dem EuGH

Die Vielzahl der Vorabentscheidungsverfahren zu grenzüberschreitenden Gewinnzusagen[664] illustriert beispielhaft die zunehmende Zahl und Bedeutung von Vorlagen nationaler Gerichte an den EuGH. Spezielle Regelungen zur PKH für

---

663 Künzl/Koller, PKH, Rn. 782.

664 Vgl. EuGH, Urteil vom 11.7.2002 (Rs. C-96/00), NJW 2002, 2697 ff. – *Rudolf Gabriel/Schlank & Schick GmbH*; EuGH, Urteil vom 1.10.2002 (C-167/00), NJW 2002, 3617 ff. – *Verein für Konsumenteninformation/Karl Heinz Henkel*; EuGH, Urteil vom 20.1.2005 (C-27/02), NJW 2005, 811 ff. – *Petra Engler/Janus Versand GmbH*; EuGH, Urteil vom 16.3.2006 (Rs. C-234/04), NJW 2006, 1577 f. – *Rosmarie Kapferer/Schlank & Schick GmbH*; Vorabentscheidungsersuchen vom 7.4.2006 (Rs. C-180/06), ABl. EU C 165/12 – *Renate Ilsinger/Martin Dreschers (Insolvenzverwalter der Schlank & Schick GmbH)*.

ein Verfahren vor dem EuGH finden sich in Art. 76 EuGH-Verfahrensordnung[665] und Art. 4, 5 der zusätzlichen EuGH-Verfahrensordnung[666].

1) Voraussetzungen

Ein entsprechender Antrag auf PKH ist im Rahmen eines Vorabentscheidungsverfahrens vor dem EuGH grundsätzlich möglich[667]. Einem Vorabentscheidungsverfahren liegt ein nationales Ausgangsverfahren zu Grunde, weshalb PKH daher bereits in diesem beantragt werden sollte[668]. Dort bewilligte Prozesskostenhilfe deckt auch das Verfahren vor dem EuGH ab; vor diesem wird dann keine weitere Hilfe mehr gewährt[669]. Wurde noch kein Antrag auf PKH im nationalen Verfahren angebracht, so kann dieser auch erstmals beim EuGH gestellt werden[670]. Mit dem Antrag sind gemäß Art. Art. 76 § 1 EuGH-Verfahrensordnung Unterlagen einzureichen, aus denen sich die Bedürftigkeit des Antragstellers ergibt, insbesondere eine entsprechende Bescheinigung der zuständigen Behörde. Wird der Antrag vor Klageerhebung eingereicht, so ist nach Art. 76 § 2 EuGH-Verfahrensordnung auch der Gegenstand der Klage kurz darzulegen. Der Antragsteller hat außerdem nachzuweisen, dass die beabsichtigte Rechtsverfolgung nicht offensichtlich aussichtslos ist[671]. Diese Prüfung der Erfolgsaussichten nimmt ein vom Präsidenten gemäß Art. 76 § 3 EuGH-Verfahrensordnung zu bestimmender Berichterstatter vor nach einer schriftlichen Stellungnahme der Gegenpartei und Anhörung des Generalanwalts. Ist nach dessen Ansicht die Rechtsverfolgung offensichtlich aussichtslos, so wird der Antrag abgewiesen[672].

---

665 Verfahrenordnung des Gerichtshofes der Europäischen Gemeinschaften vom 19.6.1991, Abl. EG L 176/7; zuletzt geändert am 12.7.2005, ABl. EG L 203/19.

666 Zusätzliche Verfahrensordnung des Gerichtshofes der Europäischen Gemeinschaften vom 4.12. 1974, Abl. EG L 350/29; zuletzt geändert am 11.3.1997, ABl. EG L 103/4.

667 Vgl. Künzl/Koller, PKH, Rn. 772; Hakenberg/Stix-Hackl, Hdb Verfahren EuGH, Band 1, S. 223.

668 Künzl/Koller, PKH, Rn. 773; vgl. auch Hakenberg/Stix-Hackl, Hdb Verfahren EuGH, Band 1, S. 223.

669 Künzl/Koller, PKH, Rn. 773; Kalthoener/Büttner/Wrobel-Sachs, PKH und BerH, Rn. 910d.

670 Künzl/Koller, PKH, Rn. 773; Kalthoener/Büttner/Wrobel-Sachs, PKH und BerH, Rn. 910d.

671 Vgl. Koenig/Pechstein/Sander, EU-/EG-Prozessrecht, Rn. 165.

672 Künzl/Koller, PKH, Rn. 776.

2) Umfang

Das Verfahren vor dem EuGH ist zwar gemäß Art. 72 EuGH-Verfahrensordnung grundsätzlich kostenfrei[673]. Trotzdem trifft der Gerichtshof im Endurteil oder in dem Beschluss, der das Verfahren beendet, stets gemäß Art. 69 EuGH-Verfahrensordnung eine Kostenentscheidung[674]. Urteile auf Grund eines Vorabentscheidungsverfahrens nationaler Gericht weisen allerdings nur den Ausspruch aus, dass die endgültige Kostenentscheidung im Ausgangsverfahren getroffen wird[675].

Die Prozesskostenhilfe für Verfahren vor dem EuGH umfasst daher mangels Gerichtskosten nur die erstattungsfähigen außergerichtlichen Kosten gemäß Art. 73 EuGH-Verfahrensordnung wie etwa Zeugengelder oder Sachverständigenkosten[676] und die Kosten für Reise, Aufenthalt und Rechtsanwalt[677]. Wird die PKH bewilligt, so streckt gemäß Art. 76 § 5 EuGH-Verfahrensordnung die Kasse des Gerichtshofes die Kosten vor. Gemäß Art. 5 zusätzliche EuGH-Verfahrensordnung setzt der Gerichtshof die Auslagen und Gebühren des Anwalts fest und der Präsident kann auf Antrag anordnen, dass dem Anwalt ein Vorschuss zu gewähren ist.

B. Rechtsschutzversicherung

Die Prozessfreudigkeit der Verbraucher im Rahmen von Gewinnzusagen ist sicherlich auch auf die Existenz von Rechtsschutzversicherungen zurückzuführen[678]. Solvente findige Zeitgenossen versuchten in letzter Zeit vermehrt, die mit einer Klage aus § 661a BGB verbundenen finanziellen Risiken auf ihren Rechtsschutzversicherer abzuwälzen. Ob dieses Vorgehen von Erfolg gekrönt sein kann und soll, wird in Rechtsprechung und Literatur sehr kontrovers beurteilt. Es erscheint daher im Kontext von Gewinnzusagen lohnenswert, genauer zu betrach-

---

673 Künzl/Koller, PKH, Rn. 770; Kalthoener/Büttner/Wrobel-Sachs, PKH und BerH, Rn. 910d; Hakenberg/Stix-Hackl, Hdb Verfahren EuGH, Band 1, S.222.

674 Künzl/Koller, PKH, Rn. 771; Kalthoener/Büttner/Wrobel-Sachs, PKH und BerH, Rn. 910d; vgl. auch Hakenberg/Stix-Hackl, Hdb Verfahren EuGH, Band 1, S. 222.

675 Künzl/Koller, PKH, Rn. 771; Hakenberg/Stix-Hackl, Hdb Verfahren EuGH, Band 1, S. 222.

676 Künzl/Koller, PKH, Rn. 778; Kalthoener/Büttner/Wrobel-Sachs, PKH und BerH, Rn. 910d.

677 Kalthoener/Büttner/Wrobel-Sachs, PKH und BerH, Rn. 910d.

678 Lorenz, NJW 2006, 472 f.

ten, ob bei auf § 661a BGB gestützten Klagen ein Anspruch auf eine Deckungszusage bestehen kann.

Grundsätzlich erteilt ein Rechtsschutz-Versicherer eine Deckungszusage[679], wenn der entstehende Schaden vom Versicherungsschutz gedeckt ist. Der entstehende Schaden ist vom Versicherungsschutz gedeckt, wenn eine Leistungsart einschlägig ist, kein Risikoausschluss vorliegt und die sonstigen objektiven Voraussetzungen der hinreichenden Erfolgsaussicht und fehlenden Mutwilligkeit gegeben sind. Hierbei ist entscheidend, welche als ARB bezeichneten Versicherungsbedingungen dem Versicherungsvertrag zugrunde liegen. In den ARB übernimmt die Rechtsschutzversicherung das Risiko, dass ihr Versicherungsnehmer nach Eintritt eines Versicherungsfalles mit notwendigen Kosten einer rechtlichen Auseinandersetzung belastet wird, also einen konkreten Vermögensnachteil und somit einen „Schaden" im versicherungsrechtlichen Sinn erleidet[680]. Ein Versicherungsvertrag kommt stets mit dem Text der ARB zustande, der dem Versicherungsnehmer bei der Antragstellung überreicht wurde und nicht mit dem Text der bei Vertragsschluss geltenden Fassung[681]. Für die Frage, ob Rechtsschutz bei Klagen aus Gewinnzusagen besteht, ist daher nach den vereinbarten ARB zu differenzieren, die jeweils mit dem Jahrgang ihrer Veröffentlichung zitiert werden.

In Rechtsprechung und Literatur wird im Zusammenhang mit § 661a BGB nur über die hierbei praktisch relevanten ARB 75, ARB 94 und ARB 2000 diskutiert, so dass sich auch die folgende Erörterung auf diese Musterbedingungen beschränken wird.

I. Einschlägige Leistungsart

In den verschiedenen ARB sind die Leistungsarten, d.h. die versicherbaren Rechtsbereiche, in Form eines Positivkatalogs enumerativ und abschließend aufgeführt[682]. Nach dem Grundsatz der Spezialität der versicherten Gefahr wird dem Versicherungsnehmer Rechtsschutz nur im Hinblick auf bestimmte, in den jeweiligen ARB beschriebene Eigenschaften und nur auf bestimmten Rechtsgebieten gewährt.

---

679 Hierbei handelt es sich um ein deklaratorisches Schuldanerkenntnis: van Bühren/Plote, § 1 ARB, Rn. 18; OLG Karlsruhe, Beschluss vom 21.8.1997 (Az. 12 U 145/97), r+s 1998, 199 ff.

680 Harbauer-*Bauer*, Vor § 1 ARB 75, Rn. 40.

681 Böhme, Vorbemerkungen ARB, Rn. 1.

682 Vgl. Plote, § 4, Rn. 21.

Gemäß § 25 Abs. 3 ARB 75 bzw. § 26 Abs. 4 ARB 75 kann der Versicherungsschutz auf die Wahrnehmung rechtlicher Interessen aus schuldrechtlichen Verträgen ausgedehnt werden. Während bei den ARB 94/2000 der weiter gefasste Begriff des privaten Schuldverhältnisses Anknüpfungspunkt ist, wird der von ARB 75 erfasste Rechtsschutz auf schuldrechtliche Verträge beschränkt. Die Geltendmachung von Ansprüchen aus Gewinnzusagen nach § 661a BGB kann folglich bei Geltung der ARB 75 nur unter den Versicherungsschutz fallen, wenn Vertragsrechtsschutz ausdrücklich vereinbart ist und es sich bei den Gewinnzusagen um den Gegenstand eines schuldrechtlichen Vertrages handelt[683].

Entscheidend ist folglich die dogmatische Einordnung des Anspruchs aus § 661a BGB. Wie bereits im Rahmen des Grundlagen-Kapitels ausführlich dargelegt, begründet eine Gewinnzusage keinen schuldrechtlichen Vertrag. Dieser Einordnung auf nationaler Ebene steht auch nicht die autonome vertragliche Einordnung im Rahmen von EuGVÜ/EuGVO entgegen. Die Entscheidung „Gabriel" des EuGH ist allein auf die Zuständigkeitsregelungen des EuGVÜ bezogen und kann nicht auf andere Bestimmungen, wie die ARB übertragen werden[684].

Um den Anspruch aus § 661a BGB auch im Rahmen von § 25 Abs. 3 ARB 75 als Anspruch aus Vertrag zu behandeln, wären eigenständige Gründe erforderlich, die diese Behandlung gerade im Hinblick auf Sinn und Zweck dieser Bestimmung rechtfertigen würden[685]. Hinter der Einstufung des Anspruchs aus § 661a BGB als solchem aus Vertrag im Rahmen des EuGVÜ steht der Schutz des Verbrauchers gegenüber demjenigen, der das Gewinnversprechen abgibt[686]. Ein solcher Schutzgedanke wohnt § 25 Abs. 3 ARB 75 jedoch nicht inne[687]. Die Bestimmung dient lediglich dazu, die Ansprüche aus dem Versicherungsvertrag abzugrenzen[688]. Im Rahmen der Bestimmung ist anerkannt, dass Ansprüche aus gesetzlichen Schuldverhältnissen gerade nicht unter den Versicherungs-Schutz fallen[689].

Übereinstimmend wird daher zu Recht in versicherungsrechtlicher Rechtsprechung[690] und Schrifttum[691] davon ausgegangen, dass nach den ARB 75 mangels

---

683 Prölss, r+s 2005, 233.
684 AG Hamburg, Urteil vom 20.1.2003 (Az. 911b 84/02), r+s 2003, 365/366.
685 AG Hamburg, Urteil vom 20.1.2003 (Az. 911b 84/02), r+s 2003, 365/366.
686 AG Hamburg, Urteil vom 20.1.2003 (Az. 911b 84/02), r+s 2003, 365/366.
687 AG Hamburg, Urteil vom 20.1.2003 (Az. 911b 84/02), r+s 2003, 365/366.
688 AG Hamburg, Urteil vom 20.1.2003 (Az. 911b 84/02), r+s 2003, 365/366.
689 AG Hamburg, Urteil vom 20.1.2003 (Az. 911b 84/02), r+s 2003, 365/366.
690 LG Osnabrück, Beschluss vom 8.9.2003 (Az. 9O 1781/03), JurBüro 2004, 149; AG Hamburg, Urteil vom 20.1.2003 (Az. 911b 84/02), r+s 2003, 365 f.

schuldrechtlichem Vertrag kein Versicherungsschutz im Hinblick auf Gewinnzusagen nach § 661a BGB besteht.

2) ARB 94/2000

Anders ist die Rechtslage, wenn die Leistungsart des § 2 lit. d ARB 94/2000 vereinbart ist: Danach umfasst der Versicherungsschutz Rechtsschutz in Vertrags- und Sachenrecht für die Wahrnehmung rechtlicher Interessen aus privatrechtlichen Schuldverhältnissen und dinglichen Rechten, soweit der Versicherungsschutz nicht in den Leistungsarten lit.a, b oder c enthalten ist. Rechtsschutz im Zusammenhang mit einer Gewinnzusage fällt nicht bereits unter lit.a [Schadensersatz-Rechtsschutz], lit.b [Arbeits-Rechtsschutz] oder lit.c [Wohnungs- und Grundstücks-Rechtsschutz], so dass nur eine Subsumtion unter die privatrechtlichen Schuldverhältnisse denkbar erscheint.

Zwar ist in der Einleitung des lit. d von Rechtsschutz im Vertragsrecht die Rede, was aber nicht bedeutet, dass der Versicherungs-Schutz auf Schuldverhältnisse i.S.v. Verträgen reduziert ist; denn es wäre unverständlich, weshalb der nachfolgende Text nicht „einleitungsgerecht" von der Wahrnehmung rechtlicher Interessen aus schuldrechtlichen Verträgen spricht, wenn diese gemeint sein und der weiten Fassung keine ihrem Wortlaut entsprechende Bedeutung beigelegt werden sollte[692]. Folglich fallen unter den Begriff des privatrechtlichen Schuldverhältnisses nicht nur vertragliche, sondern auch gesetzliche Schuldverhältnisse, die dem Privatrecht zuzuordnen sind[693]. Somit sind alle im 2. Buch des BGB geregelten Schuldverhältnisse von §§ 241 – 853 BGB vom Versicherungsschutz umfasst[694]. Damit gehören zu den Streitigkeiten aus privatrechtlichen Schuldverhältnissen auch Streitigkeiten aus Gewinnzusagen[695]. Klagen aus Gewinnzusagen nach § 661a BGB unterfallen folglich im Grundsatz dem Versicherungsschutz.

II. Kein Risikoausschluss

Trotz einschlägiger Leistungsart kann jedoch der Versicherungsschutz im Wege eines Risikoausschlusses entfallen. Ein Risikoausschluss bedeutet, dass der Versicherer das vertraglich übernommene Risiko in bestimmter Weise wieder einschränkt mit der Folge, dass für den näher umschriebenen Teil des Risikos von

691 Prölss, r+s 2005, 233; Bauer, NJW 2004, 1509; Steck, NJW 2003, 3680.
692 Prölss/Martin-*Prölss/Armbrüster*, § 2 ARB 94, Rn. 7.
693 Prölss/Martin-*Prölss/Armbrüster*, § 2 ARB 94, Rn. 7.
694 Buschbell/Hering-*Hering*, § 15, Rn. 20.
695 Prölss, r+s 2005, 233; Bauer, NJW 2004, 1509.

vornherein kein Versicherungsschutz besteht[696]. Die Darlegungs- und Beweislast für das Eingreifen eines solchen Ausschlusstatbestandes liegt beim Versicherer.

1) ARB 94

Dem Begehren nach Rechtsschutz für die Wahrnehmung rechtlicher Interessen aus einem privatrechtlichen Schuldverhältnis i.S.d. § 2 lit. d ARB 94 könnte ein Ausschluss des Rechtsschutzes gemäß § 3 Abs. 2 lit. f ARB 94 entgegenstehen. Nach dieser Vorschrift besteht für die Wahrnehmung rechtlicher Interessen in ursächlichem Zusammenhang mit Spiel- oder Wettverträgen sowie Termin- oder vergleichbaren Spekulationsgeschäften kein Rechtsschutz.

Die für Gewinnzusagen möglicherweise in Frage kommenden Spiel- und Wettverträge repräsentieren einen Vertragstypus, der durch die Unverbindlichkeit und der damit einhergehenden Nichtdurchsetzbarkeit der aus ihm erwachsenden Ansprüche gekennzeichnet ist[697]. Auseinandersetzungen und Rechtsstreite, die der Gläubiger einer Spiel- oder Wettschuld anstrebt, haben keine Aussicht auf Erfolg, weshalb es für den Versicherungsnehmer an einem berechtigten Interesse an einer Rechtsschutzgewährung mangelt[698].

Bei einem Wettvertrag versprechen die Vertragspartner zur Bekräftigung bestimmter widerstreitender Behauptungen einander, dass dem, dessen Behauptung sich als richtig erweist, ein Gewinn zufallen soll[699]. Dies trifft auf eine Gewinnzusage, die vom ersten Kontakt an wirksam zur Leistung des versprochenen Gewinns verpflichtet, nicht zu[700].

Bei Spielverträgen sagen sich die Partner eine Leistung unter entgegengesetzten Bedingungen zu, deren Eintritt bei Glücksspielen allein oder überwiegend vom Zufall, bei Geschicklichkeitsspielen allein oder überwiegend von der Geschicklichkeit der Beteiligten abhängt[701]. Demgegenüber ist bei einer Gewinnzusage nach § 661a BGB weder im Vorfeld noch im weiteren Verlauf des Kontakts zwischen Unternehmer und Verbraucher eine Leistung unter entgegengesetzten Bedingungen zugesagt worden[702]. Es handelt sich vielmehr um eine bereits vom ersten Kontakt an verbindliche Zusage[703]. Dabei hängt nichts vom Zufall oder der

696 Böhme, § 4 ARB, vor Rn. 1.
697 Busch, VuR 2004, 264/265.
698 Vgl. Busch, VuR 2004, 264/265; Steck, NJW 2003, 3679 jeweils unter Hinweis auf BGH, Urteil vom 17.10.1984 (Az. IVa ZR 78/83), NJW 1985, 920/921.
699 Mathy, Rechtsschutz-Alphabet, Stichwort „Wettvertrag“.
700 Steck, NJW 2003, 3680.
701 Mathy, Rechtsschutz-Alphabet, Stichwort „Spielvertrag“.
702 Steck, NJW 2003, 3680.
703 Steck, NJW 2003, 3680.

Geschicklichkeit ab, selbst wenn die Gewinnzusage angeblich darauf basieren sollte, dass dem angesprochenen Verbraucher eine „Glücksnummer“ zugeteilt oder sein Name „gezogen“ worden sei[704]. Außerdem ist der Sachverhalt einer Gewinnzusage ausdrücklich in der Spezialvorschrift des § 661a BGB und damit gerade nicht in den §§ 762 ff. BGB geregelt[705]. Schon dies verbietet es, dass eine erfolgte Gewinnzusage unter § 762 BGB und damit unter die Begriffe „Spiel oder Wette“ subsumiert wird[706].

Man könnte höchstens daran denken, Reaktionen des Versicherungsnehmers auf Gewinnzusagen einem Spielvertrag gleichzustellen, weil ja in der Zusage von einem Spielgewinn die Rede ist und es keinen Unterschied machen könne, ob der Versicherungsnehmer schon an diesem Spiel vertraglich beteiligt war oder aber später so gestellt werden will, als wäre er Teilnehmer gewesen[707]. Abgesehen davon, dass an eine Analogie von Risikoausschlüssen strengste Anforderungen zu stellen sind, bestehen jedoch auch zwischen den Fällen ins Gewicht fallende Unterschiede[708]. § 3 Abs. 2 lit. f ARB 94 hat den Sinn, demjenigen, der auf Spielgewinne spekuliert, den Rückhalt des Versicherungsschutzes zu versagen, weil es bei solchen Spekulationen nicht um vernünftige wirtschaftliche Interessen geht und daher der Versicherungsnehmer insoweit keinen Schutz genießen soll, der über die Prämie zu Lasten aller Versicherungsnehmer gehen würde[709]. Wenn der Versicherungsnehmer den Gewinn abruft, fehlt es an jedem Spekulationsmoment[710]. Der Versicherungsnehmer geht vielmehr davon aus, dass ihm der Gewinn jedenfalls bei Erfüllung gewisser Voraussetzungen zusteht und versucht nicht einen Spekulationsgewinn einzustreichen, wenn er Ansprüche aus der Gewinnzusage geltend macht[711].

Nach allgemeiner Ansicht fällt daher die Geltendmachung von Ansprüchen aus § 661a BGB zutreffend nicht unter den Ausschluss des § 3 Abs. 2 lit. f ARB 94[712].

---

704 Steck, NJW 2003, 3680.
705 Steck, NJW 2003, 3679.
706 Steck, NJW 2003, 3679.
707 Prölss, r+s 2005, 233/234.
708 Prölss, r+s 2005, 234.
709 Prölss, r+s 2005, 234.
710 Prölss, r+s 2005, 234.
711 Prölss, r+s 2005, 234.
712 BGH, Urteil vom 15.3.2006 (Az. IV ZR 4/05), VersR 2006, 830/831; LG Görlitz, Beschluss vom 17.6.2003 (Az. 2 T 37/03), NJW-RR 2003, 1388; Steck, NJW 2003, 3680; Bauer, NJW 2004, 1509; Busch, VuR 2004, 264/266; Prölss, r+s 2005, 234; jurisPK-*Laukemann*, § 661a, Rn. 35; Neuhaus/Kloth, MDR 2006, 1027/1031; Reiff, LMK 2006, 189294.

Systematische und historische Überlegungen stützen dieses Ergebnis: Wie ein Vergleich des betreffenden § 3 Abs. 2 lit. f in den ARB 94 und ARB 2000 in der Fassung von 2002 aufzeigt, fehlt in den ARB 94 im Gegensatz zu den revidierten ARB 2000 die ausdrückliche Nennung der Gewinnzusage. Die weitere Fassung der geänderten ARB 2000 könnte einerseits den Schluss nahe legen, dass mit dem Ausschluss in den ARB 94 Gewinnzusagen gerade noch nicht erfasst waren, sonst hätte es dieser Ergänzung in den ARB 2000 nicht bedurft[713]. Andererseits könnte man sich aber auch vorstellen, dass die ausdrückliche Nennung der Gewinnzusage in den ARB 2000 quasi nur „deklaratorischen" Charakter hat und lediglich eine bereits unter der Geltung der ARB 94 anerkannte ungeschriebene Fallgruppe gesetzlich normiert wurde. Für die Beantwortung dieser Frage sind die Auslegungsmaximen im Recht der allgemeinen Versicherungsbedingungen aufschlussreich: Der Versicherungsnehmer muss grundsätzlich davon ausgehen, dass in den AVB Beschränkungen des Versicherungsschutzes enthalten sind[714]. Ausschlüsse gehören zur Versicherung, weil nur so das Produkt definierbar, kalkulierbar und preiswert sein kann[715]. Hierbei ist zu bedenken, dass Ausschlussklauseln in Versicherungsbedingungen nicht weiter ausgelegt werden dürfen, als es ihr Sinn unter Berücksichtigung des wirtschaftlichen Zwecks und der gewählten Ausdrucksweise erfordert[716]. Die AVB sind nach dem Sprachgebrauch des täglichen Lebens, nicht nach einer fachwissenschaftlichen Terminologie auszulegen[717]. D.h. es ist entscheidend auf die Verständnismöglichkeit des durchschnittlichen Versicherungsnehmers ohne versicherungsrechtliche Kenntnisse abzustellen, der die AVB liest und verständig würdigt[718]. Liest ein durchschnittlicher

---

713 Steck, NJW 2003, 3679.

714 Böhme, Vorbemerkungen ARB, Rn. 1.

715 Böhme, § 4 ARB, vor Rn. 1; Hdb Versicherungsrecht-*Bauer*, §12, Rn. 115.

716 Ständige Rechtsprechung des BGH: BGH, Urteil vom 29.6.1994 (Az. IV ZR 229/93), VersR 1994, 1058 f.; BGH, Urteil vom 16.10.1985 (Az. IVa ZR 49/84), VersR 1986, 132 ff.; BGH, Urteil vom 17.10.1984 (Az. IVa ZR 78/83), NJW 1985, 920 ff.; BGH, Urteil vom 30.1.1980 (Az. IV ZR 86/78), VersR 1980, 353 ff.; BGH, Urteil vom 12.10. 1977 (Az. IV ZR 99/76), VersR 1978, 54 ff.; BGH, Beschluss vom 17.9.1975 (Az. IV ZR 17/75), vgl. auch Steck, NJW 2003, 3679; Böhme, § 4 ARB, vor Rn. 1; Prölss/Martin-*Prölss*, Vorbem. III, Rn. 13.

717 Ständige Rechtsprechung: RG, Urteil vom 21.11.1919 (Az. VII 263/19), RGZ 97, 189/190 f.; RG, Urteil vom 10.1.1928 (Az. VII 462/27), RGZ 120, 18/20; BGH, Urteil vom 11.3.1970 (Az. IV ZR 1146/68), VersR 1970, 435; BGH, Urteil vom 15.6.1983 (Az. IVa Zr 31/82), VersR 1983, 850 f.; OLG Hamm, Urteil vom 9.2.1973 (Az. 20 U 252/72), VersR 1973, 757.

718 Ständige Rechtsprechung: BGH, Urteil vom 16.6.1982 (Az. IVa ZR 270/80), BGHZ 84, 268 ff.; BGH, Urteil vom 9.12.1987 (Az. IVa ZR 151/86), VersR 1988, 282 f.; BGH, Urteil vom 18.12.1991 (Az. IV ZR 204/90), VersR 1992, 349 f.; BGH, Urteil vom 23.6.1993 (Az. IV ZR 135/92), BGHZ 123, 83 ff.; BGH, Urteil vom 17.3.1999

Versicherungsnehmer die verschiedenen Ausschlusstatbestände des § 3 ARB 94, so drängt sich aufgrund der detaillierten Darstellung bei ihm zu Recht der Gedanke auf, dass alle in Frage kommenden Ausschlusstatbestände darin abschließend aufgezählt seien. Der Versicherungsnehmer ist daher vertrauenswürdig in seiner Annahme, mangels Erwähnung der Gewinnzusage gebe es eben auch keinen Risikoausschluss diesbezüglich. Folglich kann er zu Recht darauf vertrauen, dass eine Klage aus Gewinnzusage von seinem Versicherungsschutz nicht ausgeschlossen ist.

Eine Analogie zu Lasten des Versicherungsnehmers wäre nur ausnahmsweise zulässig und geboten, wenn eine vom Wortlaut der Klausel nicht erfasste Fallgruppe so offensichtlich „mitgemeint" ist, dass eine Beschränkung auf den Wortlaut blanker Formalismus wäre[719]. Eine extensive Auslegung nach dem Zweck verbietet sich jedoch, wenn die Entstehungsgeschichte ergibt, dass die enge Fassung gewählt wurde, um die in Frage stehenden Sachverhalte nicht unter den Ausschluss fallen zu lassen[720]. Als die ARB 94 eingeführt wurden, dachte noch niemand bei deren Vorarbeiten an Gewinnzusagen, die damals noch nicht in dem heutigen Umfang verschickt wurden und nicht gesetzlich geregelt waren. Selbst in der ursprünglichen, im Jahr 2000 bekanntgegebenen Fassung der ARB 2000 wurden die Klagen aus Gewinnzusagen noch nicht ausdrücklich vom Versicherungsschutz ausgeschlossen. Auf die gesetzgeberische Neuerung des § 661a BGB im Jahre 2000 reagierte die Versicherungswirtschaft erst in der geänderten Fassung von 2002[721], die ausdrücklich einen Ausschluss für Gewinnzusagen i.S.d. § 661a BGB enthält.

Im Ergebnis lässt sich daher festhalten, dass grammatikalische, teleologische, systematische und historische Überlegungen gegen einen Ausschluss von Klagen aus Gewinnzusagen bei Geltung der ARB 94 sprechen.

2) ARB 2000

Der in § 3 Abs. 2 lit. f ARB 2000 geregelte Ausschlussgrund entsprach in den ARB 2000 in der *Fassung vom 1.4.2000* wörtlich § 3 Abs. 2 lit. f ARB 94. Dem-

---

(Az. IV ZR 89/98), VersR 1999, 748 f.; BGH, Urteil vom 16.6.1999 (Az. IV ZR 44/98), VersR 1999, 1224 ff.; BGH, Urteil vom 8.12.1999 (Az. IV ZR 40/99), VersR 2000, 311 ff.; BGH, Urteil vom 22.11.2000 (Az. IV ZR 235/99), VersR 2001, 184 ff.; BGH, Urteil vom 25.9.2002 (Az. IV ZR 248/01), VersR 2002, 1503 f.; BGH, Urteil vom 11.12.2002 (Az. IV ZR 226/01), BGHZ 153, 182 ff.

719 Prölss/Martin-*Prölss*, Vorbem. III, Rn. 15.

720 Prölss/Martin-*Prölss*, Vorbem. III, Rn. 15.

721 Vgl. GDV-Rundschreiben R 26/2002 M vom 29.4.2002.

entsprechend entschied das OLG Karlsruhe zutreffend, dass auch der Ausschlussgrund des § 3 Abs. 2 lit. f ARB 2000 bei Gewinnzusagen nicht greife[722].

In der geänderten *Fassung von 2002*[723] werden in § 3 Abs. 2 lit. f ARB 2000 ausdrücklich Streitigkeiten im Zusammenhang mit Gewinnzusagen ausgeschlossen, so dass sich das Problem bei Geltung der ARB 2000 mittlerweile erledigt hat[724]. Für die Wahrnehmung rechtlicher Interessen in ursächlichem Zusammenhang mit Spiel- oder Wettverträgen sowie Termin- oder vergleichbaren Spekulationsgeschäften sowie Gewinnzusagen besteht danach kein Rechtsschutz. Damit besteht bei Zugrundelegung der ARB 2000 in der Fassung von 2002 keine Einstandspflicht der Rechtsschutzversicherung[725].

III. Objektive Voraussetzungen

Lediglich bei Geltung der ARB 94 ist eine bestimmte Leistungsart einschlägig und kein Risikoauschluss gegeben. Damit ein Anspruch auf eine Deckungszusage bejaht werden kann, ist noch zusätzlich das Vorliegen objektiver Voraussetzungen erforderlich.

1) Gemeinsamkeiten mit PKH

Auch bei einer Rechtsschutzversicherung muss eine hinreichende Erfolgsaussicht der Klage bestehen und die Wahrnehmung der rechtlichen Interessen nicht mutwillig sein. Die ARB 94 enthalten zwar keine ausdrückliche Regelung diesbezüglich, wie dies in § 1 Abs. 2 ARB 75 noch der Fall war[726], aber sie setzen in § 18 Abs. 1 ARB 94 diese Voraussetzungen des Versicherungsschutzes voraus[727]. Der Rechtsschutzversicherer gewährt deshalb Versicherungsschutz nur unter den sachlichen Voraussetzungen, unter denen eine Partei PKH gemäß § 114 ZPO beanspruchen kann[728]. Daher sind für die Auslegung der Erfolgsaussichten und der

722 OLG Karlsruhe, Urteil vom 1.12.2005 (Az. 19 U 188/04), OLGR Karlsruhe 2006, 87 ff.

723 Vgl. GDV-Rundschreiben R 26/2002 M vom 29.4.2002.

724 Vgl. Prölss, r+s 2005, 234; van Bühren/Plote, § 3 ARB, Rn. 86.

725 So auch: Steck, NJW 2003, 3679.

726 Vgl. Hdb Versicherungsrecht-*Bauer*, § 12, Rn. 289; BerlinKomm-*Honsell*, § 158 n, Rn. 3.

727 Hdb Versicherungsrecht-*Bauer*, § 12, Rn. 289; BerlinKomm-*Honsell*, § 158 n, Rn. 3.

728 BGH, Urteil vom 16.9.1987 (Az. IVa ZR 76/86), NJW 1988, 266 f.; BGH, Urteil vom 17.1.1990 (Az. IV ZR 214/88), NJW-RR 1990, 922 f.; BGH, Urteil vom 19.2.2003 (Az. IV ZR 318/02), NJW-RR 2003, 672/673; Bauer, NJW 2003, 1491.

Mutwilligkeit im Recht der Rechtsschutzversicherung dieselben materiellen Maßstäbe anzulegen wie im PKH-Recht[729]: Ob die Wahrnehmung rechtlicher Interessen hinreichende Aussicht auf Erfolg hat, ist aufgrund einer summarischen Prüfung der Sach- und Rechtslage zu entscheiden[730]. Es muss eine gewisse Wahrscheinlichkeit dafür bestehen, dass der Versicherungsnehmer mit seinem Begehren durchdringen wird[731].

Für die Prüfung der fehlenden Mutwilligkeit kommt es nach § 18 Abs. 1 lit. a ARB 94 darauf an, ob der durch die Wahrnehmung der rechtlichen Interessen voraussichtlich entstehende Kostenaufwand unter Berücksichtigung der berechtigten Belange der Versicherten-Gemeinschaft in einem groben Missverhältnis zum angestrebten Erfolg steht. Demnach ist eine Deckungsverweigerung wegen Mutwilligkeit erst dann gerechtfertigt, wenn das Verhalten des Versicherungsnehmers mit dem einer vernünftigen, unversicherten Partei, bei der finanzielle Überlegungen keine Rolle spielen, nicht mehr in Einklang zu bringen ist[732].

2) Unterschiede zur PKH

Allerdings besteht bei einer Rechtsschutzversicherung ein nicht zu unterschätzender Unterschied zur PKH bei der Darlegungs- und Beweislast: Da es sich um einen Versagungs- und damit um einen Ausnahmetatbestand handelt, muss der Rechtsschutzversicherer die mangelnden Erfolgsaussichten oder die Mutwilligkeit der Rechtsverfolgung darlegen und gegebenenfalls beweisen[733].

Außerdem wird interessanterweise die Problematik der Erfolgsaussicht und Mutwilligkeit im Gegensatz zum Recht der PKH nur sehr vereinzelt in der im

---

729 BGH, Urteil vom 16.9.1987 (Az. IVa ZR 76/86), NJW 1988, 266 f.; BGH, Urteil vom 17.1.1990 (Az. IV ZR 214/88), NJW-RR 1990, 922 f.; OLG Hamm, Urteil vom 4.4.1986 (Az. 20 U 281/85), ZfS 1987, 369; OLG Köln, Urteil vom 6.10.1988 (Az. 5 U 61/88), VersR 1989, 359 ff.; OLG Düsseldorf, Urteil vom 23.2.1988 (Az. 4 U 96/87), ZfS 1989, 238 f.; OLG Hamm, Urteil vom 3.2.1989 (Az. 20 U 176/88), VersR 1989, 838 f.; Saarländisches OLG, Urteil vom 6.6.1990 (Az. 5 U 65/89), r+s 1991, 25 ff.; OLG Karlsruhe, Urteil vom 6.8.1998 (Az. 12 U 289/97), VersR 1999, 613 ff.; OLG Düsseldorf, Urteil vom 9.5.2000 (Az. 4 U 148/99), VersR 2001, 233 ff.; OLG Köln, Urteil vom 16.4.2002 (Az. 9 U 129/01), r+s 2002, 289 ff.; BerlinKomm-*Honsell*, § 158 n, Rn. 5; Prölss/Martin-*Prölss/Armbrüster*, § 1 ARB 75, Rn. 3; van Bühren/Plote, § 1 ARB, Rn. 38; Böhme, § 18 ARB 94, Rn. 1; Hdb Versicherungsrecht-*Bauer*, § 12, Rn. 290;

730 BerlinKomm-*Honsell*, § 158 n, Rn. 5; Böhme, § 17 ARB 94, Rn. 1.

731 BerlinKomm-*Honsell*, § 158 n, Rn. 5.

732 BerlinKomm-*Honsell*, § 158n, Rn. 9.

733 Mankowski, VuR 2004, 250/252; LG Görlitz, Beschluss vom 17.6.2003 (Az. 2 T 37/03), NJW-RR 2003, 1388/1389.

Rechtsschutz einschlägigen Kommentar-Literatur angesprochen und der Prüfungsstandort nicht problematisiert.

3) Meinungsstand

In der Rechtsprechung und Literatur finden sich bisher nur vereinzelt Stellungnahmen.

a) Rechtsprechung

Das LG Görlitz[734] ist bei einer Deckungsklage im Zusammenhang mit einer Gewinnzusage davon ausgegangen, dass die Wahrnehmung der rechtlichen Interessen der Antragstellerin hinreichende Aussicht auf Erfolg i.S.d. Art. 18 Abs. 1 lit. b ARB 94 biete, so dass ein Ausschluss der Einstandspflicht der RSV aus dieser Norm nicht hergeleitet werden könne. Der Umstand, dass die Antragstellerin derzeit die ladungsfähige Anschrift des Versenders der Gewinnzusage noch nicht benennen könne, stehe der hinreichenden Erfolgsaussicht nicht im Wege, da diese Ermittlung erst zu den von der Deckungszusage umfassten Maßnahmen zähle. Selbst wenn man die Vermögenslosigkeit des beabsichtigten Prozessgegners unter den Gesichtspunkt der hinreichenden Erfolgsaussicht der Wahrnehmung der rechtlichen Interessen des Rechtsschutzversicherten fassen wollte, würde dieser Gesichtspunkt im konkreten Fall nicht zu einer berechtigten Ablehnung der Deckungszusage führen können. Schließlich gebe es keinen anerkannten Erfahrungssatz, demzufolge niederländische B.V. prinzipiell als vermögenslos anzusehen seien. Sollte dies im konkreten Falle dennoch zutreffen, so wäre es an der RSV, die Vermögenslosigkeit und daher die Nutzlosigkeit der beabsichtigten Rechtsverfolgung darzulegen und gegebenenfalls unter Beweis zu stellen.

Der BGH hatte in seinem Urteil vom 15.3.2006 zum ersten Mal Gelegenheit sich zum Problemkreis RSV und Gewinnzusage zu äußern – jedoch nur zur speziellen Frage des Risikoausschlusses. Zum Problem der möglicherweise fehlenden Erfolgsaussicht bzw. Mutwilligkeit konnte er wegen einer Besonderheit im Recht der RSV nicht Stellung beziehen: Bei der Deckungsablehnung wegen fehlender Erfolgsaussicht oder Mutwilligkeit muss der Rechtschutzversicherer gemäß § 18 Abs. 1 ARB 94 dies unverzüglich unter Angabe der Gründe dem Versicherungsnehmer schriftlich mitteilen. Gemäß § 18 Abs. 2 ARB 94 muss mit dieser Mitteilung der Hinweis auf die Möglichkeit und Voraussetzungen eines Schiedsgutachterverfahrens verbunden sein. Unterbleibt der Hinweis, gilt gemäß § 158n S. 3 VVG das Rechtsschutzbegehren des Versicherungsnehmers im kon-

---

734 LG Görlitz, Beschluss vom 17.6.2003 (Az. 2 T 37/03), NJW-RR 1388/1389.

kreten Fall als anerkannt. Bei dieser Pflicht zum Hinweis auf das Schiedsgutachterverfahren handelt es sich folglich nicht um eine sanktionslose Formalie[735]; sondern vielmehr kann der Rechtsschutz-Versicherer sich dann nicht mehr auf fehlende Erfolgsaussicht oder Mutwilligkeit berufen[736].

In dem konkreten Fall, über den der BGH in seinem Urteil vom 15.3.2006 zu entscheiden hatte, enthielten sämtliche Ablehnungsschreiben des Versicherers zu einer auf § 661a BGB basierenden Klage keinen Hinweis auf das Schiedsgutachterverfahren. Folglich konnte der BGH lediglich dem Berufungsgericht beipflichten, dass die Beklagte sich in Ermangelung dieses Hinweises nicht auf eine etwaige fehlende Erfolgsaussicht oder Mutwilligkeit berufen könne[737]. Deshalb fehlt es bisher an einer höchstrichterlicher Äußerung zur Problematik der objektiven Voraussetzungen einer RSV im Zusammenhang mit Gewinnzusagen.

b) Literatur

Nach Stimmen in der Literatur soll die verbraucherrechtlich starke Rechtsposition des Versicherungsnehmers gemäß § 661a BGB den Rechtsschutzversicherer zur Erteilung der Deckungszusage verpflichten[738]. Gerade bei Klagen aus Gewinnzusagen bewähre sich die Rechtsschutzversicherung, mit der der Versicherungsnehmer bezwecke, von einer Kostentragungspflicht freigestellt zu werden, die aus der Wahrnehmung seiner Interessen resultiere[739]. Eine solche drohe in Form der Subsidiärhaftung für Gerichtskosten bei dem nicht immer problemlos durchzusetzenden Anspruch aus § 661a BGB, weil die Unternehmer meist im Ausland ansässig und nicht selten schwierig zu identifizieren seien[740].

4) Stellungnahme

Das Problem der mangelnden Zustellbarkeit bzw. der fehlenden Vollstreckbarkeit bei Klagen aus grenzüberschreitenden Gewinnzusagen ist von der Literatur zwar zutreffend erkannt worden, aber es wurde eine falsche Schlussfolgerung daraus gezogen.

---

735 Armbrüster, EWiR 2006, 425/426.
736 Hdb Versicherungsrecht-*Bauer*, § 12, Rn. 292; Prölls/Martin-*Prölls/Armbrüster*, § 18 ARB 94, Rn. 7.
737 BGH, Urteil vom 15.3.2006 (Az. IV ZR 4/05), VersR 2006, 830/831; vgl. dazu auch die Anmerkung von Reiff, LMK 2006, 189294.
738 Busch, VuR 2004, 264/266; Steck, NJW 2003, 3679/3680.
739 Busch, VuR 2004, 264/266.
740 Busch, VuR 2004, 264/266.

a) Mangelnde Vergleichbarkeit des Hintergrundes

Während bei PKH der Staat aufgrund der in seiner Sphäre liegenden Einführung des § 661a BGB auch die damit verbundenen verfahrensrechtlichen Risiken zu tragen hat, ist der Hintergrund bei der RSV ein anderer: Nicht der Staat, sondern die Gesamtheit der übrigen Versicherungsnehmer muss durch ihre Beiträge das gerichtliche Vorgehen eines Einzelnen aus § 661a BGB mittragen. Deshalb verlangt es auch das Interesse der Versichertengemeinschaft, dass die Führung aussichtsloser oder mutwilliger Rechtsstreitigkeiten unterbleibt[741]. Denn in Versicherungen dieser Art geht es um akzeptable Prämien für eine Vielzahl von Versicherten. Eine Rechtsschutzversicherung soll daher zwar eine Partei vor Rechtsnachteilen schützen, sie jedoch nicht ermuntern, Rechtsstreitigkeiten zu führen, die sie auf eigene Kosten nie führen würde[742]. Im Falle einer RSV ist daher die Bewilligung zur Erwirkung eines Kostenurteils gegen einen Vermögenslosen regelmäßig abzulehnen[743].

Außerdem greift auch das den hohen Stellenwert der PKH illustrierende Argument der verfassungsrechtlichen Verankerung bei der RSV nicht.

b) Mangelnde Vergleichbarkeit der Antragsteller

Weiterhin ist zu bedenken, dass die Klientel einer RSV sich signifikant von den Antragstellern einer PKH unterscheidet. Jemand, der sich eine Rechtsschutzversicherung leisten kann, wird meist über derartige finanzielle Ressourcen verfügen, dass er bei Verweigerung der Deckungszusage auch aus eigener Tasche einen auf § 661a BGB gestützten Prozess bezahlen und die damit verbunden Risiken tragen kann. Antragsteller einer PKH können nach ihren persönlichen und wirtschaftlichen Verhältnissen die Kosten der Prozessführung jedoch nicht aufbringen, so dass eine Verweigerung von PKH auf eine Verweigerung des Rechtsschutzes hinauslaufen würde.

741 Vgl. Böhme, § 1 ARB, Rn. 7; Prölss/Martin-*Prölss/Armbrüster*, § 1 ARB 75, Rn. 3;

742 Böhme, § 1 ARB, Rn. 7; BGH, Urteil vom 17.10.1984 (Az. IV a ZR 78/83), NJW 1985, 920/921.

743 Vgl. Böhme, § 17 ARB 94, Rn. 2; BerlinKomm-*Honsell*, § 158 n, Rn. 10; LG Hamburg, Urteil vom 11.10.1989 (Az. 79 O 282/89), r+s 1990, 164 f.; LG Karlsruhe, Urteil vom 15.1.1982 (Az. 9 S 378/81), VersR 1982, 997 f.; a.A. Prölss/Martin-*Prölss/Armbrüster*, § 1 ARB 75, Rn. 4.

c) *Mangelnde Vergleichbarkeit der finanziellen Einstandspflicht*

Von der Idee her ist Rechtsschutz als Abwehranspruch bzw. für Fälle konzipiert, in denen der Versicherungsnehmer bereits eine Einbuße erlitten hat, gegen die er sich dann zur Wehr setzt, wie beispielhaft der klassische Fall der Inanspruchnahme der RSV nach einem Verkehrsunfall zeigt. Bei einer Gewinnzusage handelt es sich hingegen um einen bloßen „windfall“[744]: Durch den Erhalt einer Gewinnmitteilung erleidet der Versicherungsnehmer keine Einbuße. Selbst wenn ihm der Gewinn verweigert wird, entgeht ihm dadurch lediglich die Chance einer Vermögensvermehrung. Der eigentliche Schaden im Zusammenhang mit Gewinnzusagen tritt immer erst dann ein, wenn der Klagende bei erfolgloser Vollstreckung auf den Anwalts- und Gerichtskosten sitzen bleibt. Die Inkaufnahme dieses Risikos im Zusammenhang mit Gewinnzusagen rechtfertigt keine Kostenübernahme durch die Gesamtheit der übrigen Versicherungsnehmer mittels deren Prämien. Während bei PKH der Staat seinen mit der Einführung des § 661a BGB verfolgten pädagogischen Ansatz mit einer großzügigen Gewährung von PKH konsequent weiterverfolgen muss, gilt dies im Bereich der autonomen Privatwirtschaft nicht.

d) *Ergebnis*

Die Konsequenz der im Grunde ähnlich gelagerten Fragestellung bei PKH und RSV ist mangels vergleichbarer Interessenlage ein divergierendes Ergebnis. Für den Fall einer auf § 661a BGB basierenden Klage kann daher bei Geltung der ARB 94 eine Deckungszusage unter Berufung auf die Mutwilligkeit einer derartigen Klage verweigert werden.

C. Fazit zu Finanzierungshilfen bei Klagen aus grenzüberschreitenden Gewinnzusagen

Meist handelt es sich bei den Versendern um ausländische vermögenslose Briefkastenfirmen, so dass sich der vermeintliche Gewinn aufgrund der fehlenden Vollstreckungsaussicht für den klagenden Empfänger ins Gegenteil verkehrt, wenn er auf den Anwaltsgebühren, Gerichts- und Vollstreckungskosten sitzen bleibt. Bei Klagen aus grenzüberschreitenden Gewinnzusagen nach § 661a BGB ist es daher für den Kläger interessant, die mit der Geltendmachung verbundenen finanziellen Risiken auf Dritte abzuwälzen. Zu diesem Zweck bietet es sich an,

744 Vgl. Mörsdorf-Schulte, JZ 2005, 770/774.

einen Antrag auf Prozesskostenhilfe zu stellen oder eine Rechtsschutzversicherung in Anspruch zu nehmen. Ob bei Klagen aus grenzüberschreitenden Gewinnzusagen auf diese Finanzierungshilfen zurückgegriffen werden kann, wird in Rechtsprechung und Literatur kontrovers diskutiert.

Für einen Anspruch auf Prozesskostenhilfe ist nach § 114 S. 1 ZPO insbesondere entscheidend, ob eine Klage Aussicht auf Erfolg hat und nicht mutwillig ist. Obwohl die fehlende Vollstreckungsaussicht bei Klagen aus grenzüberschreitenden Gewinnzusagen eine Mutwilligkeit nahe zu legen scheint, ist es aufgrund der gesetzgeberischen Intention und dem hohen verfassungsrechtlich verankerten Status der PKH vorzugswürdig, bei auf § 661a BGB basierenden Klagen großzügig PKH zu gewähren. Erst die gesetzgeberische Neuerung des § 661a BGB hat den Empfängern von Gewinnzusagen einen einklagbaren Anspruch verschafft. Dieser materiellrechtlich verankerte Anspruch kann aber nur zur Entfaltung kommen, wenn ihm in verfahrensrechtlicher Hinsicht keine Steine in den Weg gelegt werden. Hierbei ist zu bedenken, dass es insbesondere die bildungsfernen Schichten mit mangelnden finanziellen Ressourcen sind, die der vermeintlichen Aussicht auf Gewinn erliegen. Würde man diesen Bevölkerungsschichten bei Klagen aus Gewinnzusagen die PKH versagen, so liefe dies auf eine faktische Rechtswegverweigerung für große Teile der Verbraucherschaft hinaus. Außerdem würde eine Verweigerung von PKH bei Klagen aus grenzüberschreitenden Gewinnzusagen die Idee eines europäischen Verbraucherschutzrechts konterkarieren, die beispielsweise auch in der gesetzlichen Regelung grenzüberschreitender PKH in § 114 S.2 i.V.m. §§ 1076 ff. ZPO zum Tragen kommt und der Grund ist, warum sogar bei Vorabentscheidungsverfahren vor dem EuGH PKH beansprucht werden kann.

Die Frage, ob eine Rechtsschutz-Versicherung für eine Klage Deckungsschutz gewähren muss, ist abhängig davon, welche als ARB bezeichneten Versicherungsbedingungen dem Versicherungsvertrag zugrunde liegen. Der von den ARB 75 gewährte Versicherungsschutz umfasst nur Klagen aus schuldrechtlichen Verträgen, so dass Klagen aus Gewinnzusagen nicht dem Versicherungsschutz der ARB 75 unterfallen. Die ARB 2000 enthalten seit der geänderten Fassung von 2002 einen expliziten Risikoausschluss für Klagen aus Gewinnzusagen, weshalb für diese ebenfalls keine Deckungszusage erteilt werden kann. Diffiziler gestaltet sich diese Frage für die ARB 94, die keinen derartigen ausdrücklichen Risikoausschluss enthalten. Es ist gleichwohl umstritten, ob ein solcher in § 3 Abs. 2 lit.f ARB 94 hineingelesen werden kann. Gewinnzusagen sind jedoch im Gegensatz zu den dort explizit geregelten Fällen der Spiel- und Wettverträge nicht vom Eintritt bestimmter Bedingungen abhängig und haben erst sechs Jahre nach Verkündigung der ARB 94 eine gesetzliche Regelung erfahren. Demnach sind Klagen aus grenzüberschreitenden Gewinnzusagen nach Maßgabe der ARB

94 grundsätzlich vom Versicherungsschutz erfasst. Allerdings ist in einem weiteren Schritt bei Zugrundelegung der ARB 94 kritisch abzuwägen, ob aufgrund der fehlenden Vollstreckungsaussicht Klagen aus grenzüberschreitenden Gewinnzusagen überhaupt Aussicht auf Erfolg haben und nicht mutwillig sind. Während diese Frage bei der PKH zugunsten des Empfängers einer Gewinnzusage zu beantworten ist, gelangt man im Rahmen der RSV für die ARB 94 zu einem gegenteiligen Ergebnis. Der Hintergrund bei einer RSV ist ein anderer: Politisch gewollter und gesetzlich verordneter Verbraucherschutz sollte nicht durch die Prämien der übrigen Versicherungsnehmer finanziert werden. Folglich kann für Klagen aus grenzüberschreitenden Gewinnzusagen bei Zugrundelegung der ARB 94 eine Deckungszusage unter Hinweis auf die Mutwilligkeit verweigert werden.

Schlussbetrachtung & Ausblick

Ein Gespenst geht um in Europa – das Gespenst unseriöser Gewinnzusagen.

Seit der deutsche Gesetzgeber im Jahre 2000 mit der Einführung des § 661a BGB auf dieses Phänomen reagiert hat, sind grenzüberschreitende Gewinnzusagen ein in Rechtsprechung und Literatur außerordentlich umstrittenes Thema, das insbesondere in verfahrensrechtlicher Hinsicht praktische und rechtliche Fragen aufwirft. Nach § 661a BGB hat ein Unternehmer, der Gewinnzusagen an Verbraucher sendet und durch die Gestaltung dieser Zusendungen den Eindruck erweckt, dass der Verbraucher einen Preis gewonnen hat, dem Verbraucher diesen Preis zu leisten.

Bereits die dogmatische Verortung der gesetzgeberischen Neuschöpfung des § 661a BGB im deutschen Recht ist umstritten. Diskutiert werden in Rechtsprechung und Literatur ganz unterschiedliche Ansätze hinsichtlich der konkreten Rechtsnatur des § 661a BGB: Neben einer Einordnung als Schenkungsvertrag ohne besonderes Formerfordernis[745] finden sich Überlegungen, § 661a BGB als einen Spezialfall der culpa in contrahendo[746] zu betrachten. Auch wird eine deliktische Einordnung[747] in Betracht gezogen und eine dogmatische Verortung als Vertrauens-/Rechtsscheinhaftung[748] angedacht. Des Weiteren finden sich Befür-

745 Häcker, ZVglRWiss 103 (2004), 464/483; eingehend dazu: Kapitel 1 B I, S. 38 ff.

746 LG Braunschweig, Urteil vom 10.1.2002 (Az. 10 O 2753/00); eingehend dazu: Kapitel 1 B II, S. 40.

747 Staudinger, ZeuP 2004, 767/775; Staudinger, JZ 2003, 852/856; Kerwer, JR 2004, 29/31; Rauscher/Schülke, EuLF 2000/01, 334/337; Fetsch, RIW 2002, 936/938; Leible, NJW 2003, 407/408 f. und IPRax 2003, 28/30; Schneider, BB 2002, 1653/1656; Schmidt-Räntsch, VuR 2000, 427/434; MünchKomm-*Seiler*, § 661a, Rn. 4; eingehend dazu: Kapitel 1 B III, S. 41 ff.

748 Hk-*Schulze*, § 661a, Rn. 1; Timme, JuS 2003, 638/641; OLG Düsseldorf, Beschluss vom 23.5.2002 (Az. 6 W 27/02), NJW-RR 2002, 1632 f; Lorenz, NJW 2000, 3305/3308, der eine Einordnung als Rechtsscheintatbestand mitterweile ausdrücklich aufgegeben hat in Lorenz, IPRax 2002, 192/195, Fn. 42; eingehend dazu: Kapitel 1 B IV, S. 43 ff.

worter einer Einordnung der Gewinnzusage als einseitiges Rechtsgeschäft[749] oder als geschäftsähnliche Handlung[750].

Von diesen verschiedenen denkbaren Lösungsansätzen erscheint eine Einordnung der Gewinnmitteilung als geschäftsähnliche Handlung am sachgerechtesten. Bei einer geschäftsähnlichen Handlung wird an einen Erklärungstatbestand angeknüpft, wobei die Rechtsfolge unabhängig von einem darauf gerichteten Rechtsfolgewillen eintritt. Bei Gewinnzusagen möchte der Versender regelmäßig nicht den Empfänger beglücken, sondern an ihm verdienen. Nach der Intention des Gesetzgebers soll diese weit verbreitete Praxis unterbunden werden, indem es § 661a BGB ermöglicht, den Versender „beim Wort zu nehmen". Obwohl also die tatsächliche Leistung des versprochenen Gewinns nicht vom Rechtsfolgewillen des Versenders gedeckt ist, verknüpft § 661a BGB die Mitteilung als Erklärungstatbestand mit einer gesetzlichen Verpflichtung als Rechtsfolge wie dies für eine geschäftsähnliche Handlung typisch ist.

Wenn der versprochene Gewinn nicht geleistet wird, stellt sich die rechtlich wie praktisch interessante Frage, wo dieser eingeklagt werden kann. Bei aus dem EU-Ausland versandten Gewinnzusagen ist daher entscheidend, welches Gericht bei einer Klage international und örtlich zuständig ist.

Bei Klagen aus grenzüberschreitenden Gewinnzusagen sind unter Geltung des EuGVÜ drei verschiedene Gerichtsstände in Betracht zu ziehen[751]: Der vertragliche Gerichtsstand nach Art. 5 Nr. 1 EuGVÜ, der deliktische Gerichtsstand nach Art. 5 Nr. 3 EuGVÜ und der verbrauchervertragliche Gerichtsstand nach Art. 13 Abs. 1 Nr. 3 EuGVÜ. In Rechtsprechung und Literatur finden sich für jeden dieser in Betracht kommenden Gerichtsstände Befürworter. Nach zutreffender Ansicht können Klagen aus *verkaufsakzessorischen* grenzüberschreitenden Gewinnzusagen im inländischen Verbrauchervertragsgerichtsstand nach Art. 13 Abs. 1

---

749 Prütting/Wegen/Weinreich-*Mörsdorf-Schulte*, § 661a, Rn. 3; Mörsdorf-Schulte, ZZPInt 8 (2003), 407/467; Leipold, FS-Musielak, 317/329; Dörner, FS-Kollhosser, 75/76; juris-*Laukemann*, § 661a, Rn. 6.; eingehend dazu: Kapitel 1 B V, S. 45 f.

750 BGH, Urteil vom 1.12.2005 (Az. III ZR 191/03), NJW 2006, 230 ff.; Meller-Hannich, NJW 2006, 2516/2517; Tamm/Gaedtke, VuR 2006, 169/174; Lorenz, NJW 2006, 472/474; Lorenz/Unberath, IPRax 2005, 219/221; Lorenz, LMK 2003, 217/218; Lorenz, IPRax 2002, 192/193; Lorenz, JuS 2000, 833/842; Kerwer, JR 2004, 29/30; Piekenbrock/Schulze, IPRax 2003, 328/331; Braun, VuR 2003, 214/216; Braun, BuW 2003, 727/729; Ulrici, NJW 2003, 2053; Pfeiffer, LMK 2003, 79/80; 33; Jauernig-*Mansel*, § 661a, Rn. 4; Palandt-*Sprau*, § 661a, Rn. 2; Hk-*Schulze*, § 661a, Rn. 3; eingehend dazu: Kapitel 1 B VI, S. 46 ff.

751 Eingehend dazu: Kapitel 2 A I 1), S. 53 f.

Nr. 3 EuGVÜ geltend gemacht werden[752], während bei aus dem EU-Ausland versandten *isolierten* Gewinnzusagen das Gericht am zumeist ausländischen Sitz des Senders als Vertragsgerichtsstand nach Art. 5 Nr. 1 EuGVÜ international und örtlich zuständig ist[753].

Obwohl der Gesetzgeber im Wortlaut des § 661a BGB materiellrechtlich nicht zwischen diesen beiden Arten von Gewinnzusagen differenziert, kommt es folglich unter Geltung des EuGVÜ zu unterschiedlichen einschlägigen Gerichtsständen.

Diese Unterscheidung ist im Rahmen der seit 1.3.2002 geltenden EuGVO nicht mehr aufrecht zu erhalten, da es im Zuge der Vergemeinschaftung der Gerichtsstandsregelungen zu einer Neukonzeption des Verbrauchergerichtsstandes kam. Der nunmehr in Art. 15 Abs. 1 lit.c EuGVO verankerte Verbrauchergerichtsstand ist weiter zu verstehen und umfasst daher Klagen aus verkaufsakzessorischen *und* isolierten grenzüberschreitenden Gewinnzusagen[754].

Meist handelt es sich bei den Versendern unseriöser Gewinnzusagen um ausländische vermögenslose Briefkastenfirmen, so dass sich der vermeintliche Gewinn ins Gegenteil verkehrt, wenn der klagende Empfänger nach fehlgeschlagener Vollstreckung auf den Anwaltsgebühren, Gerichts- und Vollstreckungskosten sitzen bleibt. Insbesondere bei Klagen aus grenzüberschreitenden Gewinnzusagen nach § 661a BGB ist es daher für den Kläger interessant, die mit der Gel-

---

752 EuGH, Urteil vom 11.7.2002 (Rs. C-96/00), NJW 2002, 2697 ff. – *Rudolf Gabriel/Schlank & Schick GmbH*; BGH, Urteil vom 16.10.2003 (Az. III ZR 106/03), NJW 2003, 3620 f.; eingehend dazu: Kapitel 2 A II 1), S. 56 ff.

753 Lorenz, NJW 2006, 472/474; Lorenz/Unberath, IPRax 2005, 219/222; Lorenz, IPRax 2002, 192/193 f.; Blobel, VuR 2005, 164/167 f.; Dörner, FS Kollhosser, 75/84; eingehend dazu: Kapitel 2 A II 2), S. 64 ff.

754 Vgl. OLG Stuttgart, Urteil vom 25.11.2002 (Az. 6 U 135/02), MDR 2003, 350 f.; Brandenburgisches OLG, Urteil vom 13.1.2004 (Az. 6 U 79/03), Langtext über juris abrufbar; OLG Rostock, Urteil vom 14.10.2005 (Az. 8 U 84/04), NJW-RR 2006, 209 f.; LG Kaiserslautern, Urteil vom 12.5.2004 (Az. 2 O 434/03), Langtext über juris abrufbar; AG Waren, Beschluss vom 2.2.2005 (Az. 31 C 58/05), VuR 2005, 316 f.; Rösler/Siepmann, EuZW 2006, 76/79; Wagner/Potsch, Jura 2006, 401/409; Lorenz, NJW 2006, 472/475; Benicke, LMK 2006, 169779; Mörsdorf-Schulte, JZ 2005, 770/780; McGuire, ecolex 2005, 489/492; Oberhammer, ZZP 117 (2004), 92/96 f.; Häcker, ZVglRWiss 103(2004), 464/491; Mörsdorf-Schulte, ZZPInt 8 (2003), 407/471; Timme, JuS 2003, 638/641; Lorenz, NJW 2006, 472/475; Lorenz/Unberath, IPRax 2005, 219/222; Lorenz, LMK 2003, 217; Lorenz, IPRax 2002, 192/194; Braun, BuW 2003, 727/731; Braun, ZAP 2003, Fach 2, 395/399; Staudinger-*Bergmann*, § 661a, Rn. 62; Geimer/Schütze-Geimer, Art. 15 EuGVO, Rn. 17; Dörner, FS-Kollhosser, 75/83; Leipold, FS-Musielak, 317/332, der lediglich unschlüssig ist, ob Art. 15 I lit. c EuGVO direkt oder analog angewandt werden soll; eingehend dazu: Kapitel 2 B II, S. 105 ff.

tendmachung verbundenen finanziellen Risiken auf Dritte abzuwälzen. Zu diesem Zweck bietet es sich an, einen Antrag auf Prozesskostenhilfe[755] zu stellen oder eine Rechtsschutzversicherung[756] in Anspruch zu nehmen. Ob bei Klagen aus grenzüberschreitenden Gewinnzusagen auf diese Finanzierungshilfen zurückgegriffen werden kann, wird in Rechtsprechung und Literatur unterschiedlich beurteilt.

Für einen Anspruch auf Prozesskostenhilfe ist nach § 114 S. 1 ZPO insbesondere entscheidend, ob eine Klage Aussicht auf Erfolg hat und nicht mutwillig ist[757]. Obwohl die fehlende Vollstreckungsaussicht bei Klagen aus grenzüberschreitenden Gewinnzusagen eine Mutwilligkeit nahe zu legen scheint, ist es aufgrund der gesetzgeberischen Intention und dem hohen verfassungsrechtlich verankerten Status der Prozesskostenhilfe vorzugswürdig, bei auf § 661a BGB basierenden Klagen großzügig Prozesskostenhilfe zu gewähren. Erst die gesetzgeberische Neuerung des § 661a BGB hat den Empfängern von Gewinnzusagen einen einklagbaren Anspruch verschafft. Dieser materiellrechtlich verankerte Anspruch kann aber nur zur Entfaltung kommen, wenn ihm in verfahrensrechtlicher Hinsicht keine Steine in den Weg gelegt werden. Hierbei ist zu bedenken, dass es insbesondere die bildungsfernen Schichten mit mangelnden finanziellen Ressourcen sind, die der vermeintlichen Aussicht auf Gewinn erliegen. Würde man diesen Bevölkerungsschichten bei Klagen aus Gewinnzusagen die Prozesskostenhilfe versagen, so liefe dies auf eine faktische Rechtswegverweigerung für große Teile der Verbraucherschaft hinaus. Außerdem würde eine Verweigerung von Prozesskostenhilfe bei Klagen aus grenzüberschreitenden Gewinnzusagen die Idee eines europäischen Verbraucherschutzrechts konterkarieren, die beispielsweise auch in der gesetzlichen Regelung grenzüberschreitender Prozesskostenhilfe in § 114 S.2 i.V.m. §§ 1076 ff. ZPO[758] zum Tragen kommt und der Grund dafür ist, weshalb sogar bei Vorabentscheidungsverfahren vor dem EuGH Prozesskostenhilfe[759] beansprucht werden kann.

Die Frage, ob eine Rechtsschutzversicherung für eine Klage Deckungsschutz gewähren muss, ist abhängig davon, welche als ARB bezeichneten Versicherungsbedingungen dem Versicherungsvertrag zugrunde liegen. Der von den ARB 75 gewährte Versicherungsschutz umfasst nur Klagen aus schuldrechtlichen Verträgen, so dass Klagen aus Gewinnzusagen nicht dem Versicherungsschutz der ARB 75 unterfallen[760]. Die ARB 2000 enthalten seit der geänderten Fassung von

---

755 Eingehend dazu: Kapitel 3 A, S. 140 ff.
756 Eingehend dazu: Kapitel 3 B, S. 158 ff.
757 Eingehend dazu: Kapitel 3 A I 1), S. 140 ff.
758 Eingehend dazu: Kapitel 3 A II, S. 154 ff.
759 Eingehend dazu: Kapitel 3 A III, S. 156 ff.
760 Eingehend dazu: Kapitel 3 B I 1), S. 160 f.

2002 einen expliziten Risikoausschluss für Klagen aus Gewinnzusagen, weshalb für diese ebenfalls keine Deckungszusage erteilt werden kann[761]. Diffiziler gestaltet sich diese Frage für die ARB 94, die keinen derartigen ausdrücklichen Risikoausschluss enthalten[762]. Es ist allerdings umstritten, ob ein solcher in § 3 Abs. 2 lit.f ARB 94 hineingelesen werden kann. Gewinnzusagen sind jedoch im Gegensatz zu den dort explizit geregelten Fällen der Spiel- und Wettverträge nicht vom Eintritt bestimmter Bedingungen abhängig und haben erst sechs Jahre nach Verkündigung der ARB 94 eine gesetzliche Regelung erfahren. Demnach sind Klagen aus grenzüberschreitenden Gewinnzusagen nach Maßgabe der ARB 94 grundsätzlich vom Versicherungsschutz erfasst. Allerdings ist in einem weiteren Schritt bei Zugrundelegung der ARB 94 kritisch abzuwägen, ob aufgrund der fehlenden Vollstreckungsaussicht Klagen aus grenzüberschreitenden Gewinnzusagen überhaupt Aussicht auf Erfolg haben und nicht mutwillig sind[763]. Während diese Frage bei der Prozesskostenhilfe zugunsten des Empfängers einer Gewinnzusage zu beantworten ist, gelangt man im Rahmen der Rechtsschutzversicherung für die ARB 94 zu einem gegenteiligen Ergebnis. Der Hintergrund bei einer Rechtsschutzversicherung ist ein anderer: Politisch gewollter und gesetzlich verordneter Verbraucherschutz sollte nicht durch die Prämien der übrigen Versicherungsnehmer finanziert werden. Folglich kann für Klagen aus grenzüberschreitenden Gewinnzusagen bei Zugrundelegung der ARB 94 eine Deckungszusage unter Hinweis auf die Mutwilligkeit verweigert werden.

Mit der Einführung des § 661a BGB war die Hoffnung verbunden, dass die bloße Existenz der Vorschrift unseriöse Versender dazu veranlassen würde, künftig auf derartige Werbepraktiken zu verzichten. Der Gesetzgeber setzte darauf, dass möglichst viele Empfänger erfolgreich klagen und dieses Vorgehen damit für unseriöse Anbieter nicht mehr lukrativ sein würde. Ziel war es, dass sich die Norm quasi ihres eigenen Anwendungsbereichs entledigt. Eine vertiefte Analyse der verfahrensrechtlichen Aspekte grenzüberschreitender Gewinnzusagen zeigt jedoch, dass es gerade verfahrensrechtliche Hindernisse sind, welche den mit § 661a BGB intendierten Verbraucherschutz ins Gegenteil verkehren. Erliegen die Empfänger unseriöser Gewinnzusagen dem durch § 661a BGB gesetzten Anreiz zu klagen, so bleiben sie trotz eines obsiegenden Urteils auf den Anwaltsgebühren, Gerichts- und Vollstreckungskosten sitzen, wenn die Vollstreckung in die meist im Ausland ansässigen vermögenslosen Briefkastenfirmen keinen Erfolg hat. Eine Vielzahl von Verbrauchern will sich dieses Risikos insbesondere durch die Inanspruchnahme von Prozesskostenhilfe entledigen. Statt die Missstände

761 Eingehend dazu: Kapitel 3 B II 2), S. 165 f.
762 Eingehend dazu: Kapitel 3 B II 1), S. 162 ff.
763 Eingehend dazu: Kapitel 3 B III, S. 166 ff.

und damit den eigenen Anwendungsbereich abzuschaffen, hat die Vorschrift des § 661a BGB in den letzen Jahren deshalb lediglich zu einem erhöhten Aufkommen von Prozesskostenhilfe beigetragen.

Die Regelung des § 661a BGB ist zwar gut gemeint, aber schlecht durchdacht. Denn trotz gesetzlicher Verankerung ist die Durchsetzung von Gewinnansprüchen aus verfahrensrechtlichen Gründen äußerst schwierig. Dieses Dilemma kann auf europäischer Ebene nur ein Stück weit zuständigkeitsrechtlich gelöst werden durch die Annahme eines verbraucherfreundlichen Gerichtsstandes. Ist bei aus dem EU-Ausland versandten Gewinnzusagen ein ausländisches Gericht international und örtlich zuständig, so schrecken viele Verbraucher aus Angst vor einem fremden Rechtssystem und unbekannter Sprache vor einer Klage zurück. Europäischer Verbraucherschutz findet daher faktisch seine Grenze am Wohnort des Verbrauchers. Nur wenn der Verbraucher sein Recht vor dem Gericht seines Wohnortes einklagen kann, wird er dies tun. Deshalb setzt § 661a BGB spiegelbildlich zur materiellrechtlichen Verankerung einen verbraucherfreundlichen Gerichtsstand voraus, damit Empfänger grenzüberschreitender Gewinnzusagen auch tatsächlich dem Anreiz des § 661a BGB folgen und klagen. Aus diesem Grunde finden sich in Rechtsprechung[764] und Literatur[765] ergebnisorientierte Bemühungen, aus § 661a BGB über den Wortlaut hinaus eine Regelung des Erfüllungsortes entnehmen zu wollen und damit den für den Vertragsgerichtsstand relevanten Erfüllungsort am Wohnsitz des Verbrauchers zu lokalisieren[766]. Ein solches Vorgehen mag zwar rechtspolitisch wünschenswert sein, missachtet jedoch das fein austarierte Zuständigkeitsgleichgewicht im EuGVÜ und ist daher abzulehnen.

Die zu § 661a BGB ergangene Rechtsprechung illustriert beispielhaft den wachsenden Einfluss, den die europäische Rechtsprechung auf die nationalen Gerichte ausübt. Aufgrund von Vorlagefragen österreichischer Gerichte entschied der EuGH bereits wiederholt zu verfahrensrechtlichen Aspekten grenzüberschreitender Gewinnzusagen. In der Entscheidung „Gabriel“[767] vom 11.6.2002 bejahte der EuGH für vertragsakzessorische Gewinnzusagen den Verbrauchergerichtsstand nach Art. 13 Abs. 1 Nr. 3 EuGVÜ. Bei isolierten Gewinnzusagen hingegen befürwortete der EuGH in der Entscheidung „Engler“[768] vom 20.1.2005 den Vertragsgerichtsstand nach Art. 5 Nr. 1 EuGVÜ. Vorbeugende Unterlassungsklagen

---

764 BGH, Urteil vom 1.12.2005 (Az. III ZR 191/03), JZ 2006, 519/522.

765 Häcker, ZVglRWiss 103 (2004), 464/490; Magnus, WuB VII B. Art. 5 EuGVVO 2.06.

766 Kapitel 2 A II 2 c) bb) (2), S. 83 f.

767 EuGH, Urteil vom 11.7.2002 (Rs. C-96/00), NJW 2002, 2697 ff. – *Rudolf Gabriel/ Schlank & Schick GmbH.*

768 EuGH, Urteil vom 20.1.2005 (Rs. C-27/02), NJW 2005, 811 ff. – *Petra Engler/ Janus Versand GmbH.*

von Verbraucherschutzvereinen sind wiederum seit der Entscheidung „Verein für Konsumenteninformation“[769] vom 1.10.2002 im deliktischen Gerichtsstand nach Art. 5 Nr. 3 EuGVÜ geltend zu machen.

Der BGH ging in seiner ersten Entscheidung[770] zu grenzüberschreitenden Gewinnzusagen vom 28.11.2002 davon aus, dass die Zuständigkeit deutscher Gerichte auch bei isolierten Gewinnzusagen nach Art. 13 Abs. 1 Nr. 3 EuGVÜ gegeben sei und bejahte hilfsweise Art. 5 Nr. 3 EuGVÜ. Die Richter in Karlsruhe konnten sich damals lediglich an der zu diesem Zeitpunkt bereits ergangenen Entscheidung „Gabriel“ orientieren, die jedoch nur hinsichtlich verkaufsakzessorischer Gewinnzusagen Aussagekraft besitzt. Nach der EuGH-Entscheidung „Engler“ zu isolierten Gewinnzusagen vom 20.1.2005 sah sich der BGH daher gezwungen, entgegen seiner Entscheidung vom 28.11.2002 auf die Linie des EuGH einzuschwenken und nunmehr bei isolierten Gewinnzusagen ebenfalls Art. 5 Nr. 1 EuGVÜ zu bejahen. Dieses Revirement der Rechtsprechung des BGH in seinem Urteil[771] vom 1.12.2005 ist im Interesse eines europaweit einheitlichen Standards im europäischen Verbraucherschutzrecht zu begrüßen und veranschaulicht den Einfluss der Leitentscheidungen des EuGH auf die nationale Rechtsprechung.

Die Frage, wie grenzüberschreitende isolierte Gewinnzusagen künftig im Rahmen der seit 1.3.2002 geltenden EuGVO verfahrensrechtlich zu behandeln sind, ist noch nicht höchstrichterlich geklärt. Zu einer diesbezüglichen Vorlagefrage äußerte sich der EuGH in der Entscheidung „Kapferer“[772] vom 16.3.2006 nicht, da er die Überprüfbarkeit des zugrunde liegenden rechtskräftigen nationalen Urteils ablehnte. Somit bieten lediglich die Ausführungen des Generalanwalts erste Anhaltspunkte für den Zuschnitt des neu konzipierten Verbrauchergerichtsstandes nach Art. 15 Abs. 1 lit.c EuGVO. Nach Auffassung des Generalanwalts soll bei isolierten Gewinnzusagen auch künftig nicht der Verbrauchergerichtsstand, sondern der Vertragsgerichtsstand des Art. 5 Nr. 1 EuGVO einschlägig sein.

In dem derzeit anhängigen Verfahren „Ilsinger“[773] liegt dem EuGH die Frage vor, ob es sich bei dem durch die österreichische Parallelvorschrift des § 5j Kon-

---

769 EuGH, Urteil vom 1.10.2002 (C-167/00), NJW 2002, 3617 ff. – *Verein für Konsumenteninformation/Karl Heinz Henkel.*

770 BGH, Urteil vom 28.11.2002 (Az. III ZR 102/02), NJW 2003, 426 ff.

771 BGH, Urteil vom 1.12.2005 (Az. III ZR 191/03), NJW 2006, 230 ff.

772 EuGH, Urteil vom 16.3.2006 (Rs. C-234/04), NJW 2006, 1577 ff. – *Rosmarie Kapferer/Schlank & Schick GmbH.*

773 Vorabentscheidungsersuchen vom 7.4.2006 (Rs. C-180/06), ABl. EU C 165/12 – *Renate Ilsinger/Martin Dreschers (Insolvenzverwalter der Schlank & Schick GmbH).*

sumentenschutzgesetz eingeräumten Anspruch auch bei isolierten Gewinnzusagen um einen vertraglichen Anspruch nach Art. 15 Abs. 1 lit.c EuGVO handelt. Es bleibt mit Spannung abzuwarten, ob der EuGH sich den früheren Ausführungen des Generalanwalts in der Sache „Kapferer" anschließt oder zu dem sachgerechteren Ergebnis gelangt, künftig vertragsakzessorische *und* isolierte Gewinnzusagen im Verbrauchergerichtsstand des Art. 15 Abs. 1 lit.c EuGVO geltend machen zu können.

Die Rechtsprechung des EuGH zur österreichischen Parallelnorm zeigt anschaulich das Scheitern des generalpräventiven Ansatzes. In den Rechtssachen „Gabriel" und „Kapferer" war der Klagegegner jeweils die „Schlank & Schick GmbH" und auch das derzeit anhängige Verfahren „Ilsinger" läuft gegen deren Insolvenzverwalter. Die gesetzgeberische Überlegung, wonach gerade derartige Sender abgeschreckt werden sollen, scheint folglich nicht aufgegangen zu sein. In der Praxis führte die gesetzliche Regelung nicht zu einem Verschwinden unseriöser Werbepraktiken, sondern lediglich zu einem subtileren Vorgehen der Versender.

Trotz gesetzlicher Verankerung und verbraucherfreundlicher Rechtsprechung hat sich die Situation für Verbraucher faktisch verschlechtert. Folgen die Empfänger von Gewinnzusagen dem von § 661a BGB ausgehenden Impuls, ihre Rechte als Verbraucher gerichtlich einzufordern, so müssen sie bei einer fehlgeschlagenen Vollstreckung im Gegenzug teuer dafür bezahlen. Selbst die Einführung eines europäischen Vollstreckungstitels ändert nichts an der Erfolglosigkeit einer Vollstreckung bei vermögenslosen ausländischen Briefkastenfirmen, woran die endgültige Realisierung des Anspruchs aus § 661a BGB zumeist scheitert. Weder der deutsche Gesetzgeber, noch die europäischen Richter können etwas gegen diese praktischen Hindernisse ausrichten.

Eine vertiefte Untersuchung verfahrensrechtlicher Aspekte grenzüberschreitender Gewinnzusagen führt daher zur Empfehlung an die Empfänger derartiger Gewinnzusagen, diese zu ignorieren.

Für die Zukunft ist zu überlegen, ob durch eine Ausweitung des Senderbegriffes[774] das rechtsschutzpolitische Ziel besser verwirklicht werden könnte. Zu Recht wird eingewandt, dass die Erdrosselung unlauterer Vertriebsgebaren nur gelingen könne, wenn die Haftung unbedingt sei und die wahren Profiteure ihr nicht einfach ausweichen könnten[775]. In diesem Sinne entschied das LG Darmstadt[776], dass jeder haften müsse, der Hilfsdienste zur Durchführung des Gewinn-

---

774 Eingehend dazu: Kapitel 1 A II 2, S. 32 ff.

775 Wagner/Potsch, Jura 2006, 401/410.

776 LG Darmstadt, Urteil vom 27.8.2003 (Az. 9 O 65/03), Langtext abrufbar über juris; im Grundsatz bestätigt durch OLG Frankfurt, Urteil vom 29.3.2005 (Az. 22 U 196/03), NJW-RR 2005, 1366 ff.

spiels leiste und damit eigene wirtschaftliche Interessen verfolge. Es solle sogar ausreichen, wenn es sich nur um organisatorische Maßnahmen oder eine Dienstleistung handele, etwa das Vermieten eines Telefonanschlusses. Auch nach Ansicht des LG Wuppertal[777] soll der Haftung nach § 661a nicht entgehen, wer Dritte zwischenschalte, welche die Mitteilungen versenden oder von einem anderen Ort als dem Sitz des Unternehmens senden, solange die Initiative hierzu aus der Sphäre des Unternehmers stamme. Verberge sich der nicht identifizierbare Versender hinter einem Partner oder Strohmann, so hafte nach Ansicht des AG Rudolstadt[778] der namentlich in Erscheinung Getretene selbst für die Auszahlung des zugesagten Betrages.

Interessant sind auch die jüngsten Ausführungen des Thüringer OLG[779], wonach ein im Inland handelndes Unternehmen die sekundäre Darlegungslast treffe, dass sie ein ausländisches Unternehmen nicht als Tarnadresse genutzt habe, wenn das inländisches Unternehmen unter dem Namen eines Unternehmens mit Sitz im Ausland auftrete und der Empfänger der Gewinnzusage behaupte, es handele sich um eine Briefkastenfirma, die keine Geschäftstätigkeit entfalte.

Bislang steht jedoch dieser verbraucherfreundlichen Rechtsprechung der unteren Gerichte die Auffassung des BGH[780] entgegen. Nach höchstrichterlicher Ansicht setze § 661a BGB nach seinem eindeutigen Wortlaut nicht voraus, dass es zum Abschluss eines Kaufvertrags komme. Folglich könne für die Zuweisung der Passivlegitimation auch nicht darauf abgestellt werden, mit wem ein Vertrag zustande komme bzw. kommen solle, wer die bestellten Waren liefere oder an wen der Kaufpreis gezahlt werde. Allgemeine Normzwecküberlegungen könnten nicht zu einer pauschalen Ausweitung des passivlegitimierten Personenkreises führen, die im Wortlaut keine Stütze finde.

Ein anderes Beispiel aus der jüngeren Rechtsprechung könnte für die Zukunft Schule machen: Das AG Waren[781] ordnete einen dinglichen Arrest an, nachdem glaubhaft gemacht wurde, dass ein Unternehmen Schwindelgeschäfte betreibe, indem es die Empfänger isolierter Gewinnzusagen auffordere, ihren Gewinn durch Anwahl einer 0190-Nummer abzurufen. In Vollziehung des dinglichen Arrests könnten die Forderungen des Gewinnzusageversenders auf Auskehr der Telefongebühren aus der Nutzung von Mehrwertdienstenummern durch die Empfänger der Gewinnzusagen gegen die Telefongesellschaft als Drittschuldner gepfändet werden. Hierbei handelt es sich um einen gangbaren Weg, um bei isolier-

777 LG Wuppertal, Urteil vom 19.2.2001 (Az. 3 O 358/00), NJW-RR 2001, 1275 f.
778 AG Rudolstadt, Urteil vom 25.4.2002 (Az. 1 C 653/01), NJW-RR 2002, 1631 f.
779 Thüringer OLG, Urteil vom 19.7.2006 (Az. 7 U 325/05), OLG-NL 2006, 241 f.
780 BGH, Urteil vom 7.10.2004 (Az. III ZR 158/04), NJW 2004, 3555 ff.; BGH, Urteil vom 9.12.2004 (Az. III ZR 112/04), NJW 2005, 827 f.
781 AG Waren, Beschluss vom 2.2.2005 (Az. 31 C 58/05), VuR 2005, 316 f.

ten Gewinnzusagen Erlöse aus dem Betreiben einer 0190-Nummer abzuschöpfen[782]. Durch die Pfändung der in Deutschland entstandenen Forderungen gegen eine deutsche Telefongesellschaft werden die sonst bei grenzüberschreitenden Gewinnzusagen immanenten Vollstreckungsprobleme gegen ausländische Briefkastenfirmen umgangen.

Denkbar wäre es außerdem, die bisherige zivilrechtlichen Norm des § 661a BGB abzuschaffen und künftig die wettbewerbswidrige Praxis unseriöser Gewinnzusagen wettbewerbsrechtlich zu verankern. Seit 2004 die Möglichkeit eines Gewinnabschöpfungsanspruchs in § 10 UWG[783] eingeführt wurde, könnte überlegt werden, in §§ 3, 4 UWG als neu einzuführender Nr. 6a die Praxis unseriöser Gewinnzusagen als weiteres Beispiel unlauteren Handelns zu normieren.

Der Vorteil einer derartigen Lösung würde darin liegen, dass nach § 10 i.V.m. § 8 Abs. 3 Nr. 2 bis 4 UWG der klageberechtigte Kreis Verbraucherzentralen und vergleichbare Einrichtungen umfasst. Die mit grenzüberschreitenden Gewinnzusagen verbundenen Schwierigkeiten müssten dann nicht mehr auf dem Rücken einzelner Verbraucher ausgetragen werden. Eine wettbewerbsrechtliche Verankerung der wettbewerbswidrigen Praxis unseriöser Gewinnzusagen würde der Idee eines politisch gewollten und gesetzlich verordneten Verbraucherschutzes besser Rechnung tragen als die zivilrechtliche Verankerung in § 661a BGB.

782 Vgl. Tamm/Gaedtke, IPRax 2006, 584/586; Tamm/Gaedtke, VuR 2006, 169/171 f.
783 Gesetz gegen den unlauteren Wettbewerb vom 3.7.2004, BGBl. I, 1414.

Literaturverzeichnis

Ackermann, Brunhilde	Anmerkung zu BGH, Urteil vom 15.7.2004 (Az. III ZR 315/03) In; jurisPR-BGHZivilR 36/2004 vom 10.9.2004, Anm. 2 Zit.: Ackermann, jurisPR-BGHZivilR 36/2005, S.
Alexander, Christian	Die strafbare Werbung in der UWG-Reform In: wrp 2004, 407 – 421 Zit.: Alexander, wrp 2004, S.
Armbrüster, Christian	Anm. zu BGH, Urteil vom 15.3.2006 (Az. IV ZR 4/05) In: EWiR 2006, 425 – 426 Zit.: Armbrüster, EWiR 2006, S.
Bahr, Martin	Glücks- und Gewinnspiele in den Medien – Die Entwicklung der Rechtsprechung und Gesetzgebung in den Jahren 2004 und 2005 in Deutschland In: K&R 2006, 145 – 150 Zit.: Bahr, K&R 2006, S.
Baldus, Christian	Gewinnzusagen: Kann sich dem objektiven Empfängerhorizont etwas aufdrängen? Anmerkung zu OLG Bremen, Urteil vom 12.11.2003 (Az. 1 U 50/03a) In: ZGS 2004, 297 – 300 Zit.: Baldus, ZGS 2004, S.
Bamberger, Heinz G. und Roth, Herbert (Hrsg.)	Kommentar zum Bürgerlichen Gesetzbuch §§ 611 – 1296, ErbbauVO, WEG Band 2 Erstauflage

München 2003
Zit.: Bamberger/Roth-*Bearbeiter*, §, Rn.

Bar, Christian von
Gemeineuropäisches Deliktsrecht
Zweiter Band
Schaden und Schadensersatz, Haftung für und ohne eigenes Fehlverhalten, Kausalität und Verteidigungsgründe
München 1999
Zit.: von Bar, Gemeineuropäisches Deliktsrecht, 2. Band, §, Rn.

Bauer, Günter
Rechtsentwicklung bei den Allgemeinen Bedingungen für die Rechtsschutzversicherung bis Anfang 2004
In: NJW 2004, 1507 – 1511
Zit.: Bauer, NJW 2004, S.

Bauer, Günter
Rechtsentwicklung bei den Allgemeinen Bedingungen für die Rechtsschutzversicherung bis Anfang 2003
In: NJW 2003, 1491 – 1494
Zit.: Bauer, NJW 2003, S.

Bauer, Günter
Rechtsentwicklung bei den Allgemeinen Bedingungen für die Rechtsschutzversicherung (ARB) in den Jahren 1999/2000
In: NJW 2000, 1235 – 1241
Zit.: Bauer, NJW 2000, S.

Baumbach, Adolf; Lauterbach, Wolfgang; Albers, Jan; Hartmann, Peter
Zivilprozessordnung mit Gerichtsverfassungsgesetz und anderen Nebengesetzen
65. Auflage
München 2007
Zit.: Baumbach/Lauterbach-*Bearbeiter*, §, Rn.

Benicke, Christoph
Internationale Zuständigkeit und anwendbares Recht bei Gewinnzusage nach § 661a BGB
In: LMK 2006, 169779
Zit.: Benicke, LMK 2006, 169779

Blobel, Felix und Rösler, Hannes — Internationale Zuständigkeit und anwendbares Recht bei Gewinnmitteilungen aus dem Ausland
In: JR 2006, 441 – 443
Zit.: Blobel/Rösler, JR 2006, S.

Blobel, Felix — Isolierte Gewinnzusagen im europäischen Zivilprozessrecht
In: Verbraucher und Recht 2005, 164 – 169
Zit.: Blobel, VuR 2005, S.

Böhme, Wolfgang — Allgemeine Bedingungen für die Rechtsschutzversicherung
11. Auflage
Karlsruhe 2000
Zit.: Böhme, ARB, §, Rn.

Bornemann, Alexander — Anmerkung zu BGH, Urteil vom 15.7.2004 (Az. III ZR 315/03)
In: BB 2004, 2260 – 2262
Zit.: Bornemann, BB 2004, S.

Bornemann, Alexander — Zur Passivlegitimation bei der Gewinnzusagehaftung nach § 661a BGB
In: VuR 2004, 434 – 440
Zit.: Bornemann, VuR 2004, S.

Braun, Stefan — Abzocke mit Gewinnmitteilungen – strafrechtsfreier Raum ?
In: StraFo 2005, 102 – 107
Zit.: Braun, StraFo 2005, S.

Braun, Stefan — Gebrochene Versprechen – Probleme des § 661a BGB
In: BuW 2003, 727 – 732
Zit.: Braun, BuW 2003, S.

Braun, Stefan — Einklagbarkeit von Gewinnzusagen ausländischer Unternehmen im Inland
In: ZAP 2003, Fach 2, 395 – 402
Zit.: Braun, ZAP 2003, Fach 2, S.

Braun, Stefan	Anmerkung zu OLG Stuttgart, Urteil vom 25.11.2002 (Az. 6 U 135/02) In: MDR 2003, 351 – 352 Zit.: Braun, MDR 2003, S.
Braun, Stefan	Gewinnzusagen bei „Gewinnspielen“ In: VuR 2003, 214 – 219 Zit.: Braun, VuR 2003, S.
Brox, Hans; Walker, Wolf-Dietrich	Allgemeiner Teil des BGB 30. Auflage Köln, Berlin, München 2006 Zit.: Brox/Walker, §, Rn.
Bühren, Hubert W. van; Plote, Helmut	Allgemeine Bedingungen für die Rechtsschutzversicherung ARB-Kommentar Erstauflage München 2007 Zit.: van Bühren/Plote, §, Rn.
Busch, Dörte	Anmerkung zu LG Görlitz, Beschluss vom 17.6.2003 (Az. 2 T 37/03) In: VuR 2004, 264 – 266 Zit.: Busch, VuR 2004, S.
Buschbell, Hans und Hering, Manfred	Handbuch Rechtsschutz 2. Auflage Bonn 2002 Zit.: Buschbell/Hering-*Bearbeiter*, §, Rn.
Czernich, Dietmar; Tiefenthaler, Stefan; Kodek, Georg E.	Kurzkommentar Europäisches Gerichtsstands- und Vollstreckungsrecht EuGVO und Lugano-Übereinkommen 2. Auflage Wien 2003 Zit.: Czernich/Tiefenthaler/Kodek-*Bearbeiter*, Art. Rn.

Dauner-Lieb, Barbara; Heidel, Thomas; Lipa, Manfred; Ring, Gerhard (Gesamthrsg.)
Anwaltskommentar Schuldrecht
Anwaltkommentar BGB
Band 2: Schuldrecht
Teilband 2: §§ 611 bis 853
1. Auflage
Bonn 2005
Zit.: AnwKomm-*Bearbeiter*, §, Rn.

Dörner, Heinrich
Haftung für Gewinnzusagen
In: Recht und Risiko, Festschrift für Helmut Kollhosser zum 70. Geburtstag (hrsg. von Bork, Reinhard; Hoeren, Thomas und Pohlmann, Petra), 75 – 86
Karlsruhe 2004
Zit.: Dörner, FS-Kollhosser, S.

Dörr, Karl-Werner
Verbraucherschutz – Die Durchsetzung von Rechten aus Gewinnzusagen nach § 661a BGB
In: MDR 2006, 1141 – 1145
Zit.: Dörr, MDR 2006, S.

Erman, Walter; Westermann, Harm Peter (Hrsg.)
Bürgerliches Gesetzbuch
Handkommentar mit EGBGB, ErbbauVO, HausratsVO, LPartG, ProdHaftG, UKlaG, VAHRG und WEG
Band I
§§ 1 – 811, UKlaG
Band II
§§ 812 – 2385; EGBGB; ErbbauVO; HausratsVO; LPartG; ProdHaftG; VAHRG; WEG
11. Auflage
Köln 2004
Zit.: Erman-*Bearbeiter*, §, Rn.

Feil, Erich
Konsumentenschutzgesetz
samt einschlägigen Normen und EU-Richtlinien sowie dem E-Commerce-Gesetz
4. Auflage
Wien 2002
Zit.: Feil, §, Rn.

Felke, Klaus	Anmerkung zu BGH, Urteil vom 20.1.2005 (Az. III ZR 191/03) In: BGH-Report 2006, 254 – 255 Zit.: Felke, BGH-Report 2006, S.
Felke, Klaus und Jordans, Roman	Anmerkung zu EuGH, Urteil vom 20.1.2005 (Rs. C-27/02) In: EWS 2005, 229 – 230 Zit.: Felke/Jordans, EWS 2005, S.
Felke, Klaus und Jordans, Roman	Internationalrechtliche Fragen von Gewinnzusagen Anmerkung zu BGH, Urteil vom 16.10.2003 (Az. III ZR 106/03) In: IPRax 2004, 409 – 412 Zit.: Felke/Jordans, IPRax 2004, S.
Fetsch, Johannes	Grenzüberschreitende Gewinnzusagen im europäischen Binnenmarkt Anmerkung zu EuGH, Urteil vom 11.7.2002 (Rs. C-96/00) In: RIW 2002, 936 – 945 Zit.: Fetsch, RIW 2002, S.
Feuchtmeyer, Eberhard	EuGH in Sachen Gabriel und weiter? – Neues zur gerichtlichen Zuständigkeit bei § 661a BGB In: NJW 2002, 3598 – 3599 Zit.: Feuchtmeyer, NJW 2002, S.
Fezer, Karl-Heinz	Das wettbewerbsrechtliche Vertragsauflösungsrecht in der UWG-Reform. Zur Notwendigkeit eines wettbewerbsrechtlichen Vertragsauflösungsrechts wegen Vorliegens verbraucherschützender Regelungslücken und Durchsetzungsdefiziten bei bestimmten Fallkonstellationen unlauteren Wettbewerbs In: wrp 2003, 127 – 143 Zit.: Fezer, wrp 2003, S.

Fussenegger, Dieter und Matt, Alexander

§ 5j KSchG und neue Aspekte des Gemeinschaftsrechts
In: ecolex 2004, 697 – 698
Zit.: Fussenegger/Matt, ecolex 2004, S.

Geimer, Reinhold und Schütze, Rolf A.

Europäisches Zivilverfahrensrecht
Kommentar zur EuGVVO, EuEheVO, EuZustellungsVO, zum Lugano-Übereinkommen und zum nationalen Kompetenz- und Anerkennungsrecht
2. Auflage
München 2004
Zit.: Geimer/Schütze-*Bearbeiter*, Art., Rn.

Geisler, Herbert

Verfassungsmäßigkeit des § 661a BGB
Anmerkung zu BGH, Urteil vom 16.10.2003 (Az. III ZR 106/03)
In: jurisPR-BGHZivilR 1/2004 vom 2.1.2004, Anm. 1
Zit.: Geisler, jurisPR-BGHZivilR 1/2004, Anm. 1

Günther, Andreas

Das neue Fernabsatzgesetz
In: CI 2000, 97 – 102
Zit. Günther, CI 2000, S.

Hakenberg, Waltraud und Stix-Hackl, Christine

Handbuch zum Verfahren vor dem Europäischen Gerichtshof
Band 1
3. Auflage
Wien 2005
Zit.: Hakenberg/Stix-Hackl, Hdb Verfahren EuGH, Band 1, S.

Häcker, Robert

Europäisch-zivilverfahrensrechtliche und international-privatrechtliche Probleme grenzüberschreitender Gewinnzusagen – zugleich zu einem europarechtlichen Begriff der unerlaubten Handlung
In: ZVglRWiss 103 (2004), 464 – 500
Zit: Häcker, ZVglRWiss 103 (2004), S.

Hall, Reiner — Gewinnmitteilungen unter falschem Namen
Anmerkung zu BGH, Urteil vom 9.12.2004
(Az. III ZR 112/04)
In: jurisPR-BGHZivilR 6/2005 vom 11.2.2005, Anm. 5
Zit.: Hall, jurisPR-BGHZivilR 6/2005, Anm. 5

Harbauer, Walter; Bauer, Günter; Maier, Karl und Stahl, Peter — Rechtsschutzversicherung
Kommentar zu den Allgemeinen Bedingungen für die Rechtsschutzversicherung
(ARB 75 und ARB 94/2000)
7. Auflage
München 2004
Zit.: Harbauer-*Bearbeiter*, §, Rn.

Herberger, Maximilian; Martinek, Michael; Rüßmann, Helmut; Weth, Stephan (Gesamthrsg.) — juris PraxisKommentar BGB
Buch 2 – Schuldrecht
3. Auflage 2006
Stand: 28.9.2006
Zit.: jurisPK-*Bearbeiter*, §, Rn.

Hoffmann, Bernd von; Thorn, Karsten — Internationales Privatrecht einschließlich der Grundzüge des Internationalen Zivilverfahrensrechts
8. Auflage
München 2005
Zit.: von Hoffmann/Thorn, §, Rn.

Hohloch, Gerhard — Anmerkung zu BGH, Urteil vom 1.12.2005
(Az. III ZR 191/03)
In: JuS 2006, 561 – 564
Zit.: Hohloch, JuS 2006, S.

Honsell, Heinrich (Hrsg.) — Berliner Kommentar zum Versicherungsvertragsgesetz
Kommentar zum deutschen und österreichischen VVG
Berlin, Heidelberg 1999
Zit.: BerlinKomm-*Bearbeiter*, §, Rn.

Jauernig, Othmar (Hrsg.)
Bürgerliches Gesetzbuch
mit Allgemeinem Gleichbehandlungsgesetz (Auszug)
Kommentar
12. Auflage
München 2007
Zit.: Jauernig-*Bearbeiter*, §, Rn.

Jayme, Erik und Kohler, Christian
Europäisches Kollisionsrecht 2002: Zur Wiederkehr des Internationalen Privatrechts
In: IPRax 2002, 461 – 471
Zit.: Jayme/Kohler, IPRax 2002, S.

Jordans, Roman
Zur rechtlichen Einordnung von Gewinnzusagen
Anmerkung zu BGH, Urteil vom 1.12.2005
(Az. III ZR 191/03)
In: IPRax 2006, 582 – 584
Zit.: Jordans, IPRax 2006, S.

Kalthoener, Elmar; Büttner, Helmut und Wrobel-Sachs, Hildegard
Prozesskostenhilfe und Beratungshilfe
4. Auflage
München 2005
Zit.: Kalthoener/Büttner/Wrobel-Sachs, §, Rn.

Kerwer, Christof
Anmerkung zu BGH, Urteil vom 28.11.2002
(Az. III ZR 102/02)
In: Juristische Rundschau 2004, 29 – 31
Zit.: Kerwer, JR 2004, S.

Klauser, Alexander (Hrsg.)
Europäisches Zivilprozessrecht
EuGVVO, EuEheVO, EuZVO, EuBVO, EuInsVO
Stand 1.9.2002
Wien 2002
Zit.: Klauser, Art., Rn.

Klauser, Alexander
Gewinnzusagen sind einzuhalten!
Zum Begriff des Vertrages im europäischen Sinn und zum Charakter von § 5j KSchG als Eingriffsnorm i.S.d. Art. 7 EVÜ

	In: ecolex 2002, 574 – 575 Zit.: Klauser, ecolex 2002, S.
Klauser, Alexander	Irreführende Gewinnzusagen national und international In: ecolex 2002, 80 – 82 Zit.: Klauser, ecolex 2002, S.
Klauser, Alexander	Durchsetzbarkeit von Gewinnzusagen In: ecolex 2000, 188 – 189 Zit.: Klauser, ecolex 2000, S.
Klauser, Alexander	Der Anspruch nach § 5j KSchG in dogmatischer und kollisionsrechtlicher Hinsicht In: ecolex 1999, 752 – 755 Zit.: Klauser, ecolex 1999, S.
Koch, Harald	Anmerkung zu EuGH, Urteil vom 11.7.2002 (Rs. C-96/00) In: ZZPInt 7 (2002), 272 – 277 Zit.: Koch, ZZPInt 7 (2002), S.
Koenig, Christian; Pechstein, Matthias; Sander, Claude	EU-/EG-Prozessrecht mit Aufbaumustern und Prüfungsübersichten 2. Auflage Tübingen 2002 Zit.: Koenig/Pechstein/Sander, EU-/EG-Prozessrecht, Rn.
Koziol, Helmut; Bydlinski, Peter; Bollenberger, Raimund (Hrsg.)	Kurzkommentar zum ABGB Allgemeines bürgerliches Gesetzbuch samt Ehegesetz und Konsumentenschutzgesetz 1. Auflage Wien 2005 Zit.: Koziol/Bydlinski/Bollenberger-*Bearbeiter*, §, Rn.
Kropholler, Jan	Internationales Privatrecht Einschließlich der Grundbegriffe des Internationalen Zivilverfahrensrechts

	6. Auflage Tübingen 2006 Zit.: Kropholler, IPR, §
Kropholler, Jan	Europäisches Zivilprozessrecht Kommentar zu EuGVO, Lugano-Übereinkommen und Europäischem Vollstreckungstitel 8. Auflage Heidelberg 2005 Zit.: Kropholler, Art. EuGVO, Rn.
Kropholler, Jan	Europäisches Zivilprozessrecht Kommentar zu EuGVÜ und Lugano-Übereinkommen 6. Auflage Heidelberg 1998 Zit.: Kropholler, Art. EuGVÜ, Rn.
Künzl, Reinhard und Koller, Johann	Prozesskostenhilfe Voraussetzungen, Verfahren und Kosten 2. Auflage Köln 2003 Zit.: Künzl/Koller, PKH, Rn.
Larenz, Karl; Wolf, Manfred	Allgemeiner Teil des Bürgerlichen Rechts 9. Auflage München 2004 Zit.: Larenz/Wolf, BGB AT, §, Rn.
Leible, Stefan	Luxemburg locuta – Gewinnmitteilung finita? In: NJW 2005, 796 – 798 Zit.: Leible, NJW 2005, S.
Leible, Stefan	Bingo! – Gewinnbestätigung jetzt auch aus Karlsruhe In: NJW 2003, 407 – 409 Zit.: Leible, NJW 2003, S.
Leible, Stefan	Gewinnbestätigung aus Luxemburg – Zur internationalen Zuständigkeit bei Gewinnmitteilungen

aus dem Ausland
In: IPRax 2003, 28 – 34
Zit.: Leible, IPRax 2003, S.

Leipold, Dieter — Der Anspruch aus Gewinnzusage (§ 661a BGB) in dogmatischer Betrachtung
In: Festschrift für Hans-Joachim Musielak zum 70. Geburtstag (hrsg. von Christian Heinrich), 317 – 336
München 2004
Zit.: Leipold, FS-Musielak, S.

Linke, Hartmut — Internationales Zivilprozessrecht
4. Auflage
Köln 2006
Zit.: Linke, IZPR, Rn.

Looschelders, Dirk — Internationales Privatrecht
Art. 3 – 46 EGBGB
1. Auflage
Berlin und Heidelberg 2004
Zit.: Looschelders, Art., Rn.

Lorenz, Stephan — Gewinnmitteilungen als „geschäftsähnliche Handlungen“: Anwendbares Recht, internationale Zuständigkeit und Erfüllungsort
In: NJW 2006, 472 – 475
Zit.: Lorenz, NJW 2006, S.

Lorenz, Stephan und Unberath, Hannes — Gewinnmitteilungen und keine Ende? – Neues zur internationalen Zuständigkeit
In: IPRax 2005, 219 – 223
Zit.: IPRax 2005, S.

Lorenz, Stephan — Anmerkung zu BGH, Urteil vom 16.10.2003 (Az. III ZR 106/03)
In: LMK 2003, 217 – 218
Zit.: Lorenz, LMK 2003, S.

Lorenz, Stephan

Internationale Zuständigkeit deutscher Gerichte und Anwendbarkeit von § 661a BGB bei Gewinnmitteilungen aus dem Ausland: Erweiterungen des Verbrauchergerichtsstandes durch die „Brüssel I-Verordnung"
In: IPRax 2002, 192 – 196
Zit.: Lorenz, IPRax 2002, S.

Lorenz, Stephan

Gewinnmitteilungen aus dem Ausland: Kollisionsrechtliche und international-zivilprozessuale Aspekte von § 661a BGB
In: NJW 2000, 3305 – 3310
Zit.: Lorenz, NJW 2000, S.

Lorenz, Stephan

Im BGB viel Neues – Die Umsetzung der Fernabsatzrichtlinie
In: JuS 2000, 833 – 843
Zit.: Lorenz, JuS 2000, S.

Lüke, Gerhard und Wax, Peter (Hrsg.)

Münchener Kommentar zur Zivilprozessordnung mit Gerichtsverfassungsgesetz und Nebengesetzen
Band 1
Einleitung, §§ 1 – 354, Beratungshilfegesetz, zwischenstaatliches Zustellungsrecht
2. Auflage
München 2000
Band 3
§§ 803 – 1066, EGZPO, GVG, EGGVG, Internationales Zivilprozessrecht
2. Auflage
München 2001
Aktualisierungsband
ZPO-Reform 2002 und weitere Reformgesetze
2. Auflage
München 2002
Zit.: MünchKomm-*Bearbeiter*, §, Rn.

Magnus, Ulrich

Anmerkung zu BGH, Urteil vom 1.12.2005
In: WuB VII B. Art. 5 EuGVVO 2.06
Zit.: Magnus, WuB VII B. Art. 5 EuGVVO 2.06

Mankowski, Peter	Anmerkung zu BGH, Urteil vom 7.10.2004 (Az. III ZR 158/04) In: EWiR 2005, 111 – 112 Zit.: Mankowski, EWiR 2005, S.
Mankowski, Peter	Anmerkung zu BGH, Urteil vom 16.10.2003 (Az. III ZR 106/03) In: EWiR 2004, 275 – 276 Zit.: Mankowski, EWiR 2004, S.
Mankowski, Peter	Anmerkung zu OLG Dresden, Beschluss vom 23.12.2003 (Az. 8 W 781/01) In: VuR 2004, 250 – 253 Zit.: Mankowski, VuR 2004, S.
Mankowski, Peter	Anmerkung zu EuGH, Urteil vom 11.7.2002 (Rs. C-96/00) In: EWiR 2002, 873 – 874 Zit.: Mankowski, EWiR 2002, S.
Mansel, Heinz-Peter	Gerichtliche Prüfungsbefugnis im forum delicti Anmerkung zu BGH, Urteil vom 11.2.1988 (Az. I ZR 201/86) In: IPRax 1989, 84 – 87 Zit.: Mansel, IPRax 1989, S.
Mathy, Franz Arnold	Rechtsschutz-Alphabet Definitionen, Erläuterungen, Abgrenzungen 2. Auflage Karlsruhe 2000 Zit.: Mathy, Rechtsschutz-Alphabet, Stichwort
Matt, Alexander	Noch einmal § 5j KSchG In: ecolex 2000, 494 – 495 Zit.: Matt, ecolex 2000, S.
McGuire, Mary-Rose	Anmerkung zu EuGH, Urteil vom 20.1.2005 (Rs. C-27/02) In: ecolex 2005, 489 – 492 Zit.: McGuire, ecolex 2005, S.

Meller-Hannich, Caroline	Bestandsaufnahme und Bewertung der Ansprüche aus Gewinnzusagen In: NJW 2006, 2516 – 2520 Zit.: Meller-Hannich, NJW 2006, S.
Micklitz, Hans-W.	Rechtsprechungsübersicht zum Europäischen Verbraucherrecht: Vertrags- und Deliktsrecht In: Europäisches Wirtschafts- und Steuerrecht 2006, 1 – 17 Zit.: Micklitz, EWS 2006, S.
Mörsdorf-Schulte, Juliana	Autonome Qualifikation der isolierten Gewinnzusage In: JZ 2005, 770 – 781 Zit.: Mörsdorf-Schulte, JZ 2005, S.
Mörsdorf-Schulte, Juliana	Revisibler internationaler Verbrauchergerichtsstand für den bloßen Gewinner – eine Auslegungsfrage europäischen Rechts Anmerkung zu BGH, Urteil vom 28.11.2002 (Az. III ZR 102/02) In: ZZPInt 8 (2004), 407 – 480 Zit.: Mörsdorf-Schulte, ZZPInt 8 (2003), S.
Musielak, Hans-Joachim (Hrsg.)	Kommentar zur Zivilprozessordnung mit Gerichtsverfassungsgesetz 5. Auflage München 2006 Zit.: Musielak-*Bearbeiter*, §, Rn.
Nagel, Heinrich und Gottwald, Peter	Internationales Zivilprozessrecht 6. Auflage Köln 2007 Zit.: Nagel/Gottwald, IZPR, §, Rn.
Nassall, Wendt	Lauterkeit und Sittlichkeit – Zivilrechtliche Konsequenzen unlauterer Wettbewerbshandlungen ? In: NJW 2006, 127 – 130 Zit.: Nassall, NJW 2006, S.

Nassall, Wendt	Anmerkung zu BGH, Urteil vom 29.6.2005 (Az. VIII ZR 299/04) In: jurisPR-BGHZivilR 43/2005 vom 28.10.2005, Anm. 2 Zit.: Nassall, jurisPR-BGHZivilR 43/2005, Anm. 2
Neuhaus, Kai-Jochen und Kloth, Andreas	Die aktuelle Rechtsprechung zu Sachversicherungen In: MDR 2006, 1027 – 1031 Zit.: Neuhaus/Kloth, MDR 2006, S.
Oberhammer, Paul	Anmerkung zu BGH, Urteil vom 28.11.2002 (Az. III ZR 102/02) In: ZZP 117 (2004), 92 – 97 Zit.: Oberhammer, ZZP 117 (2004), S.
Palandt, Otto	Bürgerliches Gesetzbuch 66. Auflage München 2007 Zit.: Palandt-*Bearbeiter*, §, Rn.
Pfeiffer, Thomas	Anmerkung zu BGH, Urteil vom 28.11.2002 (Az. III ZR 102/02) In: LMK 2003, 79 – 80 Zit.: Pfeiffer, LMK 2003, S.
Piekenbrock, Andreas und Schulze, Götz	Internationale Zuständigkeit im Rechtsmittelverfahren und Gerichtsstand der Gewinnzusage Anmerkung zu BGH, Urteil vom 28.11.2002 (Az. III ZR 102/02) In: IPRax 2003, 328 – 332 Zit.: Piekenbrock/Schulze, IPRax 2003, S.
Plote, Helmut	Anwalt und Rechtsschutzversicherung 1. Auflage München 2000 Zit: Plote, Anwalt und RSV, §, Rn.

Pluskat, Sorika — Die Tücken von „Kaffeefahrten“
In: wrp 2003, 18 – 29
Zit.: Pluskat, wrp 2003, S.

Prölss, Jürgen — Risikoausschlüsse in der Rechtsschutzversicherung (Teil I)
In: r+s 2005, 225 – 235
Zit.: Prölss, r+s 2005, S.

Prölss, Jürgen; Knappmann, Ulrich; Kollhosser, Helmut; Armbrüster, Christian — Versicherungsvertragsgesetz
Kommentierung zu VVG und EGVVG sowie Kommentierung wichtiger Versicherungsbedingungen – unter Berücksichtigung des ÖVVG und österreichischer Rechtsprechung
27. Auflage
München 2004
Zit.: Prölss/Martin – Bearbeiter, §, Rn.

Prütting, Hanns; Wegen, Gerhard; Weinreich, Gerd (Hrsg.) — BGB-Kommentar
2. Auflage
Neuwied 2007
Zit.: Prütting/Wegen/Weinreich-*Bearbeiter*, §, Rn.

Rauscher, Thomas (Hrsg.) — Europäisches Zivilprozessrecht
Kommentar
Band I
2. Auflage
München 2006
Zit.: Rauscher-*Bearbeiter*, Art., Rn.

Rauscher, Thomas und Schülke, Clemens — Grenzüberschreitende Gewinnmitteilung: Anknüpfung und Internationale Zuständigkeit
In: EuLF 2000/01, 334 – 338
Zit.: Rauscher/Schülke, EuLF 2000/01, S.

Rebmann, Kurt; Säcker, Franz Jürgen; Rixecker, Roland (Hrsg.) — Münchener Kommentar zum Bürgerlichen Gesetzbuch
Band 4
Schuldrecht Besonderer Teil II

§§ 611 – 704, EFZG, TzBfG, KSchG
4. Auflage
München 2005
Band 10
Einführungsgesetz zum Bürgerlichen Gesetzbuche (Art. 1 – 46); Internationales Privatrecht
4. Auflage
München 2006
Zit.: MünchKomm-*Bearbeiter*, §, Rn.

Reiff, Peter — Anmerkung zu BGH, Urteil vom 15.3.2006 (Az. IV ZR 4/05)
In: LMK 2006, 189294
Zit.: Reiff, LMK 2006, 189294

Riehm, Thomas — Das Gesetz über Fernabsatzverträge und andere Fragen des Verbraucherrechts
In: Jura 2000, 505 – 513
Zit.: Riehm, Jura 2000, S.

Rösler, Hannes und Siepmann, Verena — Der Beitrag des EuGH zur Präzisierung von Art. 15 I EuGVO
In: EuZW 2006, 76 – 79
Zit.: Rösler/Siepmann, EuZW 2006, S.

Rose, Frank — Verkaufswerbung mit (unzutreffenden) Gewinnversprechen – Möglichkeiten und Grenzen eines strafrechtlichen Verbraucherschutzes
In: wistra 2002, 370 – 376
Zit.: Rose, wistra 2002, S.

Rosenberg, Leo; Schwab, Karl Heinz und Gottwald, Peter — Zivilprozessrecht
16. Auflage
München 2004
Zit.: Schwab/Gottwald, ZPR, §, Rn.

Rüthers, Bernd; Stadler, Astrid — Allgemeiner Teil des BGB
14. Auflage
München 2006
Zit.: Rüthers/Stadler, §, Rn.

Schack, Haimo	Internationales Zivilverfahrensrecht 4. Auflage München 2006 Zit.: Schack, IZVR, Rn.
Schäfer, Carsten	Anmerkung zu BGH, Urteil vom 1.12.2006 (Az. III ZR 191/03) In: JZ 2006, 522 – 524 Zit.: Schäfer, JZ 2006, S.
Schäfer, Carsten	Lässt sich die Gewinnzusage nach § 661a BGB in das System des Bürgerlichen Rechts einordnen? In: JZ 2005, 981 – 987 Zit.: Schäfer, JZ 2005, S.
Schlosser, Peter	EU-Zivilprozessrecht EuGVVO, EuEheVO, AVAG, HÜ, EuZVO, HBÜ, EuBVO Kommentar 2. Auflage München 2003 Zit.: Schlosser, Art. EuGVO, Rn.
Schlosser, Peter	EuGVÜ Europäisches Gerichtsstands- und Vollstreckungsübereinkommen mit Luganer Übereinkommen und den Haager Übereinkommen über Zustellung und Beweisaufnahme Erstauflage München 1996 Zit.: Schlosser, Art. EuGVÜ, Rn.
Schmidt, Karsten	Anmerkung zu BGH, Urteil vom 7.10.2004 (Az. III ZR 158/04) In: JuS 2005, 72 – 73 Zit.: Schmidt, JuS 2005, S.
Schmidt-Räntsch, Jürgen	Gewinnzusagen im Schuldrecht In: Festschrift für Ulrich Huber zum siebzigsten Geburtstag (hrsg. von Baums, Theodor; Werten-

bruch, Johannes; Lutter, Marcus und Schmidt, Karsten), 575 – 590
Tübingen 2006
Zit.: Schmidt-Räntsch, FS-Huber, S.

Schmidt-Räntsch, Jürgen | Zum Fernabsatzgesetz
In: ZBB 2000, 344 – 349
Zit.: Schmidt-Räntsch, ZBB 2000, S.

Schmidt-Räntsch, Jürgen | Zum Gesetz über Fernabsatzverträge und andere Fragen des Verbraucherrechts sowie zur Umstellung von Vorschriften auf Euro
In: VuR 2000, 427 – 435
Zit.: Schmidt-Räntsch, VuR 2000, S.

Schneider, Carsten | Anmerkung zu BGH, Urteil vom 28.11.2002 (Az. III ZR 102/02)
In: BGH-Report 2003, 250 – 251
Zit.: Schneider, BGH-Report 2003, S.

Schneider, Christian | Anmerkung zu BGH, Urteil vom 16.10.2003 (Az. III ZR 106/03)
In: BB 2003, 2534 – 2535
Zit.: Schneider, BB 2003, S.

Schneider, Christian | Anmerkung zu OLG Köln, Urteil vom 24.2.2003 (Az. 16 U 93/02)
In: VuR 2003, 476 – 479
Zit.: Schneider, VuR 2003, S.

Schneider, Christian | Erfüllungszwang bei Gewinnzusagen – verfassungsmäßig?
Eine Kritik an § 661a BGB
In: BB 2002, 1653 – 1658
Zit.: Schneider, BB 2002, S.

Schoreit, Armin und Dehn, Jürgen | Beratungshilfe und Prozesskostenhilfe
Kommentar
8. Auflage

	Heidelberg 2004 Zit: Schoreit/Dehn-*Bearbeiter*, §, Rn.
Schreiber, Steffen	Anmerkung zu OLG Dresden, Beschluss vom 10.2.2003 (Az. 8 U 1974/02) In: NJ 2003, 488 – 489 Zit.: Schreiber, NJ 2003, S.
Schreiber, Steffen	Anmerkung zu OLG Dresden, Beschluss vom 19.12.2001 (Az. 8 U 2256/01) In: NJ 2002, 543 – 545 Zit.: Schreiber, NJ 2002, S.
Schröder, Rainer und Thiessen, Jan	Gewinnzusagen beim Wort genommen – zur Verfassungsmäßigkeit von § 661a BGB In: NJW 2004, 719 – 722 Zit.: Schröder/Thiessen, NJW 2004, S.
Schulze, Reiner; Dörner, Heinrich; Ebert, Ina; Hoeren, Thomas; Kemper, Rainer; Saenger, Ingo; Schulte-Noelke, Hans; Staudinger, Ansgar; Eckert, Jörn	Bürgerliches Gesetzbuch Handkommentar 4. Auflage Baden-Baden 2005 Zit.: Hk-*Bearbeiter*, §, Rn.
Simons, Thomas	Anmerkung zu BGH, Urteil vom 28.11.2002 (Az. III ZR 102/02) In: EuLF 2003, 43 – 44 Zit.: Simons, EuLF 2003, S.
Staudinger, Ansgar	Schadensersatzrecht – Wettbewerb der Ideen und Rechtsordnungen In: NJW 2006, 2433 – 2439 Zit.: Staudinger, NJW 2006, S.
Staudinger, Ansgar	Anmerkung zu EuGH, Urteil vom 11.7.2002 (Rs. C-96/00) In: ZEuP 2004, 767 – 782 Zit.: Staudinger, ZEuP 2004, S.

Staudinger, Ansgar | Anmerkung zu BGH, Urteil vom 28.11.2002
(Az. III ZR 102/02)
In: JZ 2003, 852 – 858
Zit.: Staudinger, JZ 2003, S.

Staudinger, Julius von | Kommentar zum Bürgerlichen Gesetzbuch mit Einführungsgesetz und Nebengesetzen
Buch 2
Recht der Schuldverhältnisse
§§ 657 – 704
(Geschäftsbesorgung)
Neubearbeitung 2006
Berlin 2006
EGBGB/IPR; Art. 27 – 37; Anhang zu Art. 33; Anhang zu Art. 34; Anhang I zu Art. 37; Anhang II zu Art. 27 – 37
13. Bearbeitung
Berlin 2002
Zit.: Staudinger-*Bearbeiter*, §, Rn.

Steck, Dieter | Gewinnzusagen und Rechtsschutzversicherung (ARB 94)
In: NJW 2003, 3679 – 3680
Zit.: Steck, NJW 2003, S.

Stein, Friedrich; und Jonas, Martin | Kommentar zur Zivilprozessordnung
§§ 41 – 127a
Band 2
22. Auflage
Tübingen 2004
Zit.: Stein/Jonas-*Bearbeiter*, §, Rn.

Tamm, Marina und Gaedtke, Enrico | Rechtsdurchsetzungschancen bei Ansprüchen aus Gewinnzusagen
Anmerkung zu AG Waren (Müritz), Beschluss vom 2.2.2005 (Az. 31 C 58/05)
In: IPRax 2006, 584 – 586
Zit.: Tamm/Gaedtke, IPRax 2006, S.

Tamm, Marina und Gaedtke, Enrico	Gewinnzusagen nach § 661a BGB: materiell- und prozessrechtliche Probleme im europarechtlichen Kontext In: VuR 2006, 169 – 177 Zit.: Tamm/Gaedtke, VuR 2006, S.
Thomas, Heinz; Putzo, Hans; Reichold, Klaus und Hüßtege, Rainer	Zivilprozessordnung mit Gerichtsverfassungsgesetz, den Einführungsgesetzen und europarechtlichen Vorschriften Kommentar 27. Auflage München 2005 Zit.: Thomas/Putzo-*Bearbeiter*, §, Rn.
Timme, Michael	Internationalzivilprozessuale Aspekte und Auslegungsfragen bei Gewinnmitteilungen aus dem Ausland gem. § 661a BGB In: JuS 2003, 638 – 641 Zit.: Timme, JuS 2003, S.
Tonner, Klaus	Das neue Fernabsatzgesetz – oder System statt Flickenteppich In: BB 2000, 1413 – 1420 Zit.: Tonner, BB 2000, S.
Ulrici, Bernhard	Geschäftsähnliche Handlungen In: NJW 2003, 2053 – 2056 Zit.: Ulrici, NJW 2003, S.
Vollkommer, Max	Der Verbraucher als Wettbewerbshüter Zur wettbewerbsrechtlichen Auslegung der §§ 241a, 661a BGB In: Recht der Wirtschaft und der Arbeit in Europa, Gedächtnisschrift für Wolfgang Blomeyer (hrsg. von Krause, Rüdiger; Veelken, Winfried und Vieweg Klaus), 845 – 861 Berlin 2004 Zit.: Vollkommer, GS-Blomeyer, S.

Wagner, Gerhard	Prävention und Verhaltenssteuerung durch Privatrecht – Anmaßung oder legitime Aufgabe? In: AcP 206 (2006), 352 – 476 Zit.: Wagner, AcP 206 (2006), S.
Wagner, Gerhard und Potsch, Nicolas	Gewinnzusagen aus dem Inland und Ausland. § 661a BGB aus dogmatischer und internationalprivatrechtlicher Sicht In: Jura 2006, 401 – 411 Zit.: Wagner/Potsch, Jura 2006, S.
Wassermann, Rolf (Gesamthrsg.)	Kommentar zur Zivilprozessordnung 1. Auflage Neuwied und Darmstadt 1987 Zit.: AK-*Bearbeiter*, §, Rn.
Wegner, Heike	Das Fernabsatzgesetz und andere neue Verbraucherschutzvorschriften In: NJ 2000, 407 – 410 Zit.: Wegner, NJ 2000, S.
Wieczorek, Bernhard; Schütze, Rolf A. (Hrsg.)	Zivilprozessordnung und Nebengesetze Großkommentar Erster Band 1. Teilband Einleitung; §§ 1 – 127a 2. Teilband §§ 50 – 127a 3. Auflage Berlin und New York 1994 Zit.: Wieczorek/Schütze-*Bearbeiter*, §, Rn.
Wied, Götz	Gewinnversprechen von Versandfirmen – Rechtfertigung, Auslegung und Anwendungsprobleme des § 661a BGB – Frankfurt am Main 2003 Zit.: Wied, Gewinnversprechen, S.
Wukoschitz, Michael	Grenzüberschreitende Gewinnzusagen – Was der Generalanwalt wirklich sagte ...

Replik zu Klauser in ecolex 2002, 80
In: ecolex 2002, 423 – 424
Zit.: Wukoschitz, ecolex 2002, S.

Zöller, Richard

Zivilprozessordnung mit Gerichtsverfassungsgesetz und den Einführungsgesetzen, mit Internationalem Zivilprozessrecht, EG-Verordnungen, Kostenanmerkungen
Kommentar
26. Auflage
Köln 2007
Zit.: Zöller-*Bearbeiter*, §, Rn.

Kolibri 360 GmbH
Ferdinand-Jühlke-Straße 7
99095 Erfurt, Deutschland
produktsicherheit@kolibri360.de

Druck:
CPI Druckdienstleistungen GmbH
im Auftrag der
Kolibri 360 GmbH
Ferdinand-Jühlke-Str. 7
99095 Erfurt